新时代职业教育新形态一体化教材

新时代大学生劳动教育

主　编　蒋晓光
副主编　刘婧婕　吴玉林　任　雁
姬效超　刘　燕

北京大学出版社
PEKING UNIVERSITY PRESS

内容简介

本书针对高等职业院校学生特点，本着理论与实践相结合的原则，旨在为高等职业院校提供一本学生易学、教师易教的劳动教育教材。本书的主要内容包括新时代大学生的劳动价值观、劳动教育课程概述、劳动精神与劳模精神、工匠精神、劳动创新精神、家庭劳动、校园劳动实践、社会实践、勤工助学、公益劳动、垃圾分类，以及劳动教育与实践安全。

本书既可作为高等职业院校公共课教材及相关专业教材，也可作为社会相关从业人员了解新时代劳动教育的参考用书。

图书在版编目(CIP)数据

新时代大学生劳动教育 / 蒋晓光主编. -- 北京 :
北京大学出版社, 2025. 2. -- ISBN 978-7-301-36080-4

Ⅰ. G40-015

中国国家版本馆 CIP 数据核字第 2025B66V11 号

书　　名	新时代大学生劳动教育 XINSHIDAI DAXUESHENG LAODONG JIAOYU
著作责任者	蒋晓光　主编
策划编辑	李　桐　李　虎
责任编辑	范超奕
标准书号	ISBN 978-7-301-36080-4
出版发行	北京大学出版社
地　　址	北京市海淀区成府路 205 号　100871
网　　址	http://www.pup.cn　　新浪微博:@北京大学出版社
电子邮箱	编辑部 pup6@pup.cn　　总编室 zpup@pup.cn
电　　话	邮购部 010-62752015　发行部 010-62750672　编辑部 010-62750667
印 刷 者	大厂回族自治县彩虹印刷有限公司
经 销 者	新华书店
	889 毫米×1194 毫米　16 开本　10 印张　316 千字
	2025 年 2 月第 1 版　　2025 年 2 月第 1 次印刷
定　　价	45.00 元

前言 PREFACE

劳动是人类社会存在和发展的最基本条件。劳动创造世界，劳动创造价值，劳动改变未来，劳动也改变着劳动者自身。把学生劳动教育列入高等职业院校专业人才培养方案，作为重要的职业核心能力必修课，是一种可贵的探索和创新。

新时代大学生劳动教育课程由理论教学和劳动实践教学组成，旨在通过劳动教育，使广大学生增强劳动观念和意识，端正劳动态度，形成尊重劳动、热爱劳动、积极参加劳动的良好观念并养成习惯，提升基础劳动技能，锻炼成为行为习惯良好的高素质大学生。

2020 年 3 月印发的《中共中央 国务院关于全面加强新时代大中小学劳动教育的意见》指出，"劳动教育是国民教育体系的重要内容，是学生成长的必要途径，具有树德、增智、强体、育美的综合育人价值。实施劳动教育重点是在系统的文化知识学习之外，有目的、有计划地组织学生参加日常生活劳动、生产劳动和服务性劳动，让学生动手实践、出力流汗，接受锻炼、磨炼意志，培养学生正确劳动价值观和良好劳动品质。"同年 7 月，教育部印发《大中小学劳动教育指导纲要（试行）》，对劳动教育是什么、教什么、怎么教等问题作了详尽的诠释，为新时代的劳动教育指明了方向。

本书的主要内容包括新时代大学生的劳动价值观、劳动教育课程概述、劳动精神与劳模精神、工匠精神、劳动创新精神、家庭劳动、校园劳动实践、社会实践、勤工助学、公益劳动、垃圾分类，以及劳动教育与实践安全。本书旨在使新时代的大学生树立正确的劳动价值观、掌握基本的劳动能力、养成良好的劳动习惯、提升综合素养，从而更好地满足社会的发展需求。本书既有对马克思主义劳动观与劳动教育的历史回顾，又有对新时代劳动观与劳动教育的现实分析；既包括校园劳动内容，也包括家庭劳动和社会劳动内容。可以说，本书体现了编者对新时代高等职业院校全面加强劳动教育问题的系统思考，也为新时代高等职业院校全面落实劳动教育课程提供了重要的参考。

本书具有 3 个突出特点。一是注重思政教育。新时代大学生劳动教育中蕴含着大量的思政教育内容，如劳动精神、劳模精神、工匠精神等。本书各章的"思政目标""思政园地""资料卡片"等内容，都有利于引导学生崇尚劳动、尊重劳动、热爱劳动，提高学生的思想道德水平。二是知识与技能相融合。本书秉承党的二十大报告提出的"坚持尊重劳动、尊重知识、尊重人才、尊重创造"的思想，以人才岗位需求为目标，突出知识与技能的有机融合，让学生在学习过程中举一反三、创新思维，以适应高等职业教育人才建设需求。三是理论与实践相结合，贴近生活。书中的内容部分取材于学术研究成果，部分取材于高校校园生活，贴近学生的生活实际，更容易让学生感同身受。

本书由蒋晓光（永城职业学院）担任主编，刘婧婕（商丘幼儿师范高等专科学校）、吴玉林（通辽职业学院)、任雁(河北女子职业技术学院)、姬效超(商丘职业技术学院)、刘燕(信阳艺术职业学院)担任副主编。具体分工如下:蒋晓光编写第一章至第三章,刘婧婕编写第四章、第十章,姬效超编写第五章、第六章,任雁编写第七章、第八章,吴玉林编写第九章、第十二章,刘燕编写第十一章。

在本书的编写过程中,参考了大量书籍和论文,在此向有关作者表示真诚的感谢!

由于编写者水平有限,本书难免存在不足和疏漏之处,恳请广大读者批评指正。

编　者

2025年1月

资源索引

目录 CONTENTS

第一章　新时代大学生的劳动价值观 …… 1
第一节　劳动与劳动教育 …… 2
第二节　新时代大学生劳动价值观的树立 …… 6
第二章　劳动教育课程概述 …… 12
第一节　劳动教育课程的目标及意义 …… 14
第二节　劳动教育课程的要求 …… 16
第三节　劳动实践教育课程的安全注意事项 …… 19
第三章　劳动精神与劳模精神 …… 22
第一节　劳动精神 …… 23
第二节　劳模精神 …… 26
第四章　工匠精神 …… 31
第一节　工匠精神的内涵及现实意义 …… 32
第二节　培养工匠精神 …… 34
第三节　劳动精神、劳模精神、工匠精神之间的关系 …… 42
第五章　劳动创新精神 …… 46
第一节　劳动创新精神的内涵及现实意义 …… 47
第二节　培养劳动创新精神的途径 …… 50
第三节　创新型劳动保洁工具 …… 53
第六章　家庭劳动 …… 60
第一节　家庭劳动概述 …… 61
第二节　家庭劳动实践 …… 63
第七章　校园劳动实践 …… 69
第一节　校园劳动实践概述 …… 70
第二节　校园劳动实践活动 …… 72
第八章　社会实践 …… 80
第一节　社会实践概述 …… 82
第二节　社会实践活动 …… 85
第九章　勤工助学 …… 92
第一节　勤工助学概述 …… 94
第二节　高校勤工助学岗位设置 …… 98

第十章　公益劳动……104
第一节　公益劳动概述……106
第二节　公益劳动课……107
第三节　公益劳动实践……110
第十一章　垃圾分类……114
第一节　垃圾分类概述……115
第二节　垃圾分类的主要问题和解决办法……122
第三节　国内外垃圾分类……125
第四节　高校垃圾分类……129
第十二章　劳动教育与实践安全……133
第一节　加强劳动安全教育……136
第二节　组织劳动安全实践……139
第三节　完善劳动安全预案……141
附录……146
参考文献……154

第一章 新时代大学生的劳动价值观

思政目标

为避免新时代大学生的劳动价值观呈现出价值取向功利性、价值主体本位性和价值判断多元化等新特点，应正确树立大学生的劳动价值观。个人价值的实现与其劳动价值观密不可分。因此，大学生应积极树立正确的劳动价值观，了解树立正确劳动价值观的意义，懂得劳动价值观的重要性，逐步让自己成为一个对社会有价值的人。

思维导图

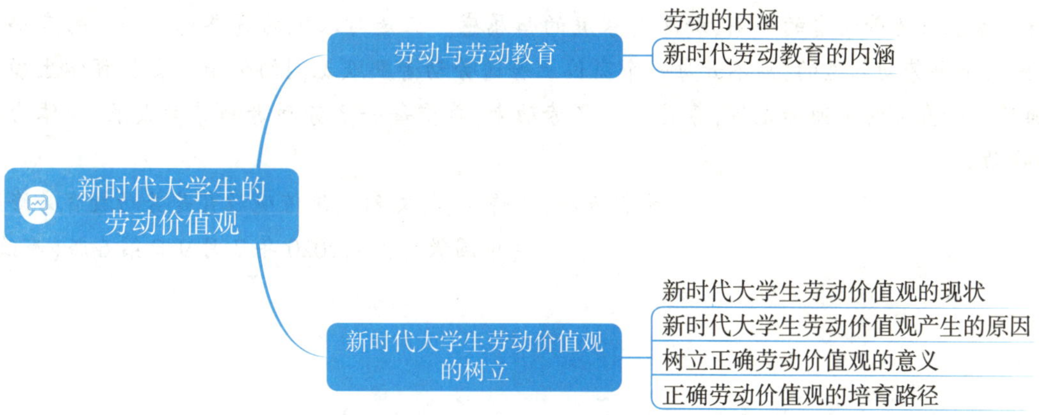

思政园地

价值观教育是劳动教育必修课

全面加强新时代大中小学劳动教育

在2018年全国教育大会上，习近平总书记强调，要在学生中弘扬劳动精神，教育引导学生崇尚劳动、尊重劳动，懂得劳动最光荣、劳动最崇高、劳动最伟大、劳动最美丽的道理，长大后能够辛勤劳动、诚实劳动、创造性劳动。加强劳动教育，必须树立新时代的劳动价值观，以鲜明的价值导向引领新时代劳动教育发展。2020年3月印发的《中共中央 国务院关于全面加强新时代大中小学劳动教育的意见》对加强新时代劳动教育进行了整体设计。

劳动最光荣，要增强做劳动者的荣誉感。马克思主义认为，物质生产是一切历史的基本条件，人们用劳动创造了人类历史。新中国的光辉历程，是劳动人民光荣的奋斗历程。发展劳动教育必须培养学生从小树立劳动最光荣、劳动人民最光荣的价值追求，从小培养对劳动人民的朴素感情，从小在内心形成做一名普通劳动者的荣誉意识。在劳动教育实践中，必须旗帜鲜明地倡导三种劳动观念，一是倡导辛勤劳动，反对马虎敷衍;二是倡导诚实劳动,反对弄虚作假;三是倡导创造劳动,反对机械照搬。

劳动最崇高,要增强做劳动者的责任感。劳模精神生动诠释了社会主义核心价值观,是我们的宝贵精神财富和强大精神力量。发展劳动教育关键在于家庭、学校、社会要对学生进行正确的劳动认知教育,丰富精神世界,提升思想境界,培养具备健全人格和完整行为能力的人。要旗帜鲜明地反对两种错误思想,一是反对封建落后思想,正确认识到社会虽有分工,但劳动不分贵贱,农业、工业、服务业,都是社会主义事业的一部分,无论从事体力劳动还是脑力劳动,都是崇高的工作;二是反对资产阶级腐朽思想,筑牢新时代学生正确的世界观、人生观、价值观的长城,抵御奢靡之风等不良思想的毒害。

劳动最伟大,要增强做劳动者的使命感。劳动创造历史,劳动是中华文明生生不息的强大武器,劳动可以推动"两个一百年"奋斗目标的实现。我们弘扬和传承中华民族伟大的劳动精神,充分认识劳动对个人、集体、国家的重要意义,从个人、集体、国家三个维度确立培养目标。一是培养自食其力之人,二是培养善于合作之人,三是培养造福社会之人。劳动教育要体现时代要求,着眼未来产业发展对人的要求,依据劳动形态演进而与时俱进,开展引导性、前瞻性教育,重视传统劳动精神培养与新知识、新技术、新工艺、新方法应用的结合,培养学生的创新精神和创造性解决实际问题的能力,从而培养对社会有用的人。

劳动最美丽,要增强做劳动者的幸福感。习近平总书记强调,幸福是奋斗出来的。个人的幸福、社会的和谐、国家的发展都证明,人世间的美丽是通过劳动创造出来的。开展劳动教育就要充分发挥劳动独特的育人价值,培养学生劳动最美丽、劳动人民最美丽的价值观,尊重劳动者,增强幸福感。培养学生的劳动幸福感要从3个方面入手。一是对自己的认同感。劳动教育要从提升学生生活自理能力入手,增强生活自信,真正认识自己的价值,认识劳动的价值,养成尊重劳动、热爱劳动的精神品质。二是对家庭的归属感。加强劳动教育必须引导家长树立正确的教育观,强化家庭在劳动教育中的基础作用,让学生感受到劳动是撑起家庭的支柱,感受家长作为劳动者的美丽,加深对家庭的归属感。三是对人民的赞誉感。今天的幸福生活是广大劳动人民用辛勤劳动创造的,离不开每一个岗位上普通劳动者默默无闻的付出。要教育学生懂得感恩,认识到普通劳动者身上的美丽和光辉,尊重每一名劳动者,尊重每一名劳动者的劳动成果,身体力行去做一名美丽的劳动者。

资料来源:范卿泽、赵文朝,《价值观教育是劳动教育必修课》,
《中国教育报》,2020年7月9日第6版(有改动)

第一节　劳动与劳动教育

一、劳动的内涵

(一)劳动的概念

劳动是人类社会的基本生存方式和经济活动,是指具有一定生产经验和劳动技能的劳动者运用劳动工具,按照劳动对象的自然规律,对劳动对象进行加工、处理和改变,从而满足社会需要的一种经济活动。《中国大百科全书》(第三版)将劳动定义为"人类特有的基本的社会实践活动。人们使用一定工具有目的地改造自然物使之适合于人,并同时使人自身也得到改变的社会活动"。

广义上的劳动分为体力劳动和脑力劳动,狭义上的劳动专指体力劳动。

（二）劳动语义的时代变化

勤劳是中华民族的传统美德。“日出而作，日入而息”“面朝黄土背朝天”，这是过去相当长的历史时期劳动的表现。直到今天，某些地区仍在进行着这样的“体力劳动”。

自第三次科技革命以来，随着科学技术的发展和知识经济的兴起，劳动的语义开始丰富为体力劳动和脑力劳动，二者相互融合，共同推动社会的发展和繁荣。

新时代，随着信息技术的进步，劳动的对象、工具、方式、环境等因素都发生了巨大的变化，劳动的内涵也更加丰富。从短信沟通到视频会议，从台式计算机到智能手机，从电子邮件到各种社交软件，人们用于学习、思考、交流、合作、工作的工具越来越多，其功能越来越强大，效率也越来越高。可以说，新时代的劳动语义涵盖了体力劳动、脑力劳动、知识劳动等，劳动内容更加多元化、信息化、智能化。

需要注意的是，无论社会处于哪一个发展阶段，劳动的语义如何扩展，都不能丢掉新时代劳动的应有之义，即劳动最光荣、劳动最崇高、劳动最伟大、劳动最美丽的价值观念；勤俭、奋斗、创新、奉献的劳动精神；尊重劳动人民、珍惜劳动成果的社会风尚。

（三）马克思主义劳动观

在马克思主义经典著作中，关于劳动的论述很多。从某种程度上讲，在马克思主义的整个思想体系中，劳动占有重要地位，《1844 年经济学哲学手稿》提出了“异化劳动”，《德意志意识形态》提出了“物质生产”劳动，《资本论》和很多手稿则是围绕“雇佣劳动”“剩余劳动”“自主劳动”等展开论述的。

1.劳动与人类

马克思在《1844 年经济学哲学手稿》中指出，“正是在改造对象世界的过程中，人才真正地证明自己是类存在物。这种生产是人的能动的类生活。通过这种生产，自然界才表现为他的作品和他的现实。因此，劳动的对象是人的类生活的对象化：人不仅像在意识中那样在精神上使自己二重化，而且能动地、现实地使自己二重化，从而在他所创造的世界中直观自身。”恩格斯在《劳动在从猿到人转变过程中的作用》中指出，“其实劳动和自然界一起才是一切财富的源泉，自然界为劳动提供材料，劳动把材料变为财富。但是劳动还远不止如此。它是整个人类生活的第一个基本条件，而且达到这样的程度，以致我们在某种意义上不得不说：劳动创造了人本身。”劳动是人类赖以生存、发展的决定性力量。在劳动的直接推动下，人类经历了从早期猿人到晚期智人的发展过程。劳动促使人类的脑量不断增加、优化，使人类的体态特征越来越区别于猿而近似于现代人，而且使劳动工具日益改进和多样化。人类智力得到进化，物质生活逐渐丰富起来。

2.劳动与社会发展

马克思在《德意志意识形态》一书中指出，“我们首先应当确定一切人类生存的第一个前提，也就是一切历史的第一个前提，这个前提是：人们为了能够‘创造历史’，必须能够生活。但是为了生活，首先就需要吃喝住穿以及其他一些东西。因此第一个历史活动就是生产满足这些需要的资料，即生产物质生活本身。”有了人类的劳动，有了满足人类生存必需的前提，才产生了生活和历史。马克思从唯物主义立场出发，充分肯定了劳动对于整个人类和人类历史的重要意义。

3.劳动与人的发展

无论是自然界、人类活动还是人的思维，都在不断地运动、变化和发展；发展的实质是事物的前进和上升；人类社会的发展是前进性与曲折性的统一。实践是指人能动地改造客观世界的物质活动，是人所特有的对象性活动。人的实践活动具有自主性，人通过实践不但能够认识客观规律，而且能够利用客观规律，使客观规律为人所用。同时，实践还具有创造性，它创造出按照自然规律本身无法直接产生或无法简单合成衍生的事物。实践的自主性和创造性一起，共同体现了人的主体性特征。

马克思以异化劳动理论为基础，尖锐批判了资本主义社会的异化劳动扭曲人的本质。在私有制条件下，本应是自由自觉的活动的生产劳动却变成了异化劳动，劳动本身成为劳动者的一种异己的力量。从本质上看，异化劳动折射出的恰恰是因私有制而导致的无产阶级和资产阶级的对立。在马克思看来，未来的共产主义社会消灭了旧式的社会分工，消灭了异化劳动，将人的本质重新还给人，从而实现人的自由全面发展。生产劳动同智育和体育相结合，它不仅是提高社会生产的一种方法，而且是造就全面发展的人的唯一方法。

资料卡片

马克思劳动观的主要内容

1.劳动创造人和人类社会

马克思认为劳动过程是人满足自己生存和生活需求，使自己获得主体性的过程。马克思以无产阶级的视角，从唯物史观的角度对“人类社会”做了深刻的阐释。首先，劳动创造了人。马克思认为人的本质的生成和发展是在劳动中完成的，人首先是一种自然存在物，人类在劳动过程中利用自身的自然力（手、臂、腿等），去改变自然界，同时也改变自身。人类在劳动过程中开始越来越多地体现自己的主观能动性，将人类从动物界分离出来的就是这种有意识的劳动过程。这种特有的活动形式，其目的在于改造自然界以满足自身需求。所以马克思认为，通过劳动，人类就可以证明自身的诞生和形成。其次，劳动创建了人类社会。劳动在人类社会发展中具有基础性的作用。为了生存，人类必须生产劳动，以获得生存所必需的物质资料。劳动是社会中的劳动，在物质生产劳动中人们会结成一定的社会关系，即产生了社会，在其现实性上，社会就是个人彼此间关系的总和。

2.劳动决定人的类本质

马克思对人的本质做了全面而又准确的阐述，从人学的角度出发对劳动进行阐释，由此论述了劳动与人的本质之间的关系。首先，劳动决定人的“类本质”，“类特性”就是“类本质”。马克思认为，“种的类特性就在于生命活动的性质，而自由的有意识的活动恰恰就是人的类特性”。人类的劳动实践，将人与动物区分开来，人类证明自己是有意识的类存在物。其次，人的本质是社会关系的总和。只有与他人相联系，人们才能够进行生产劳动，并在生产的过程中与他人结成各种社会关系。因而脱离社会的单个人是不存在的，只要进行实践劳动，必然会与他人结成一定的社会关系，劳动关系便是其中最基础的社会关系。因而，他认为人的本质是一切社会关系的总和。最后，劳动也是人的本质需要。人自身的需要形成了劳动实践和社会活动，人类为了生存必须进行物质生产。而人对自己的需要有一个逐步认识的过程，人类通过劳动创造物质财富，以满足当前的物质需要的同时，在一定程度上也促进了人对自我需要的认知，如正是在劳动满足人类物质需要的同时，催生了人类的精神需求。可见，劳动实践在人的需要中发挥了重要的作用。

3.劳动实现人的本质的复归

马克思认为要实现人的本质的复归，就必须对异化劳动进行“扬弃”。实现劳动的解放，让劳动成为人自由自觉的活动，为实现人的全面解放提供最直接的条件。马克思劳动解放学说内涵十分丰富，具体来说主要包含以下3个层面的内容。

首先，自然层面的解放。人类在劳动实践中不断地发现和掌握自然规律，人的主体性得到进一步彰显，改造自然的能力进一步增强，社会生产力进一步提高。

其次，社会层面的解放。主要体现在分工和私有制的消灭，以及和谐劳动关系的建立，马克思认为自由、和谐的劳动关系只有在共产主义社会才能实现。

最后，人自身的解放。劳动不再是人们谋生的手段，而是人们生活的“第一需要”，人们享有充分的劳动自由，且可以根据自身需要获得劳动产品，人在劳动过程中肯定自己，实现对自己本质的复归。劳动解放的最终目的是实现人类自身的解放。在劳动解放阶段，人自由全面地发展成为人类劳动的目的，只有在共产主义社会，劳动解放才能实现，人的自由全面发展才能得到最坚实的保障。

资料来源：高明，《马克思如何看待劳动的价值》，光明网，2020 年 9 月 8 日（有改动）

二、新时代劳动教育的内涵

教育和生产劳动相结合是我们党历来坚持的教育方针。党的十八大以来，习近平总书记深情礼赞劳动创造，讴歌劳模精神、劳动精神、工匠精神，引领推动全社会弘扬劳动光荣、技能宝贵、创造伟大的时代风尚，凝聚起亿万劳动群众团结奋进的强大力量，创造了新时代中国特色社会主义的伟大成就，推动我国迈上全面建设社会主义现代化国家新征程。

新时代劳动教育是在习近平新时代中国特色社会主义思想指导下，以塑造劳动观念、传递劳动知识、传授劳动技能、端正劳动态度和培养劳动习惯等为主要内容，旨在系统提升受教育者的劳动素质，促进其全面发展的德育活动。其本质内涵在于将教育与生产劳动相结合，使学生在增强体质的同时，提升精神境界，由此获得身心二元的全面解放。具体而言，就是要让学生在系统学习文化知识外，有目的、有计划、有组织地参加日常活动、生产和服务性劳动，让学生动手实践、出力流汗、接受锻炼、磨炼意志，培养学生正确劳动价值观和良好劳动品质。

可以说，新时代劳动教育继承并发展了中华民族劳动光荣的传统观念，融入了中国特色的马克思主义劳动价值论，承载着新时代的使命与诉求，具有综合的育人价值，有利于推动德智体美劳全面发展的教育体系构建。

资料卡片

人工智能时代更需重视劳动教育

人工智能的概念最初诞生于 1956 年"达特茅斯会议"。经过数十年的发展，"人工智能"这个词在我们的生活中出现的频率越来越高，从普通大众到学术界、产业界，几乎无人不知。为抢抓人工智能发展的重大战略机遇，中华人民共和国国务院于 2017 年正式印发《新一代人工智能发展规划》，将发展人工智能上升到国家战略高度。当人工智能正在重塑各行各业的形态，当我们从体力劳动以及一些常规性的脑力劳动中解放出来之后，今天我们来理解劳动教育，就应当赋予其新的时代内涵。

一方面，劳动教育并不只是对某种生活技能的单纯机械训练，更重要的是，要在劳动实践中唤起人们对自身主体价值的觉知，在劳动中真实感知完整生活的意义。另一方面，劳动教育是要建立人们与真实世界的连接。人工智能与教育的深度融合发展，虚拟环境与现实环境的相互交融，使我们今天学习知识比以往任何时候都要便捷，那么知识是否会必然带来能力的提升，这中间却是不能完全画等号的。我们在今天强调劳动教育，就是要强调其实践性，推动教育由知向行转化。

具体来说，劳动教育在人工智能时代的重要性主要体现在以下 3 个方面。

第一，人的社会交往。社会性是人的本质属性。马克思强调，"人的本质不是单个人所固有的抽象物，在其现实性上，它是一切社会关系的总和"。人工智能技术的发展使得我们传统的交流方式正在改变，人机关系、虚拟和现实关系正在成为人际交往的重要组成部分。人与人交流的物理性限制在不断地消失，但与此同时，网络依赖症、微信依赖症、手机依赖症等各种"依赖症"，在一定程度上对现实中的人际关系带来了陌生化的挑战。劳动教育通过家务劳动、校园劳动、社区劳动以及社会志愿者活动实践，可以很好地拓展人在现实环境中的社会交往能力。我们在劳动教育的实践中，也可以重新思考如何处理与他人、与社会的关系，通过这些实践活动，从而提高自身的主体意识、合作意识、大局意识以及解决问题的能力。

第二，人的思维。互联网已经成为我们生活中不可或缺的一部分，当我们随时随地通过智能手机上网获取解决问题的答案时，互联网也在改变着我们的思维方式。既然数字时代获取知识如此方便，那么通过网络寻找答案当然也是解决问题的途径之一。但思想的成熟是需要有一个持续不断的训练过程的。如果我们碰到问题首先想到的就是网络，对问题没有调查研究，或者调查了之后也没有形成对结论的真实性进行独立思考的过程和习惯，那么很难说我们的思想就是成熟的。劳动蕴含着人的心智和思维方式，今天的劳动教育，更多地着眼于提高人的思考力、创造力和创新力，这些能力正是人工智能时代我们需要具备的核心素养。

第三，人的价值观。在马克思看来，劳动本身就是真善美相统一的过程。人工智能时代强调劳动教育，重要的是弘扬劳动精神。“民生在勤，勤则不匮。”中华民族是勤于劳动、善于创造的民族。正是因为劳动创造，我们拥有了历史的辉煌；也正是因为劳动创造，我们拥有了今天的成就。正如习近平总书记所说，“幸福都是奋斗出来的”。通过劳动教育，要使广大学生能够理解和形成马克思主义劳动观，真正崇尚劳动，尊重劳动，树立劳动最崇高、劳动最伟大、劳动最美丽的观念，培养勤俭、奋斗、创新、奉献的劳动精神，通过辛勤劳动、诚实劳动、创造性劳动来开创我们美好的未来。

资料来源：戴菁，《评论|人工智能时代更需重视劳动教育》，
新华社客户端，2020年4月6日（有改动）

第二节　新时代大学生劳动价值观的树立

一、新时代大学生劳动价值观的现状

新时代的大学生群体与以前的大学生有所不同，他们的生活条件比以前的大学生普遍优越。其劳动观念、集体主义观念及艰苦朴素的作风观念相对淡薄，少部分大学生缺乏生活自理能力，而且不尊重别人的劳动成果，比吃比穿，花钱大手大脚，不爱护公物，浪费水、电、粮食等。总体来说，部分大学生的劳动价值观出现了以下负面现象或表征。

一是价值取向功利性。部分大学生在价值取向上的功利性明显，物质需求多，对集体、对国家的责任感淡化。在能力锻炼方面，重理论、轻实践，导致实用技能不足；在人际交往方面，更有目的性和注重实际利益的获取，忽视了人格修养；在求职方面，更多考虑大城市、高薪、环境舒适等因素，而不愿走向基层。

二是价值主体本位性。在市场经济条件下，利益主体是多元的，个人、企业都成为利益主体，都有着自己的价值目标和价值取向。每个利益主体都可以为价值目标的实现自主地作出努力。这使得大学生意识到，自我作为独立的价值单位有着更加明确的自主性和选择性，再加上大学生活的环境，更增强了大学生的自我意识。在价值观上，追求自我为中心和自我为本位，表现为过多地要求社会对个人的满足，但自己为社会尽义务的意识却比较淡薄，缺少对集体的责任感和义务感，缺少艰苦奋斗的奉献精神。

三是价值判断多元化。社会上的一些拜金主义、享乐主义和极端个人主义思想，腐蚀人们的头脑，败坏社会风气，影响大学校园，使部分大学生的劳动价值判断也呈多元化。例如，更多追求个人发展、个人利益

而忽视社会利益、整体利益,甚至将二者对立起来;认为金钱就是力量,金钱是衡量劳动价值的唯一尺度,人的劳动价值在于薪酬或资产的多少;等等。不同的劳动价值观,在大学生中形成价值判断的多重标准。

二、新时代大学生劳动价值观负面现象产生的原因

新时代大学生劳动价值观的现状是多方面因素综合作用的结果,包括社会因素、家庭因素、学校因素和个人因素。

(一)社会因素

虽然大部分大学生能清楚地意识到市场经济条件下提高自身素质的重要性和迫切性,但是在现实生活中,新旧观念的冲撞、新旧体制的更替,使一部分人不能正确地理解市场经济,以为发展市场经济就是"一切向钱看"。大学生受到这种观念的影响,价值取向趋向功利化。

另外,社会舆论过于推崇脑力劳动,忽视对体力劳动的重视和宣传,使部分大学生产生"从事体力劳动羞耻,从事脑力劳动光荣"的片面思维。劳动有体力轻重之分,没有高低贵贱之别,把劳动分为三六九等是对真正意义上的社会劳动的曲解。脑力与体力劳动是平等的、相互促进的,即体力劳动开启人的智力潜能,脑力劳动可以提高技术水平,逐步减轻体力劳动强度,二者相互依存、相互促进、不可分离。

(二)家庭因素

有些家长望子成龙、望女成凤,只希望孩子将来过上"有质量"的富足生活,工作体面,收入丰厚。为达到这一目的,家长平时不忍心孩子出力流汗、吃苦锻炼,承担孩子的一切劳动,使孩子娇生惯养,"衣来伸手,饭来张口"。

(三)学校因素

一些学校片面追求应试教育而忽视素质教育,逐渐淡化甚至忽视了对学生的劳动观念、劳动意识和艰苦朴素的劳动精神的教育,致使学生出现了一些不良的劳动认识和行为。

(四)个人因素

我国大学生经历了小学、中学的教育阶段后升入大学,生活经验和社会阅历普遍不足,社会实践少,自我评价不够全面,整体上的心理状态还不成熟,对如何才能实现人生价值这个问题充满困惑。此外,受懒惰思想和享乐主义的影响,一些人养成了好逸恶劳的习惯,加上投机心理作怪,往往眼高手低,容易迷失自我。

资料卡片

一屋不扫,何以扫天下?

《后汉书·陈王列传》记载,东汉名臣陈蕃十五岁的时候,陈蕃父亲的朋友薛勤来他家做客,见陈蕃住的地方杂草丛生、秽物遍地,就问他:"孺子何不洒埽以待宾客?"陈蕃说:"大丈夫处世,当埽除天下,安事一室乎!"薛勤"知其有清世志,甚奇之"。

清朝的刘蓉在其散文《习惯说》中记叙了一件事,刘蓉年少时在一间书房中整日苦读,室内有一个直径一尺的坑,常常崴他的脚,时间长了他也就习惯了。有一天,他的父亲看到了这个坑,就笑着说:"一室之不治,何以天下家国为?"然后便命人将这个坑填平了。

后人根据这两个故事,概括出了"一屋不扫,何以扫天下?"这句话。

《礼记·大学》中说:"古之欲明明德于天下者,先治其国;欲治其国者,先齐其家;欲齐其家者,先修其身;欲修其身者,先正其心;欲正其心者,先诚其意;欲诚其意者,先致其知,致知在格物。物格而后知至,知至而后意诚,意诚而后心正,心正而后身修,身修而后家齐,家齐而后国治,国治而后天下平。"

在儒家看来，“扫”就是一种“格物”，就是治“大学”的肇端。对于当代大学生而言，只有先扎实基本功，将来才能更好地在工作岗位上作出成绩，进而为社会、为国家作出贡献。

资料来源：华谁与，《一屋不扫，何以扫天下：从扫屋子到扫天下幕后的那些道和理》，百家号，2022年2月11日（有改动）

三、树立正确劳动价值观的意义

新时代大学生应当明确树立正确的劳动价值观的重要性，进而强化对正确的劳动价值观的培养，改变对劳动的片面认识，领会劳动的意义，消除投机取巧的心理，不被享乐思想腐蚀，不做“宅男宅女”“啃老族”，勇于担当和奉献，以便将来服务国家和社会，实现自己的人生价值。

（一）生命依靠劳动体现价值

动物只能依赖自然生存，人类却能依靠劳动和智慧改造自然，创造自己想要的生活。改造自然的过程便是社会劳动的过程。墨子说：“凡天下群百工，轮车鞼匏，陶冶梓匠，使各从事其所能。”意思是说，每个人都从事自己擅长的工作，各尽其能、各负其责，从而兴国家、富民众。大学生培养劳动技能非常重要，劳动技能不是与生俱来的，而是通过后天学习、实践、锻炼形成的，技能是体现劳动精神和劳动价值的最佳手段。然而，部分大学生的劳动观念正遭受懒惰思想和享乐主义的深度渗透，束缚了勤劳品质的扩展空间，消磨人的意志，使人的生命在碌碌无为中失去色彩，成为大学生前进道路上的一道巨大障碍。大学生要深知，再高深的理论也要经受实践的检验，社会劳动实践是提高个人技能的重要途径，是人生实现自身价值的最佳方式。

既然劳动是有目的地参与外部世界的活动，那么大学生作为未来社会的建设者和主力军，就要体悟劳动的乐趣，踏踏实实地从事劳动工作，任劳任怨、实干肯干，掌握劳动技能，把有限的劳动时间投入无限的劳动事业中，展现生命存在的价值。劳动需要体力、智力和决心，吃苦耐劳是人的美好品质。大学生要明辨过度享乐的危害，感知劳动的妙处，把光荣的劳动当作毕生的追求目标，在奋斗中收获成功的喜悦与荣耀。劳动需要知识，知识来自学习；劳动需要体能，体能依靠锻炼。无论是体力劳动还是脑力劳动，都需要具备劳动情怀。劳动情怀是对劳动的热爱，而不仅仅是维持生计的无奈。

既然生命的意义在于劳动，生命的价值在于创造，那么就义无反顾地去坚持劳动创造吧！为个人、社会和国家而劳动，努力提升思想境界，思想境界越高，劳动潜能越大。劳动不是一成不变的，它从简单到复杂，从古代社会到现代社会，人类社会每一次质的飞跃都是人类劳动智慧的升华。大学生只有树立积极向上的劳动态度，在愉悦的劳动过程中体验劳动的幸福，才能体现劳动价值，进而实现改造社会和国家的使命。

（二）劳动的传承及现实意义

大学生未来从事的劳动形式千差万别，只要对自己、对他人有益的工作就是有意义的劳动。社会日新月异，劳动永续不止。劳动增进了人的智慧，而智慧是人类不断进化中的劳动结晶。劳动经验越丰富，劳动工具越先进，劳动技艺越精湛，则劳动的技术含量越高。要保持对劳动创造的持续热爱，离不开对劳动的传承与弘扬。大学生要持续散发劳动热情。热情是一种洋溢的情绪，是一种积极向上的态度，是一种高尚珍贵的精神。传承不是生搬硬套，而是在学习中借鉴，在借鉴中创新。劳动是自觉的、主动的，不是强迫的、被动的。劳动是从理论到实践的过渡，职业是劳动不同的表现形式。大学生在选择职业时，应该遵循的主要目标是自身的完美和人类的幸福，任何时候都不能偏离这个正确目标，否则将会导致相反的结果。

当前，大学生“学而不用、学而无用”的现象十分严重，很多大学生所选的专业并不是自己真正的兴趣所在，学习仅仅是为了取得文凭，为了谋求体面的工作岗位，这必然会造成人才和资源的极大浪费。大学生应当正确认识自我的特长与潜能、喜爱与需要，选择最佳的人生发展道路，少走弯路，不留遗憾。大学生如果过于追求养尊处优的生活，不愿意参加劳动实践，既缺乏动手动脑解决问题的能力，又缺乏吃苦耐劳的精神，长此以往，必将导致劳动人才匮乏、社会生产力下降、国家整体竞争力减弱。因此，劳动虽然看上去是个人的小问题，实际上却是关系到国家和民族前途的大问题，不可不重视。

劳动是传承文明的必要途径。人类文明需要通过劳动来代代相传，更需要通过劳动来推陈出新。没有劳动传承则社会难以存续，没有劳动创新则社会发展无力。因此，劳动传承具有深远的现实意义，劳动创新是关系到社会发展进步的大事。大学生只有在劳动中才能激发创新思想，培养高尚的情操，掌握一定的劳动技能，从而在激烈的社会竞争中提升自我。

通过接受劳动教育，大学生能够理解和形成马克思主义劳动观，牢固树立劳动最光荣、劳动最崇高、劳动最伟大、劳动最美丽的观念，理解劳动创造美好生活、劳动不分贵贱，并学会尊重普通劳动者，培养勤俭、奋斗、创新、奉献的劳动精神。

大力弘扬劳动光荣、知识崇高、人才宝贵、创造伟大的时代新风，有利于全体社会成员尤其是新时代大学生积极弘扬劳动精神和劳动观念，推动全社会热爱劳动、投身劳动、爱岗敬业，为实现中华民族伟大复兴中国梦贡献智慧和力量。

四、正确劳动价值观的培育路径

（一）理论指导

从古至今，中华民族具有崇尚劳动的传统美德，人民群众通过长期辛勤的社会劳动创造了中华民族的辉煌文明。纵观人类历史，只要社会和谐稳定、同甘共苦、齐心协力，那么国家必定繁荣昌盛。那些劳动价值观不坚定，甚至缺乏正确劳动价值观的人，是难以有所作为的。培育新时代大学生正确的劳动价值观，从小处讲，关系到个人的前途；从大处讲，则关系到国家和民族的未来。

大学生要用马克思主义劳动观指导自己的劳动创造，明确人生发展方向，要懂得轻视劳动是对自己的不负责任，依靠投机取巧占有他人的劳动成果是令人不齿甚至是危险的。只有不把劳动看作苦差事，肯定劳动、乐于劳动、享受劳动，才是正确的劳动观。

（二）劳动实践

大学生不仅要学习劳动理论知识，还要亲自走进生产生活中，感受劳动技能的重要，体会劳动的艰辛，正视劳动的价值，从而逐步热爱劳动。大学生只有在实践锻炼中，才能深刻了解自身知识的欠缺，进而更好地学习各种知识和技能。这样，大学生既能够磨炼劳动意志，又能够增强学习兴趣，还能够提升职业素养。事实证明，越是热爱劳动的人，越有活力和品位；越是懒散的人，越容易萎靡消沉、浑浑噩噩。劳动实践赋予大学生广阔的劳动空间和自由展现能力、弘扬精神的舞台，因此劳动实践对自己、对他人有百利而无一害。

资料卡片

劳动创造幸福

劳动是贯穿马克思主义理论的一个核心概念。马克思在《1844年经济学哲学手稿》中指出，“整个所谓世界历史不外是人通过人的劳动而诞生的过程，是自然界对人来说的生成过程。”把人类社会的发展和劳动联系起来，论证了“劳动创造历史”这一观点。

在《资本论》中，马克思以商品为逻辑起点，辩证批判旧的劳动观，指明“劳动首先是人和自然之间的过程，是人以自身的活动来中介、调整和控制人和自然之间的物质变换的过程”，并从现实的经济生活角度对未来社会的走向进行了理论构想。

劳动创造人本身。马克思在《1844年经济学哲学手稿》中提出，“劳动这种生命活动、这种生产生活本身对人来说不过是满足他的需要即维持肉体生存的需要的一种手段。而生产生活就是类生活。这是产生生命的生活。一个种的整体特性、种的类特性就在于生命活动的性质,而自由的有意识的活动恰恰就是人的类特性。"其中提到的"人的类特性"即人的本质,"自由的有意识的活动"即劳动,论证了"劳动是人的本质"的观点。恩格斯则在《自然辩证法》中明确指出,"劳动是整个人类生活的第一个基本条件,而且达到这样的程度,以致我们在某种意义上不得不说:劳动创造了人本身。"同时,马克思还在《1844年经济学哲学手稿》中指出,"正是在改造对象世界的过程中,人才真正地证明自己是类存在物。这种生产是人的能动的类生活。"可以说,劳动就是人类自身生产和再生产的创造过程。

劳动创造世界。马克思指出,"任何一个民族,如果停止劳动,不用说一年,就是几个星期,也要灭亡,这是每一个小孩都知道的。"充分强调了劳动对社会发展的重要性。在《资本论》中,马克思将建筑师的劳动和蜜蜂的活动进行对比,提出"最蹩脚的建筑师从一开始就比最灵巧的蜜蜂高明的地方,是他在用蜂蜡建筑蜂房以前,已经在自己的头脑中把它建成了"。劳动这种"有意识的生命活动"把人同动物的生命活动直接区别开来,劳动者可以有意识、有目的地主动改变外部世界。

劳动创造价值。马克思在《资本论》中分析了抽象劳动和具体劳动,确立了劳动与价值的关系,认为"劳动是商品价值的唯一源泉"。他强调商品的价值是由劳动者创造的,认为一切劳动,一方面,是抽象的人类劳动,即人类劳动力在生理学意义上的耗费,形成商品价值;另一方面,是具体的有用的劳动,即人类劳动力在特殊的有一定目的的形式上的耗费,生产使用价值。

劳动创造幸福。马克思指出,"如果一个人只为自己劳动,他也许能够成为著名的学者、伟大的哲人、卓越的诗人,然而他永远不能成为完美的、真正伟大的人物。"在马克思、恩格斯看来,从自私自利视角进行劳动的人,无法达到快乐和幸福的至高境界。只有"选择了最能为人类福利而劳动的职业",才能把幸福带给千百万人。"为人类福利而劳动"是马克思的职业理想宣言,也是他毕生的行动指南。

劳动是通向人的解放的必由之路。马克思在《哥达纲领批判》中谈道,"在劳动已经不仅仅是谋生的手段,而且本身成了生活的第一需要之后",人们才能够以一个全面的方式占有自己全面的本质,才能"各尽所能,按需分配"。要想实现劳动解放和人的解放,就必须彻底消灭劳动的异化性质,让劳动从"必然劳动"迈向"自由劳动",成为人们自由自觉的活动。马克思和恩格斯认为,在共产主义社会,劳动成为人们每天生活所必需的部分,人人都可以享受平等而自由的劳动,人人都可以通过劳动追求自身价值、享受幸福生活,实现充分而全面的发展。

"只有自由自觉的劳动才是人类获得幸福的唯一源泉。"马克思主义劳动观全面阐述了劳动在人类社会发展史上的决定性作用,揭示了人类社会发展的一般规律,并成为中国共产党人劳动思想的理论源泉。抗日战争时期,毛泽东发出"自己动手,丰衣足食"的号召。新中国成立前夕,他明确将"爱劳动"列为"全体国民的公德"之一。在中国共产党领导人民进行革命、建设、改革的艰苦奋斗中,每一步都浸透着亿万劳动群众的辛勤劳作和默默奉献。

党的十八大以来,习近平总书记深情礼赞劳动创造,讴歌劳模精神、劳动精神、工匠精神,引领推动全社会弘扬劳动光荣、技能宝贵、创造伟大的时代风尚,凝聚起亿万劳动群众团结奋进的强大力量,创造了新时代中国特色社会主义的伟大成就,推动我国迈上全面建设社会主义现代化国家新征程。建功火热时代,奏响劳动之歌,迫切需要新时代劳动者坚定理想信念,将崇尚劳动、热爱劳动、辛勤劳动、诚实劳动的劳动精神内化于心、外化于行。新征程上,亿万劳动群众牢记嘱托,进一步焕发劳动热情、释放创造潜能,必将凝聚起强国建设、民族复兴的磅礴力量。

资料来源:万华颖、冯钰平,《经典常谈|劳动创造幸福》,
中央纪委国家监委网站,2024年4月2日(有改动)

思考与实训

一、思考题

(1)马克思主义劳动观的内容是什么?

(2)新时代劳动教育的内涵是什么?

(3)新时代大学生的劳动价值观现状及产生原因是什么?

(4)正确的劳动价值观的培育路径有哪些?

(5)谈谈你对"学而不用、学而无用"现象的看法,以及如何避免这一现象的建议。

二、实训实践活动——我爱我家

1.实践目标

(1)认识家庭的重要性,意识到家庭是幸福生活的一种存在,是儿童社会化、供养老人、满足经济合作的人类亲密关系的基本单位。

(2)使家居环境更洁净、温馨,激发爱家、护家的热情,传递家庭成员之间的亲情,承担家庭成员应尽的责任。

(3)体会"一屋不扫,何以扫天下?"的具体含义。

2.所需工具

笤帚、簸箕、垃圾袋、垃圾桶、抹布、清洁剂等。

3.活动设计

(1)准备阶段:事先准备好所需工具。

(2)启动阶段:根据家庭居住的实际环境情况,划分若干区域。

(3)实施阶段:认真细致,注意不要损坏财物。

(4)总结阶段:其他家庭成员给出评价,交流此次劳动的心得。

4.安全保护

(1)人身安全保护。应保证在劳动过程中不进行探出身体擦玻璃、拆装天然气、用湿毛巾擦拭电器等危险行为。

(2)器具安全保护。不因清洁而损坏物品,应使用正确的清洁方法。

5.考核评价

家庭成员之间的充分肯定、夸赞和鼓励,是对劳动者的最大奖赏。

6.温馨提示

如果你对家务劳动不熟悉,则最好在其他家庭成员的监督和指导下进行;如果你对家务劳动很熟练,且经常帮助父母干家务,则可利用父母和其他家庭成员外出或者暂时不在家的时机制造惊喜。

第二章 劳动教育课程概述

思政目标

党的二十大报告提出，“统筹推动文明培育、文明实践、文明创建，推进城乡精神文明建设融合发展，在全社会弘扬劳动精神、奋斗精神、奉献精神、创造精神、勤俭节约精神，培育时代新风新貌”。在大学生群体中弘扬劳动精神，使其认识到劳动的光荣、崇高和伟大，进而能够创造性地劳动，成为德智体美劳全面发展的社会主义建设者和接班人。这是党在新时期对人才培养的标准，也是对高等职业院校提出的加强劳动教育的新要求，为新时代的教育事业发展指明了方向。劳动价值观的形成，只有劳动教育和思政教育二者有效结合，才能达到协同推进的效果。高等职业院校的劳动教育课是人才培养体系的重要环节，也是对中小学相关教育的延续，通过对大学生进行理论知识、劳动技能的培训及劳动价值观的培养，可以帮助大学生群体树立社会责任感，进而实现人生价值。

思维导图

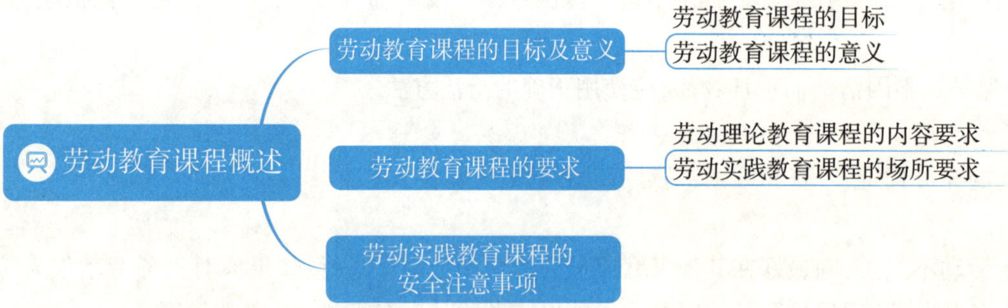

思政园地

尊重劳动、感恩自然

在浙江有一所高校，劳动教育已经坚持了60多年，从进校开始，每个同学都要接受各种形式的劳动教育。在学校农学院，每个班级还有一块属于自己的土地，春耕夏耘，秋收冬藏，大家在地里劳动，浇水施肥，感受劳动的意义。

这所高校是浙江农林大学，始建于1958年。据了解，从建校开始，学校就将劳动课设置为学生必修课，锄头等劳动工具的使用，更是当时学生必须掌握的技能，学校老校区不少的老房子、运动场，都有学生参与建设。

随着时代的变化，浙江农林大学劳动课程的形式也开始转变。2015 年，为继续弘扬这一传统，学校在鼓励学生常规劳动的同时，进一步强调要求学生参加各种形式的劳动，如参与校园绿地管护、卫生清洁，组织同学挖番薯，割水稻，收大豆、玉米，播种土豆、油菜等。

浙江农林大学认为，和一般学校相比，涉农高校学生不仅需要学习高精尖的技术，更需要了解耕种节气、农作技能，培养学生对农业的情怀。为此，学校在校园里专门开辟了面积达百亩的学生农作园，并将土地分配给大一、大二农学类专业班级，鼓励同学们在地里种瓜种菜，利用课余时间管理菜地、生产劳动。

学校还选育各种果蔬小苗，专门聘请附近农民，指导学生参与施肥、翻整、起垄等。该校农作园技术指导叶老师说，鼓励大学生参加农业劳动，自己动手种植果蔬，不仅能让他们见证果蔬种植和生长过程，更能增强其从事农业必需的动手能力，学习到很多课本上学习不到的知识。

有了属于班集体的菜地，同学们也多了亲近自然、体验农作生活的机会，专业课的教师也将栽培学、农作学、园艺设施学等课程开设于田间。

为管好菜地，有的教师按照学号组织学生除草、施肥、浇水，有的教师每周组织全班学生共同到菜园劳动，也有的教师尝试把种植的蔬菜拿到市场去销售……通过劳动，形成尊重劳动、感恩自然的校园劳动氛围。

浙江农林大学学生处朱老师长期鼓励指导学生参加农作劳动。他说，鼓励学生到农作园劳动，学生不仅提高了劳动热情，同时也学会了劳作的基本技能，增强了对农作物的了解。

浙江农林大学近千名大一和大二学生，平时上课的地点在菜园里，期末考试地点也是在菜园里。每到农作园蔬菜成熟的时候，农学院的“种菜课”考试也就开始了，考试的方式就是由全体学生对菜地打分，菜园管得好不好、菜种得好不好，甚至同学们的参与度都是打分的依据。

俞同学是农学专业的学生，上大学前都没干过农活，但如今在学校干起农活有模有样。他认为，作为农学专业大学生，从事基本的农业劳动应该是必修课，通过参加耕种劳动，不仅学到了农耕的基本技能，也增强了对农业的感情，而且通过集体劳作，还提升了对班级的集体荣誉感。

在加强对学生劳动的教育中，浙江农林大学还连续多年实施学生暑期驻村劳动。学校与金华市各县区、杭州市临安区等地合作，选派有志于从事大学生村官工作的学生，利用暑假前往农村开展劳动，每年暑假一开始，学校就会选派一批学生“进驻”到相关县市区的乡镇，开展“服务乡村振兴”等主题的大学生驻村劳动。

在驻村期间，学生结合自己的专业、兴趣，帮助村民设计庭院、调研农村集体经济、指导农户垃圾分类……在与农民同劳动、参与村务管理、学习务农技术中，完成、提交实践报告，获得实践学分。通过驻村劳动，学生不仅对农村有了进一步的了解，最关键的是通过一起劳动，培养了对农民的感情，树立起了“知农、学农、爱农、志农”的理想信念。

对于组织学生农村基层驻村劳动，指导老师表示，服务乡村振兴，关键在人才，鼓励同学们驻村劳动，帮助了他们在劳动中掌握基层工作的知识能力、方式方法，对于引导大学生更好地服务乡村振兴也能起到积极的作用。

如今，劳动已是浙江农林大学培养人才的重要举措。在浙江农林大学的校园里，各种劳动的平台越来越多，除了到农作园里种菜、暑假驻村劳动等，学校还将拥有 3 000 多种植物、总面积将近 2 000 平方千米的校园，全部“承包”给学生管护，鼓励学生在课间对绿地管护、给花木施肥、到食堂清洁、参与交通维护等。到秋天，大家则一起挖番薯、割水稻、拔萝卜……在劳动中共享收获。

此外，学生还可根据参与绿地管护等劳动的时长，申请相应的实践学分。

学生表示，通过参加劳动，了解了不同蔬菜的施肥管理，学习了使用各种农具，更懂得了珍惜劳动成果；此外，在劳动中还收获了友情、果实和团队精神，培养了肯干、实干、能干的品质。

“教育可以生活化，也可以学习化。”浙江农林大学校长一直鼓励广大学生积极参与各种劳动。他说，鼓励学生劳动,就是想让学生们在劳动中学习到课堂上学不到的东西,在劳动中去认识自身价值。

资料来源:《浙江一高校劳动教育60多年不间断》,中国青年网,2020年3月30日(有改动)

第一节　劳动教育课程的目标及意义

一、劳动教育课程的目标

劳动教育课程旨在通过劳动教育和实践,帮助学生端正对劳动的思想认识和态度,掌握劳动技能,增强团结协作精神,传承吃苦耐劳、艰苦奋斗和珍爱劳动成果的优良品德,提高文明素质和综合素质,培养良好的行为习惯,弘扬劳动精神,崇尚劳动,尊重劳动,懂得劳动最光荣、劳动最崇高、劳动最伟大、劳动最美丽,树立正确的世界观、人生观和价值观,促进德智体美劳全面发展。

二、劳动教育课程的意义

劳动教育是教育发展的内在需求,是社会主义教育的重要特色和优势。劳动教育既能引导学生热爱和尊重劳动,弘扬劳动精神,又是开展教育工作的重要保障和必然选择。

(一)劳动教育是遵循马克思主义教育思想的必然要求

对照人类社会的发展史,无论是人类发展进步还是获得财富,都离不开劳动。幸福也需要通过劳动创造。马克思提出了生产劳动与教育相结合的劳动教育思想,并将其确定为办好教育的一条重要原则;不同于普通的教育思想,他从唯物主义角度阐述了系统全面的劳动教育思想,把劳动教育提升到普遍规律的高度之上,强调人的解放需要开展劳动教育。劳动有助于人们获得生产生活经验和增强个人奋斗的主动性(图2-1所示为宣传“劳动最光荣”的海报)。

图2-1　宣传“劳动最光荣”的海报

(二)劳动教育是立德树人的重要途径

立德树人既是教育的根本任务,也是检验教育成效的根本标准。立德树人的目的在于培养德智体美劳全面发展、社会主义合格的建设者和可靠的接班人，劳动教育则是实现立德树人目标的一个重要过程和重要方面。首先，劳动教育丰富了教育工作的内涵，促使学生端正劳动态度并树立正确的劳动观念，能够培养学生对劳动和劳动人民的思想感情，逐步养成热爱劳动、善于劳动及勤于劳动的素质。其次，劳动教育和道德教育紧密联系，劳动教育也是加强道德教育的过程。因此，道德教育与劳动教育相结合也是道德教育的一种方法。我国历来注重劳动教育的重要作用和实际意义，将劳动视为形成良好道德品质的重要途径，二者结合就是立德树人的根本。

（三）劳动教育的实际作用和现实需要

马克思高度肯定了劳动对创造人和创造历史的重要意义。劳动教育是劳动和教育的有效结合，一方面，发挥了劳动的实践效用，通过利用和总结实践经验实现了理论和实践相结合的知行合一的效果，使学生在实践中学习、在学习中实践；另一方面，发挥了教育的理论效用，增进了学生对劳动生产知识和技术的认识与理解，提高了学生的劳动实践能力，以及分析和解决问题的水平。因此，劳动教育与德育、智育、体育、美育密不可分，有助于完善教育工作，培养德智体美劳全面发展的人才。只有加强劳动教育，才能培养出一大批勤于劳动且善于劳动的人才，才能实现新时代教育发展的根本要求，这也是实现个人梦想和国家梦想的一个重要途径。

在现实生活中，由于社会物质生活的丰富和传统家庭教育的方法存在不足，一部分学生应该做的事情都由家长包办了，对于力所能及的事情他们都不肯去做，也不会做，甚至连起码的洗衣、扫地、整理物品、料理个人的日常生活等小事都不会做，过着饭来张口、衣来伸手的生活。因此，贯彻落实党的教育方针，把“劳”作为培养目标之一，是当前社会现实的需要，更是敦促年轻的一代为实现中华民族伟大复兴中国梦而努力的需要。

资料卡片

中国选手在第 47 届世界技能大赛中斩获佳绩

2024 年 9 月 10 日至 15 日，第 47 届世界技能大赛在法国里昂举行。中国代表团以优异表现获得 36 枚金牌、9 枚银牌、4 枚铜牌和 8 个优胜奖，位居金牌榜、奖牌榜和团体总分首位。平均年龄约 22 岁的中国选手在世界技能大赛中大放异彩，既归功于他们的汗水和智慧，也体现了中国职业技能教育的高水平。

世界技能大赛每两年举办一届，被誉为“世界技能奥林匹克”，是当今世界地位最高、规模最大、影响力最大的职业技能赛事，代表了职业技能发展的世界先进水平，是世界技能组织成员展示和交流职业技能的重要平台。

在本届大赛约 26 个足球场大小的场馆内，扇形分布着 59 个比赛项目区，来自中国的 68 名青年大显身手：砌筑项目选手把砖块放置到铺匀的砂浆面上，并轻微揉压；美发项目选手梳起模型的头发，接着双手配合用电夹板将头发拉直拉顺；烹饪（西餐）项目选手将黄油酥塔面团分成等量的剂子，装入塔壳模具内……

化学实验室技术项目主要包含给定未知样品的含量测定和化合物的制备。选手通过运用实验室组织管理技能、实验操作技能，运用不同的分析方法、实验方法和信息化系统完成实验任务。河南化学工业技师学院学生鲁静怡在化学实验室技术项目获得金牌。过去两年，她回家时间加起来不足 15 天，就是为了专心备赛。“我感觉肩负重任，我的同门学姐上一届比赛拿过金牌，我为什么不能拿？”这位 19 岁的姑娘告诉记者，这种责任感是一种动力，激发她为国争光，也为将来更好的职业发展。

同样 19 岁的天津人李宏宇在信息网络布线项目夺得一枚金牌，打破了日本选手对该项目 17 年的金牌垄断。据了解，信息网络布线项目是指利用以太网、局域网技术和办公室/家庭网络技术，进行综合布线的竞赛项目。本届大赛该考察项目题量很大,包括必做和选做题,李宏宇的教练一开始认为不可能都做完。“我当时就说我一定要做完,比赛时压力也很大,但很想证明一下自己,最后把所有模块都拿下来了。”李宏宇说。闭幕式颁奖那晚,场馆里气温较低,当他手捧金牌时,“最直观的感受就是心里一下子热乎了”。下场后,李宏宇觉得“憋着的一口气终于释放了”,对教练说:“我们终于做到了。”

对获得物流与货运代理项目金牌的周雨欣来说,除了个人的努力,团队的支持也尤为重要。物流与货运代理项目需要选手通过海运、空运和多式联运等各种运输方式,实现全物流链、全过程地把货物从A点安全高效地运输到B点。在规定期限内,选手要完成客户获取、报价计算、运输管理、费用计算、海运操作、投诉处理和索赔处理等各种竞赛任务。周雨欣说,比赛要求她成为“项目经理”,要统筹全局,给了她不小的挑战。“第一天是懵的,赛后感觉自己表现不佳,下来跟专家组长沟通,她鼓励我调整心态、转换应对思路。”周雨欣说,所幸她在企业实训过程中积累了宝贵经验,在比赛中派上了用场。夺冠之后,周雨欣表示很感谢上港集团[全称为上海国际港务(集团)股份有限公司]基地的专家教练团队和战略团队,因为在她这枚金牌的背后,是这些团队一直在默默付出。

在所有的夺金选手中,工业4.0项目选手卢俊威、谢辉铉以此次世界技能大赛全场最高分荣膺“阿尔伯特·维达”大奖,这是中国选手第二次获得该大奖。工业4.0是指通过智能制造、物联网和大数据分析,实现生产过程的自动化和智能化。它的目标是提升生产效率、灵活性和可持续性,让工厂更具竞争力。此次大赛该项目是两人一组比赛。谢辉铉用“上下同心者胜”这句话来形容和比赛搭档卢俊威以及团队的密切配合。“面对压力,会有心理老师辅导我们;专家组长在赛前跟我们详细解释比赛规则和流程;我跟卢俊威搭档了3年多,配合起来心有灵犀、默契自然。”卢俊威对这个大奖的感悟或许反映了世界技能大赛希望彰显的价值:“我觉得这个奖是对工匠精神的认可,通过长年累月坚持不懈的训练,对一个产品或者项目精益求精地打磨,展现一种专业精神。”

资料来源:罗毓,《中国青年技艺闪耀 工匠精神绽放光彩——记第47届世界技能大赛中国选手斩获佳绩》,新华网,2024年9月21日(有改动)

第二节 劳动教育课程的要求

大中小学劳动教育课课程设置

一、劳动理论教育课程的内容及要求

(一)劳动理论教育课程的内容

劳动教育要使学生认识到劳动的价值,要和专业教育深度融合,并且要与时俱进。

1.认识劳动的价值

劳动观是人们对劳动的根本看法和态度,是人们世界观和人生观的重要组成部分。劳动是创造物质世界和人类历史的根本动力,劳动和劳动者神圣而光荣;劳动是一切社会财富的源泉,按劳分配是合乎正义的分配原则;不劳而获、少劳多得可耻而不义;劳动具有教育价值,教育与生产劳动相结合,体现出社会主义教育的本质。学生热爱劳动、积极参加劳动，有助于实现个人的健康成长；不爱劳动，不愿劳动，缺少劳动能力，会阻碍个人的全面发展，且无法实现人生价值。

劳动是推动人类社会发展的根本力量，也是通向伟大梦想的进步阶梯。幸福是奋斗出来的。世界上没有坐享其成的易事，天上不会掉馅饼，只有努力奋斗才能梦想成真。对家庭而言，没有劳动就没有物质财富的积累，从而没有生活条件的改善；对个人来说，劳动能够筑牢成功的坚实基础，也能够凝结成宝贵的精神财富。新时代的劳动者，只要肯学、肯干、肯钻研，练就一身真本领，掌握一手好技术，就能找到人生出彩的舞台，在劳动中发现广阔的天地，在劳动中体现价值、展现风采、感受快乐。

2.劳动教育要与专业教育深度融合

劳动教育教什么、怎么教，是困扰很多高校的现实问题。

与中小学以体验、认识为主的劳动教育不同，面向大学生的劳动教育不仅要教育学生爱劳动、会劳动，更要使学生“明劳动之理”。此外，由于高等教育的整个培养体系是直接面向劳动的，因此如何使劳动教育有机融入高校生活管理、教学科研的方方面面，与现有人才培养体系真正结合为一个有机的整体，是高校开展劳动教育必须通盘考虑的问题。

对此，中国劳动关系学院原院长刘向兵曾说：“高校推进劳动教育要在进课堂、进教材的同时，将其与专业教育相结合、与实践实习相结合、与思想政治教育相结合、与创新创业教育相结合，将劳动教育融入高校立德树人、教学科研的方方面面。”

全国政协委员、中国人民解放军空军航空大学教授杨承志建议，大学劳动教育要与培养学生的创新精神、工匠精神结合起来，“培育劳动情怀，让学生在劳动教育和实践中掌握劳动技能、积累劳动经验、提升劳动能力，塑造岗位需要的职业素养和道德品质”。

在北京师范大学经济与工商管理学院原院长赖德胜看来，推动劳动教育的一项重要基础性工作是加强劳动学科的建设，“目前，研究劳动的各个学科分散在不同学科门类下，导致高校很难有一个集中的培养劳动人才的学科平台”。

3.新时代大学生劳动教育形态要与时俱进

随着人工智能等新技术的快速发展，一些重复性的体力劳动岗位将来可能被机器所替代，那么在这种情况下还需要劳动和劳动精神吗？

新时代大学生劳动教育面向的群体是“00后”，他们伴随着互联网长大，对劳动的认识与上一代人、上两代人有很大差异。

针对这一特点，新时代大学生劳动教育必须直面质疑，及时更新教育形式，使青年大学生认识到，技术进步只不过使人类的劳动方式、劳动领域、劳动岗位发生了新的变化，但人的劳动精神和很多劳动技能仍是人机协同、智慧劳动、创造性劳动的重要基础。

全面构建体现时代特征的劳动教育体系

北京师范大学教育学部教授檀传宝认为，“新时代劳动教育的开展要考虑两点：一是劳动形态要与时俱进，不能犯把劳动等同于体力劳动的错误；二是教育形态需要采用设置相关课程的方式，关键是要考虑怎样让间接的劳动教育在教育实践中得到强化。”

（二）劳动理论教育课程的要求

1.明确目的

课程应明确大学生劳动教育的教学目的，通过理论教学，使学生提高对大学生劳动教育课程的认识，增强劳动意识，掌握基本的劳动知识和技能，明确劳动教育的目的和意义、劳动教育的组织形式和方法等。

2.充分准备

劳动理论教育课程教师要提前做好调查研究，收集有关资料，结合学生所需，认真准备教案，做好教学课件，使用多媒体教学，提高课堂教学效果。

3.讲究方法

应重视劳动理论教育课程教学改革，采取研究讨论式、启发互动式教学，必要时可以把课堂搬到现场去，贴近实际进行理论教学，增强课堂互动性，活跃课堂氛围。

二、劳动实践教育课程的场所及要求

（一）劳动实践教育课程的场所

（1）广场和道路。广场主要包括集会广场、休闲广场、运动场、停车场等。道路主要包括校内各机动车主、次干道，人行道和小道等。

（2）教学楼。教学楼主要包括楼内各教室和走廊、楼梯、露台、休闲场所、公共卫生间及周边等区域。

（3）食堂和车库。食堂和车库主要包括校园所有食堂和餐厅、地下人防设施和地下停车库及周边等区域。

（4）活动中心和图书馆。活动中心和图书馆主要包括各类活动中心和图书馆的各类活动室、藏书室、阅览室、走廊、礼堂、露台、报告厅、休闲场所、公共卫生间，以及二者的各类办公室、资料室及周边等区域。

（5）师生公寓。师生公寓主要包括公寓各楼内走廊、楼梯、露台、值班室、休闲场所、庭院内及周边等区域。

（6）实训楼。实训楼主要包括楼内各实验实训室、走廊、楼梯、露台、休闲场所、公共卫生间及周边等区域。

（7）校内绿化地和生态园。校内绿化地和生态园主要包括校园内各区域的绿化地、绿化林、校园湖（池）、果树园、生态园及校园周边等绿化区域。

（8）校园其他有关区域。高校校园不同区域的清扫卫生、整理物品、优化环境等工作，一般可以安排在学生的基础劳动教育与实践课、师生的义务劳动、文明校园创建或者志愿者活动中完成（图 2-2 和图 2-3）。

××学院大学生德育劳动课安排实施方案

图 2-2　大学生清扫校园道路

图 2-3　大学生校园绿化实践

(二)劳动实践教育课程的要求

(1)二级学院应成立由专人负责,有关辅导员、教务员等作为成员的大学生劳动教育课程实施小组。各班级应成立以班长、团支部书记为负责人的大学生劳动教育课程组织管理和考评小组,根据校园劳动区域范围,划分成若干个劳动小组和一个考评小组,把大学生劳动教育课程落到实处。二级学院和班级主要负责大学生劳动教育课程的理论教学、具体组织实施、过程管理、考评奖惩、问题整改、学分登记录入和学生的思想教育等工作。

(2)参与大学生劳动教育课程的学生要认真上好劳动理论课,参加有关培训,掌握必要的劳动知识和技能,以及牢记有关安全注意事项;熟悉劳动的项目、范围、标准和目标要求;在劳动过程中,要端正劳动态度,不怕苦,不怕累,按时上下岗,不得迟到、早退、串岗和旷工;服从安排,听从指挥,积极主动完成工作,不消极怠工,完成规定的课时和学分;在劳动期间,要爱惜劳动工具和学校设施,节约用水。

(3)环境卫生要求。室内区域要保持过道、台阶、地面等干净,无积水,无烟头,无各种垃圾;桌面、墙面、天花板、窗户、玻璃和门面保持清洁卫生,无乱张贴张挂,无灰尘和蜘蛛网等。室外区域要无树叶、烟头等垃圾和杂物堆积,保持室外公共卫生环境干净、整洁。

第三节　劳动实践教育课程的安全注意事项

劳动实践教育课程的安全注意事项如下。

(1)负责打扫各种台阶的学生应防止踩空、摔伤。

(2)负责擦玻璃的学生应该注意防止从窗台上摔下来,擦拭高层楼房的窗户要有安全保障措施。

(3)负责打扫楼前楼后的学生应小心高空抛物,防止被砸伤。

(4)负责清理垃圾道的学生应注意垃圾道上的一些碎玻璃、石头等,防止对自己造成伤害。

(5)负责打扫学校大门口的学生,在打扫时应小心过往车辆,注意及时躲避。

(6)负责擦门的学生应注意把门上锁,防止在门后打扫时,有人突然推门造成受伤。

(7)打扫中,杜绝玩耍打闹,防止误碰他人,致使自己和他人受伤。

(8)负责打扫各专用教室、实验实训室的学生,不能乱动设备和物品,防止出现一些不必要的损坏。

(9)负责擦灯管、电扇、电化教具的同学除注意防范摔伤外,还要防止触电,通电情况下绝不能擦拭用电口。

(10)打扫中,应留意他人,以免对他人造成伤害。负责打扫楼上的学生忌高空抛物。

资料卡片

习近平回信勉励中国国际大学生创新大赛参赛学生代表

2024年10月16日,中共中央总书记、国家主席、中央军委主席习近平给中国国际大学生创新大赛参赛学生代表回信,对他们予以亲切勉励并提出殷切希望。

习近平指出,你们以大赛为平台,用在课堂和实验室学到的知识解决实际问题,在创新实践中增本领、长才干,在互学互鉴中增进中外青年的友谊,这很有意义。

习近平强调,创新是人类进步的源泉,青年是创新的重要生力军。希望你们弘扬科学精神,积极投身科技创新,为促进中外科技交流、推动科技进步贡献青春力量。全社会都要关心青年的成长和发展,营造良好创新创业氛围,让广大青年在中国式现代化的广阔天地中更好展现才华。

据了解,中国国际大学生创新大赛由教育部联合有关部门、省级人民政府共同主办,旨在为中外大学生创新创业、交流合作提供平台。大赛自2015年创办以来,成为我国覆盖面最大、影响最广、成果最多、规格最高的大学生创新创业盛会。2024年4月至10月,本届大赛以“扎根中国大地、创新筑梦青春”为主题,共吸引153个国家和地区的5 406所学校的514万个项目、2 083.6万人次报名参赛,其中国际学生近4万名,总决赛在上海举行。25名参赛学生代表给习近平总书记写信,汇报参赛的心得体会,表达投身创新实践、勇担时代使命的决心。

资料来源:《习近平回信勉励中国国际大学生创新大赛参赛学生代表:弘扬科学精神积极投身科技创新 为促进中外科技交流促进科技进出贡献青春力量》,《人民日报》,2024年10月18日第1版(有改动)

思考与实训

一、思考题

(1)劳动教育课程的目标是什么?

(2)劳动教育课程的意义是什么?

(3)劳动理论教育课程的主要内容是什么?

(4)劳动实践教育课程的要求是什么?

(5)劳动实践教育课程的安全注意事项有哪些?

二、实训实践活动——服务幼儿园

1.实践目标

(1)在志愿服务过程中,增强学生服务社会的意识和对社会负责的态度。

(2)培养学生关心儿童、关爱儿童的观念,引导学生参与幼儿园志愿服务活动,为儿童健康成长创造良好的环境。

(3)培养学生的合作探究能力和与人交往沟通的能力,培养学生的社会责任感和团队精神,切实认识劳动价值、践行劳动精神,增强学生服务他人、服务社会的意识。

2.所需工具

照相机、海报、照片、画纸、水彩笔、蜡笔、铅笔、小剪刀、做手工的各种用具等。

3.活动设计

(1)前期准备。

应取得学校认可并开出本次活动许可证明。提前了解幼儿园情况,做好活动的策划和前期的分配工作,以海报或展板的形式宣传本次活动。

(2)具体安排。

与幼儿园相关负责人联系好,让同学们按分好的组到自己应该负责的房间等地方做自己力所能及的事。各成员首先和幼儿进行短暂的交流,然后将幼儿分为若干个小组,每组安排一名同学与幼儿交流。同学给幼儿讲故事,向他们讲讲自己的童年和幼儿们的童年有什么不一样,让幼儿讲讲自己有趣的事情。在和幼儿一起表演、做一些益智类游戏的过程中,每组自行安排幼儿参加,应把安全放在第一位。也可教幼儿一些简单的舞蹈动作,然后由幼儿教同学一些东西,在此环节中表现出色的幼儿将会得到精美的小奖品。

(3)注意事项。

活动期间,要以保护幼儿的人身安全为主。活动结束前,简单地做一下卫生清洁。

4.安全保护

所有参加活动的同学都要遵守幼儿园的相关规定,不得损坏公共财物;在活动中要遵守纪律,服从安排;活动中要注意安全,特别注意幼儿的安全。

5.考核评价

(1)组内评价。各小组在组内对此次活动进行自我评价、成员间互相评价,各组评选出在实践活动中表现最优秀的一名同学。

(2)实践地评价。制定评价表并交给实践地的工作人员,让他们对各小组此次的实践活动进行评价。对各小组的评价可设置等级,评价等级高的小组可参与优秀实践团队评选。

(3)学校评价。将实践报告汇总后上交给学校领导,由学校领导从实践报告中选出优秀实践报告并进行评价。

(4)综合评价。综合组内评价、实践地评价和学校评价,选出优秀个人和优秀团体进行表彰。

6.温馨提示

儿童是祖国的未来和希望。幼儿园教育作为整个教育体系的基础,是对幼儿集中进行保育和教育的场所。幼儿园的任务是解除家庭在培养幼儿时所受时间、空间和环境的制约,让幼儿身体、智力和心情得以健康发展。党和国家历来坚持“儿童优先”的原则,关心儿童的健康成长,重视儿童事业的发展。当代青年也要关心关爱儿童,助力儿童健康成长。

第三章 劳动精神与劳模精神

思政目标

党的二十大报告提出，“牢记空谈误国、实干兴邦，坚定信心、同心同德，埋头苦干、奋勇前进”。在长期实践中，我们培育形成了崇尚劳动、热爱劳动、辛勤劳动、诚实劳动的劳动精神，以及爱岗敬业、争创一流、艰苦奋斗、勇于创新、淡泊名利、甘于奉献的劳模精神。大学生要大力弘扬劳动精神与劳模精神，满怀信心地投身于全面建成社会主义现代化强国、奋力实现中华民族伟大复兴中国梦的伟大事业中。劳动精神与劳模精神孕育于革命战争年代，形成于社会主义革命和建设时期，发展于改革开放时期，光大于新时代。劳动精神、劳模精神与创造精神、奋斗精神、团结精神、梦想精神具有同向性和一致性，是对以爱国主义为核心的民族精神和以改革创新为核心的时代精神的继承和发展。

思维导图

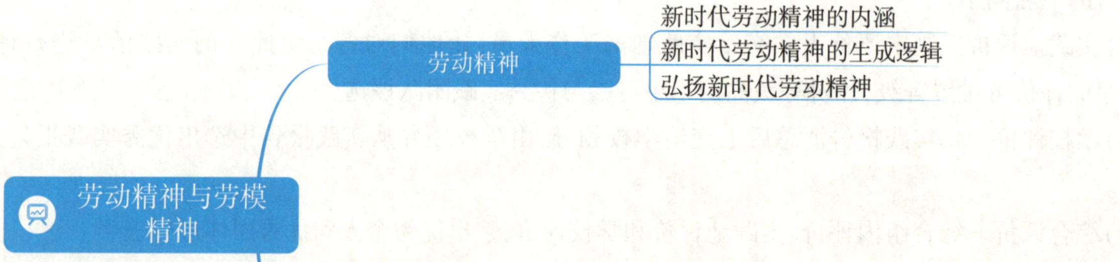

思政园地

新时代劳动模范——朱玉琴

江苏远华轻化装备有限公司质检部长、共产党员朱玉琴，工作18年间，她干一行、爱一行、专一行，在平凡的岗位上默默地奉献着自己的青春与智慧，从一名车间普通工人成长为一名优秀质检部长。工作中，她始终坚持“达标投产、质量优良”的质量目标和“质量事故为零”的安全目标，严抓安全、工艺、质量、进度和成本控制，实现了全部产品出厂合格率100%，为企业成为国家热熔胶复合机行业标准起草制定单位提供了工艺流程和科学数据。

辛勤耕耘果满枝，梅花香自苦寒来。朱玉琴的勤奋工作得到了社会的充分肯定和好评。她先后被中华人民共和国人力资源和社会保障部、中国轻工业联合会、中华全国手工业合作总社联合授予全国轻工行业“劳动模范”荣誉称号；被盐城市委宣传部、市妇联表彰为盐城“最美职工”和盐城市三八红旗手；被大冈镇党委、政府表彰为“优秀共产党员”和“十佳道德模范”。

资料来源：王金祥，《全国轻工行业“劳动模范”——朱玉琴》，盐城新闻网，2022 年 4 月 29 日(有改动)

第一节　劳动精神

劳动精神是指劳动者在劳动中展现的精神状态、精神面貌、精神品质。在马克思主义劳动价值论指导下，中国广大劳动者经过革命、建设和改革时期的伟大实践，传承中华优秀传统文化，孕育了中国特色社会主义劳动精神。随着时代的发展，它的内涵不断丰富，呈现“尊重劳动、劳动平等”的价值导向性，倡导“劳动创造”的实践创新性，强调“劳动神圣、劳动光荣”的精神幸福性。

新时代劳动精神发展了马克思主义劳动价值论的思想精髓，体现了广大劳动者劳动实践的丰硕成果，生动诠释了社会主义核心价值观，在劳动人格、劳动权利、劳动使命、劳动实践、劳动成就等方面蕴含着丰富内涵。围绕培养担当民族复兴大任的时代新人这个重大命题，全社会特别是各级学校需要在理念转变、实践养成、舆论宣传、制度保障等方面积极探索劳动精神的弘扬路径。

一、新时代劳动精神的内涵

新时代劳动精神的内涵是“崇尚劳动、热爱劳动、辛勤劳动、诚实劳动”。

(一) 崇尚劳动

崇尚劳动是指尊重劳动、尊重劳动者。崇尚劳动是中华优秀传统文化的重要组成部分，是中华民族优秀品质之一，是国家和社会发展的基础，是人类文明的共同追求。崇尚劳动是劳动精神的核心价值观之一，它强调了对劳动的尊重、崇尚和热爱，是我们在学习和工作中应该遵循的重要原则。崇尚劳动包括尊重劳动，弘扬劳动精神，推动劳动价值入脑入心。

(二) 热爱劳动

热爱劳动是指人们不仅尊重劳动、认可劳动的价值和重要性，更重要的是愿意以积极、热情的态度投入劳动中，并从中感受到实现自我价值和丰富人生的意义。热爱劳动是人类文明进步的基石，是中华民族的传统美德。热爱劳动包括认识到劳动的价值，以积极、热情的态度对待劳动，在劳动中获得自我价值和荣誉感。

(三) 辛勤劳动

辛勤劳动是指通过付出较多的体力和精力，刻苦耐劳地工作以获得预期成果的一种表现。辛勤劳动不仅是实现自我价值的必要途径和手段，更是社会发展的重要保障。辛勤劳动是劳动精神的重要组成部分，辛勤劳动意味着付出努力和汗水，不断拼搏和奋斗，不畏艰难和挫折，追求自己的目标和理想。在辛勤劳动中，人们通过自己的实际行动，克服困难，实现目标，感受到劳动带来的成就感和满足感。辛勤劳动包括不怕辛苦，不怕困难；全身心地投入工作中；勤奋严谨，追求卓越；以自身实际行动为他人、社会做出贡献。

（四）诚实劳动

诚实劳动是指以真诚、正直的态度和饱满的精神状态投入工作中，不抄袭、不造假、不钻营、不钩心斗角等。诚实劳动是个人和社会发展的重要保障。诚实劳动包括崇尚真实，实事求是；以认真负责的态度对待工作；以成果为导向，尊重付出的劳动成果。

崇尚劳动、热爱劳动、辛勤劳动、诚实劳动，集中反映了亿万劳动者的劳动精神，彰显着推动人类社会发展进步的根本力量，是激励和鼓舞全党全国各族人民实现第二个百年奋斗目标、以中国式现代化全面推进中华民族伟大复兴的强大精神动力。

二、新时代劳动精神的生成逻辑

劳动精神作为劳动的精神产物，既体现马克思主义理论的思想性，又体现广大劳动者劳动的实践性，是理论与实践的统一；既体现与时俱进的时代性，又蕴含文化基因的传统性，是历史与现实的统一。

（一）马克思主义劳动价值论是新时代劳动精神生成的思想源泉

劳动价值论在马克思主义理论体系中处于基础地位，揭示了劳动的本质属性和劳动推动人类发展的重要作用。因此，马克思主义劳动价值论是新时代劳动精神的理论源头。在中国的革命、建设和改革实践中，中国共产党人以马克思主义劳动价值论为指导，结合中国发展的实际形成了中国化的马克思主义劳动思想。它继承和发展了马克思主义劳动价值论的精髓，对劳动及劳动者的地位和尊严给予了充分的肯定，为新时代劳动精神的形成发展注入了中国元素。

（二）广大劳动者的劳动实践是新时代劳动精神生成的实践基础

在中国革命、建设和改革实践中，广大劳动者奋勇拼搏、艰苦创业，这种强大的精神力量是新时代劳动精神生成的实践基础。首先，革命斗争精神是劳动精神的现实基础。在中国历史的发展过程中，广大劳动者通过把劳动实践与革命斗争相结合，形成了艰苦奋斗、不畏艰难、甘于奉献等革命斗争精神。其次，民族精神是劳动精神的核心要素。一代代劳动者用自己的辛勤劳动、诚实劳动和创造性劳动，为民族精神注入新能量，不断丰富着民族精神的内涵，劳动精神既体现了以爱国主义为核心的团结统一、爱好和平、勤劳勇敢、崇德尚礼、公而忘私的民族情怀，又体现了知行合一、自立自强的人生追求。最后，时代精神是劳动精神的重要内容。在劳动者的创造性实践和不断探索中，激发出蕴含着自主性、首创性、先进性元素的时代精神，不断为劳动精神注入新能量，凸显并丰富了劳动精神的内涵。

（三）中华优秀传统文化是新时代劳动精神生成的文化基因

中华民族是以辛勤劳动而著称的民族，也正是凭借着劳动精神，我们书写了中华民族五千多年的辉煌历史，创造了光耀世界的华夏文明。劳动精神与中华民族崇尚劳动的传统文化分不开，传承劳动精神需要我们将传统文化中的良性基因加以创新性变革。

勤劳是中华民族最基本、最突出的传统美德。中华民族之所以能在人类历史的长河中屹立不倒，创造出璀璨的民族文化和辉煌的民族历史，都要归功于劳动。

尊重劳动是中华优秀传统文化的重要思想。在中国传统文化中，“民惟邦本，本固邦宁”“因民之所利而利之”等，均体现了以劳动人民为国家强基固本的思想。

传统文化作品注重对劳动精神的人格化塑造。例如，《诗经》中的很多篇章就生动地反映了我国劳动人民对劳动实践的赞美、尊重和认同，让劳动精神从根基上拥有了勤劳勇敢、吃苦耐劳、崇尚劳动的人格化品质。

（四）社会主义核心价值观是新时代劳动精神生成的价值导向

劳动精神是社会主义核心价值观的应有之义，既包括对劳动价值的判断，也包括对劳动的态度，生动诠释着社会主义核心价值观中蕴含的劳动内容。首先，劳动价值的回归与社会主义核心价值观的价值理念相吻合。中国梦的实现“根本上靠劳动，靠劳动者创造”。“富强、民主、文明、和谐”是社会主义核心价值观在国家层面的准则，与劳动精神的价值倡导高度一致。广大学生只有树立正确的劳动观念，积极参加劳动实践，才能确保“富强、民主、文明、和谐”的社会主义核心价值观在中国大地落地生根。其次，劳动态度的培养与社会主义核心价值观的价值准则相契合。弘扬劳动精神有利于培养学生“爱岗敬业、争创一流、艰苦奋斗、勇于创新”的劳动态度，这与社会主义核心价值观在个人层面提倡的“爱国、敬业、诚信、友善”的价值准则高度契合。最后，劳动实践的锻炼与社会主义核心价值观的价值取向相融合。劳动实践中锻炼的岗位意识、职业精神、进取精神、拼搏精神、创新精神、家国情怀和奉献精神等，正是社会主义核心价值观的生动呈现。

三、弘扬新时代劳动精神

劳动是国家发展的动力，是民族复兴的基石。中华人民共和国成立后，党中央高度重视“五一”国际劳动节，通过表彰全国劳动模范和先进工作者，弘扬劳动精神，树立正确的劳动观和价值观。

全国劳动模范宣传片

伟大的时代需要伟大的精神，伟大的精神来自伟大的人民。中华民族历来就有勤劳勇敢、自强不息的优良传统，辛勤劳动、诚实劳动、创造性劳动的理念和劳动最光荣、劳动最崇高、劳动最伟大、劳动最美丽的价值观。中华人民共和国历史上涌现出了一大批热爱劳动的先进典型，如不怕苦、不怕累、艰苦奋斗的铁人王进喜；“高标准、严要求、行动快、工作实、抢困难、送方便”的纺织工人赵梦桃；带领团队埋头苦干 20 余载，建成 500 米口径球面射电望远镜的“中国天眼之父”南仁东；把高速铁路打造成中国名牌的于延尊；等等。这些劳动者在长期的劳动实践中沉淀出来的精神，是社会发展的动力源泉。

劳动精神是全体劳动者共同的精神财富。劳动精神是对广大劳动者劳动实践的高度肯定与科学总结，是人类为了自身的幸福而不懈努力奋斗的实践结晶。人民创造历史，劳动开创未来。正是一代代劳动者的共同努力，才创造了辉煌的人类历史，书写了地球家园的绚烂篇章。

（一）弘扬勤劳勇敢、爱岗敬业、诚实守信的实干精神

全面建成小康社会，我国亿万劳动群众是主体力量。广大劳动群众爱岗敬业、勤奋工作、锐意进取、勇于创造，不断谱写新时代的劳动者之歌。勤劳勇敢是指有毅力、有勇气、有胆量地劳动。爱岗敬业是指尊重劳动、崇尚劳动、热爱劳动、辛勤劳动、勤奋工作。诚实守信是指脚踏实地、恪尽职守，遵守法律法规和政策，遵循职业道德和标准。勤劳勇敢、爱岗敬业、诚实守信的实干精神，是劳动精神的内涵。全体劳动者都要牢记“大道至简、实干为要”的道理，脚踏实地、撸起袖子加油干，在劳动中实现自身价值。

（二）弘扬精益求精、严谨专注、追求卓越的创新精神

精益求精是指以高标准要求自己，不惜花时间和精力，精雕细琢，注重细节，把一件事情做到极致。严谨专注是指耐住寂寞、经住诱惑，不达目的绝不放弃。追求卓越是指为了质量而孜孜不倦、乐此不疲。精益求精、严谨专注、追求卓越的创新精神，是新时代劳动精神的专业要求。新时代劳动者要勇于创新、追求品质，为推动“质量强国”建设提供源源不竭的动力。

新时代的中国，只有大力弘扬和践行劳动精神，树立正确的劳动价值观，才能进一步激发劳动者的劳动热情，用劳动托起中华民族伟大复兴中国梦。

资料卡片

国际劳动节的由来

国际劳动节的由来

“五一”国际劳动节，又称国际劳动节，其从提出到确定，经历了长期的斗争。

19世纪晚期，美国和欧洲等许多国家和地区逐步过渡到垄断资本主义阶段。为榨取更多的剩余价值，资本家不断采取增加劳动时间和提高劳动强度的方法剥削工人。

1877年，美国爆发了第一次全国性的罢工。工人们走向街头，向政府提出改善劳动与生活条件、缩短工时、实行8小时工作制的要求。在工人运动的强大压力下，美国国会被迫通过8小时工作制。不过，工人们的境遇并没有发生实质性改变。于是，忍无可忍的工人们决定举行更大规模的罢工，争取自己的权利。

1886年5月1日，美国2万多家企业的35万名工人停工上街，举行了声势浩大的示威游行。仅芝加哥一座城市，就有4.5万名工人涌上街头，美国的主要工业部门陷入停摆。这次罢工虽然遭到了美国当局的镇压，但是依旧震撼了整个美国，并最终迫使美国政府宣布实施8小时工作制。

为纪念美国工人的罢工运动，1889年7月14日，恩格斯组织领导的第二国际在巴黎召开成立大会，宣布将每年的5月1日定为全世界无产阶级和劳动者的共同节日——国际劳动节。这一决定得到世界各国工人的积极响应。目前，世界上有80多个国家将国际劳动节定为全国性节日。

不过，并不是所有国家都将5月1日定为劳动节，如其发源地美国。美国将9月的首个周一定为“劳工节”。关于这个时间的确定，有两种说法：第一种是，在1882年9月，纽约市的各个工会均举行了集会活动，取得了不错的效果；第二种是，当时的工会领导认为，9月初的气候非常舒适，在这一天放假，可以让工人们更好地休息，也方便工会进行各种活动。

中国人民庆祝劳动节的历史可追溯至1918年。那时，一些知识分子向群众散发传单，将“劳工权利”“劳工尊严”“劳工神圣”等观念引入中国。1920年5月1日，北京、上海、广州等城市的工人群众走上街头，举行了声势浩大的游行集会，主题就是“劳工神圣”。中华人民共和国成立后，将5月1日定为法定的劳动节。1989年以来，中华人民共和国国务院基本上每5年表彰一次全国劳动模范和先进工作者，每次表彰3 000人左右。

资料来源：孙昌岳，《国际劳动节由来》，《经济日报》，2024年4月28日第12版（有改动）

第二节　劳模精神

一、新时代劳模精神的内涵

劳模即劳动模范，是优秀劳动者的典型代表，劳模精神激励了千千万万普通劳动者坚守信念、立足岗位、开拓创新、建功立业。深入考察新时代劳模精神的丰富内涵，清晰阐释劳模精神的内在逻辑，准确判断劳模和劳模精神研究的学术方位，对于解读劳模本质、探究劳模品格、宣传劳模价值和弘扬践行劳模精神，具有重要的理论价值和重大的实践意义。

新时代劳模精神的内涵是“爱岗敬业、争创一流、艰苦奋斗、勇于创新、淡泊名利、甘于奉献”。

“爱岗敬业、争创一流”体现了广大劳模恪尽职守、创先争优的职业道德及高度的历史使命感、责任感。爱岗敬业重在“爱”和“敬”,“爱”是对岗位和职业的热爱之情,“敬”是对岗位和职业的尊重之心,“热爱”与“尊敬”相互促进,是成就事业重要的推动力,是奋斗路上战胜困难的强大原动力,更是执着于事业追求的必要支撑力。争创一流是一种追求卓越、追求完美的精神,是指在工作、学习、生活中都要力求做到更好、更出色、更有成就。

“艰苦奋斗、勇于创新”是劳模精神的品质体现。艰苦奋斗是中华民族的优良传统,也是劳模精神的重要内涵,即在劳动实践中,拥有不畏艰难、锐意进取的钢铁意志,展现坚韧不拔、顽强拼搏的精神风貌,保持艰苦朴素、勤劳节俭的生产生活作风。勇于创新是劳模精神的核心要义之一,就是在看待问题上不墨守成规,敢于打破固有思维束缚,积极探索劳动过程中的新规律和新方法,灵活地运用知识和经验,推动劳动技术和工艺的创新创造。

“淡泊名利、甘于奉献”体现广大劳模任劳任怨的模范精神,反映工人阶级的价值取向和大公无私、不怕牺牲的高尚情操。淡泊名利是劳模精神的境界,涵养着劳模精神。在新时代,我们仍然要倡导劳模所具有的安贫乐道、淡泊自守、不求闻达的豁达态度,学习、继承老一辈劳模谨守本分、淡泊名利的精神境界。甘于奉献是劳模精神的底色。甘于奉献是指不抱怨,不计较个人得失,自愿为他人或社会作出贡献的精神。这是一种无私的、舍己为人的奉献精神,旨在帮助他人和社会,使他人和社会的福祉得到提高。在社会各个领域中,劳模的甘于奉献精神为社会和他人作出了巨大贡献,他们的精神和行动对于社会和国家都发挥了巨大的推动作用。

劳模精神在任何时候都需要,都不过时,是伟大时代精神的生动体现。

二、新时代加强大学生劳模精神教育的现实意义

(一)实现中华民族伟大复兴中国梦的必然要求

劳模精神产生于中国特色社会主义事业伟大实践中,反过来又推动新时代中国特色社会主义现代化建设,是实现中华民族伟大复兴中国梦的重要精神动力。青年大学生作为祖国的未来、民族的希望,是实现中华民族伟大复兴中国梦的主力军。实现中华民族伟大复兴中国梦离不开广大工人群众的辛勤劳作,而大学生即将步入社会成为广大工人群众中的一分子,因此,加强对大学生的劳模精神教育,引导大学生弘扬劳模精神,就成为实现中华民族伟大复兴中国梦的必然要求。

(二)践行社会主义核心价值观的现实需要

劳模精神来源于劳动人民的社会生产实践,是许多劳模的具体实践在精神层面上的抽象反映,蕴含了一个民族在一个时期的价值取向和时代精神。实践表明,劳模精神丰富了民族精神和时代精神的内涵,为凝练社会主义核心价值观提供了精神资源,为培育和践行社会主义核心价值观提供了素材和范例。劳模精神深刻反映了社会主义核心价值观的实践要求,大学阶段作为一个人价值观形成的关键时期,在这一时期加强大学生劳模精神教育,有利于激励大学生树立正确的劳动观,在自己的实际劳动中成长和发展,最终有效促进社会主义核心价值观的培育和践行。

(三)推动大学生全面发展的内在要求

劳模精神是社会物质生产实践活动的成果,对个体的能力和品格的提升有着实践指导作用。加强大学生劳模精神教育,有助于引导当代大学生以劳模为标杆,推动大学生的全面发展,使大学生在新时代劳模精

神的指引下，牢牢树立以中华民族伟大复兴为己任的主人翁精神，自觉将个人理想融入中华民族伟大复兴的光辉事业之中，在为实现中华民族伟大复兴作出积极贡献的同时，实现个人的全面发展。

三、践行劳模精神

劳模是旗帜。每位劳模身上所拥有的不仅仅是优异的业绩和闪光的荣誉，更是爱岗敬业、甘于奉献的可贵精神和高尚品格。在众多劳模中，有带领农民群众致富的优秀村干部，有立足自身岗位勤恳工作的优秀工人，有潜心钻研、不断创新的优秀科技工作者，有默默奉献、教书育人的优秀教师，有心系患者、造福社会的优秀医务工作者，有辛勤创业、诚信经营的优秀企业家，有敢于担当、服务群众的优秀公务员。他们的工作岗位是平凡的、普通的，然而他们用敬业奉献的实际行动践行着社会主义核心价值观，他们身上集中体现了勇于担当、改革创新、务实重干、甘于奉献的优秀品质。

党的十九大报告提出“弘扬劳模精神和工匠精神”的要求，党的二十大报告进一步提出“弘扬劳动精神”的要求。劳模身上体现的“爱岗敬业、争创一流、艰苦奋斗、勇于创新、淡泊名利、甘于奉献”的精神，是伟大时代精神的生动体现。

作为新时代大学生，我们应该以劳模为榜样，积极践行他们的卓越精神。我们不是羡慕劳模取得的成绩和荣誉，不是对劳模的简单模仿和复制，而是要学习劳模敬业奉献的可贵精神。每个人不管从事什么工作，都应该向劳模看齐，学习他们的政治品格，牢记使命、忠诚执着；学习他们的实干精神，爱岗敬业、尽心尽责；学习他们的创新精神，潜心钻研、大胆探索；学习他们的奉献精神，胸怀全局、勇挑重担；学习他们的精神状态，乐观豁达、积极向上，努力做一个敢于有梦、勇于追梦、勤于圆梦的人。

劳模是一面镜子。学劳模不是嘴上说说，而要体现在工作上，落实到行动中。每个人不管在什么工作岗位上，都应该把劳模当成一面镜子，时刻对照自己，认真思考，看看自己缺什么，就向劳模学习什么，既要找出差距和不足，又要找到方法和步骤。只有这样，向劳模学习才不是一句空话。要通过向劳模学习，明确目标，点燃激情，提升本领，从平凡小事做起，从具体工作做起，让平凡的岗位散发出耀眼的光芒。

资料卡片

高凤林：为火箭焊接“心脏”的人

发动机是火箭的心脏，为火箭焊接“心脏”，其要求之高、风险之大、条件之复杂，非常人可以想象。高凤林，就是这样一个为火箭焊接“心脏”的人。

高凤林，河北东光人，现任首都航天机械有限公司高凤林班组组长，也是中华全国总工会兼职副主席。

选择航天事业，就注定与高难度挑战相伴。火箭高达20层楼、体重数百吨，但仅仅一个密封圈、螺丝出现问题就能让它在飞行中轰然解体。焊枪的每一次点焊，力道、时间把握不对，就会留下隐患。为掌握过硬的焊接技术，高凤林一面虚心向师傅求教，一面勤学苦练，吃饭时拿筷子练习送焊丝动作，喝水时端着缸子练稳定性，休息时举着铁块练耐力，冒着高温观察铁水的流动规律。

20世纪90年代，在研制“长三甲”系列运载火箭过程中，大推力氢氧发动机大喷管的焊接成为研制瓶颈。大喷管的延伸段由248根壁厚只有0.33毫米的细方管组成，管壁比一张纸还薄，焊枪多停留0.1秒就可能把管子烧穿或焊漏，不但大喷管面临报废，损失巨大，而且会影响火箭研制进度和发射日期。高凤林连续奋战一个多月，腰和手臂麻木了，每天晚上回家都要用毛巾热敷才能减轻，最终带头攻克难关。

作为一名航天特种熔融焊接工，高凤林几十年如一日，勤勤恳恳工作，先后为90多发火箭焊接过“心脏”，占我国火箭发射总数近四成；先后攻克了航天焊接难关200多项，包括为16个国家和地区参与的国际项目攻坚；精心培育优秀航天技能人才，带出一支由50名技能大师组成的技术班组。

2015 年，高凤林被评为全国劳动模范。

资料来源：金雅兰，《高凤林：为火箭焊接"心脏"的人》，《解放军报》，2019 年 10 月 16 日第 3 版（有改动）

思考与实训

一、思考题

（1）新时代劳动精神的内涵是什么？

（2）新时代劳动精神的生成逻辑是什么？

（3）作为新时代的大学生，如何弘扬新时代劳动精神？

（4）新时代劳模精神的内涵是什么？

（5）新时代加强大学生劳模精神教育的现实意义具体表现在哪些方面？

二、实训实践活动——体验图书管理工作

1.实践目标

（1）使学生进一步加深对图书馆、阅览室及相关场所用途的认知。

（2）提高学生综合素质。学生通过劳动，使自身所学专业知识与实际生产生活相结合，从而提高思想道德素养、心理健康素养、科学文化水平与实践能力等。

（3）通过劳动有效锻炼学生的体力和脑力，进一步加深其劳动光荣的意识。

（4）提高学生的规则意识，使其学会尊重他人的劳动成果。强化学生的纪律观念，使其主动遵守图书馆相关规定，培养主动监督的意识。

2.基础知识和技能要求

（1）对工作内容要充分了解，做好应对工作的心理准备和服务技能准备。

（2）了解图书分类、书目和索引的编制方法，以及各学科图书所在的具体位置。掌握图书馆管理细则，以及如何审查借阅者身份，维护图书馆秩序及防止窃书、撕书等情况的发生。

（3）了解如何对购买的图书进行登记、盖收藏章、打分类号、归类、存列、按次序上架等，保证图书摆放整齐、有序。办理图书借还手续，审查归还图书有无残损、污染，依规定对损坏图书行为进行处理，编制催还图书报表，敦促逾期借书者还书，对逾期者按规定罚款。

3.活动设计

（1）活动宣传。

在新学期开始时，由学校向各学院下发本学期勤工助学岗位通知及岗位要求，学院向各专业班级学生传达。学校负责教师向学院负责学生介绍勤工助学岗位职责及人员要求。

（2）活动参与。

学生本人填写勤工助学申请书，学院根据实际情况签署意见，报勤工助学中心备案。经批准参加勤工助学活动的学生，将资料录入勤工助学管理系统，并接受勤工助学中心统一组织的岗前培训，培训合格后发放勤工助学上岗证。学生持勤工助学上岗证到指定岗位直接上岗或参加设岗部门组织的评选竞争上岗。

（3）岗位设置。

招聘人数：根据岗位实际需求设定。

4.安全防护

做好预备功课，了解情况，对图书馆工作内容做到大致了解，以免出现人身安全问题。做好图书馆安全保卫工作，加强防火安全意识，在工作场所内除工作用电外，严禁其他个人用电、明火等，以免出现安全隐患。

5.考核评价

由图书馆指导教师负责对勤工助学学生进行考核评价，评定其工作是否合格，是否按期正常发放勤工助学工资。

若出现工作不配合或不认真、私自占有或损坏公共图书、对工作情况汇报不属实、对图书馆工作造成严重影响的，指导教师可根据个人表现相应扣除部分工资。学生在勤工助学岗位期间因学习、生活、身体等原因不能继续参加图书馆相关工作的，经相关单位批准，可请辞工作。

6.温馨提示

图书馆是读书的圣地、求知的摇篮、文明的场所，学生作为工作人员应时刻保持其安静、整洁和美观。学生在图书馆服务时，应细致踏实稳重，责任心强、勤奋、敬业，热爱文档管理工作。

第四章 工匠精神

思政目标

大学生不仅要积极弘扬和传承新时代劳动精神和劳模精神，还应该积极探索工匠精神。大学生需要掌握良好的技术技能，通过不断汲取工匠身上最朴素的力量，向他们学习这种坚持不懈的精神，以他们为榜样，使自己不断成长，争做国家的栋梁。大学生应了解工匠精神的内涵及现实意义；掌握应从哪些方面来培养工匠精神，从而在学校就开始提升自己的能力；全面把握劳动精神、劳模精神、工匠精神的关系。

思维导图

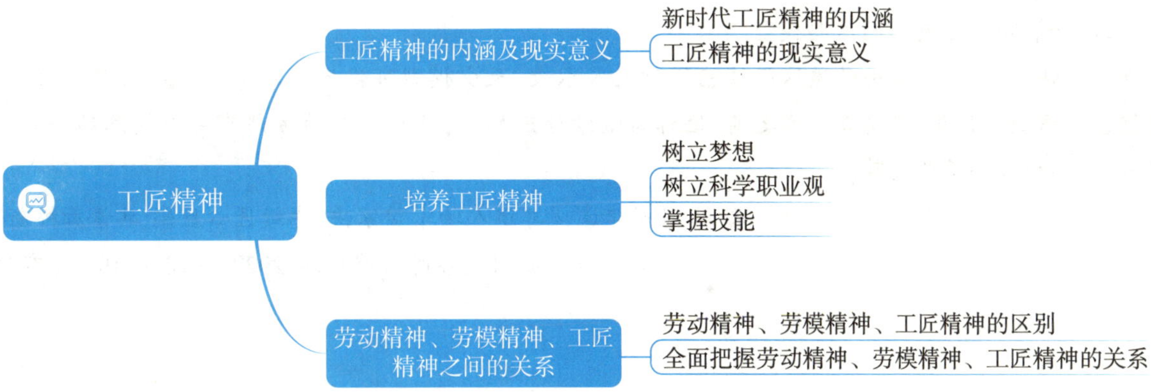

思政园地

曾家快：赓续匠心巨制，共谱廊桥新梦

曾家快，泰顺泗溪人，2013 年被评为浙江省“编梁木拱桥营造技艺”代表性传承人，获温州青年拔尖人才、温州市首席技师荣誉，2017 年获评“泰顺廊桥灾后修复保护工程先进个人”，2018 年获“温州工匠”“温州市十大青年工匠”称号。

温州泰顺，浙南隐避在山水之间的一方秘境，水秀山明，廊桥古韵，被誉为“中国廊桥之乡”。万千游客来到泰顺，只为一探究竟廊桥历史风光，感受别样的人文情怀。而对于泰顺人来说，廊桥是乡景，廊桥是乡愁，寄托着说不清道不尽的乡情乡恋。如何守护廊桥，传承文化，续写廊桥新梦，是曾家快全力以赴的事情。

从小在木头堆里打滚的曾家快木工技术纯熟，18 岁正式入行，没多久便成为泗溪数一数二的大木匠。但是，出身木匠世家的他起初并不想成为木匠，直到 2002 年，目睹当地建造廊桥的工匠越来越少的现状，忧虑廊桥传统技艺会断层丢失,有志续写廊桥遗梦的他毫不犹豫担起了传承廊桥建造工艺的重担。

曾家快靠着双腿走遍泰顺几乎所有古廊桥,测量出包括桥长、桥高、主梁,甚至每一块主要木构件的厚度在内的各项数据。然后不舍昼夜,将收集的数据一一整理,绘制成图纸,几经敲打磋磨,慢慢做成了模型,满手的老茧终于铸就一代大家。他用匠心守护廊桥建造工艺之美,几十年如一日地当好廊桥"安全卫士",协助泗溪奏响廊桥文化品牌华章。

一座廊桥从设计、建模、测试抗压到运输、编梁再到正式完工需要一年的时间,其中的艰苦难以言喻,何况曾家快还是一个工程的指挥。但对于他而言,比建桥难度更大的是修复一座老廊桥。2016 年,建于清咸丰七年(1857 年)的文兴桥被洪水冲毁,这座廊桥独特的倾斜结构给修复增加了不少难度。曾家快废寝忘食翻阅以前做的测量和记录工作,和其他工匠不舍昼夜研究修复细节和方法,每天在工作室和现场来回奔波,最终完成修复工作,续写匠心传承。

凭借心中对廊桥的执着与热情,这些年来,曾家快一共建造了大大小小 14 座木拱廊桥,修复 5 座木拱廊桥。"建桥的时候每个环节我都亲力亲为,不然怎么当传承人!"曾家快自豪地说道。他的奋进精神让同行业的其他匠人们深受鼓舞,激发他们钻研技艺提升的热情。

2019 年 2 月 23 日,"浙江泰顺廊桥"在台湾南投县集集镇举行了"圆桥"暨项目交接仪式。这是中国台湾地区目前唯一的木拱廊桥,也是温州在泰顺以外建设的第一座木拱廊桥。这标志着浙台文化交流"新地标"落成开放,也成为跨越海峡沟通两岸的又一桥。"我有信心,我们建造的这座廊桥,至少可以完整存在两百年。"曾家快笑着说,"希望它成为两岸文化交流之桥、友谊之桥、乡亲乡情乡愁之桥。"

随着城市化建设的加快,廊桥交通功能弱化,如何将廊桥建造技术传承下去,是目前曾家快最头疼的事情。他说:"我喜欢廊桥的每一个部位,修桥是件可以做一辈子的事。如果真做不动了,我就开一家廊桥博物馆,收藏和展示自己制作的这些模型。"

在曾家快看来,如果廊桥营造这门技艺暂时无人承袭,至少模型可供后人参考、借鉴,有朝一日或许还能有恢复的希望。他说,在真正退休之前,他都将继续建造廊桥,让泰顺人的乡愁有可以栖息的一方天地,为乡邻、为后代续写廊桥新梦。

资料来源:温州非遗,《非遗人物丨曾家快:赓续匠心巨制 共谱廊桥新梦》,
温州民俗博物馆网站,2022 年 10 月 19 日(有改动)

第一节　工匠精神的内涵及现实意义

一、新时代工匠精神的内涵

工匠精神是指工匠对自己的产品精雕细琢、精益求精、追求完美的精神理念。工匠们喜欢不断雕琢自己的产品,不断改善自己的工艺,享受着产品在双手中升华的过程。工匠精神的目标是打造本行业最优质、其他同行无法匹敌的产品。概括来说,工匠精神就是追求卓越的创造精神、精益求精的品质精神、用户至上的服务精神。

新时代工匠精神的内涵是"执着专注、精益求精、一丝不苟、追求卓越"。

(1)执着专注:注意力高度集中于某个事物、任务或目标,全身心投入,不分心,不浪费时间和精力,高效率地完成任务。

(2)精益求精:注重细节,持续改善,以高标准要求自己,追求完美和极致,反复改进产品,把99%提高到99.99%。

(3)一丝不苟:不投机取巧,必须确保每个部件的质量,对产品采取严格的检测标准,不达要求绝不轻易交货。

(4)追求卓越:工匠精神的目标是打造本行业最优质的卓越产品。

二、工匠精神的现实意义

我国自古就有尊崇和弘扬工匠精神的优良传统,一些工艺水平在世界上长期处于领先地位。瓷器、丝绸、家具等精美制品和许多庞大壮观的工程建造,都离不开劳动者精益求精的工匠精神。《诗经》中的"如切如磋,如琢如磨",描述的就是古代工匠在切割、打磨、雕刻玉石、骨头等材料的时候精益求精、反复琢磨的过程。我国在古代已经形成了"尚巧工"的社会氛围。中华人民共和国成立以来,中国共产党在带领人民进行社会主义现代化建设的进程中,始终坚持弘扬工匠精神。无论是"两弹一星"、载人航天工程取得的辉煌成就,还是高铁、大型客机等的设计与制造,都离不开工匠精神,都展现出我们对工匠精神的继承与发扬。

弘扬工匠精神有助于提高创新能力、加快建设制造强国。我国是世界制造业第一大国,截至2024年5月,在500种主要工业产品中,我国有220多种产品产量位居世界第一。但总体而言,我国制造业大而不强,实现制造业转型升级迫在眉睫。加快建设制造强国,加快发展先进制造业,关键在于提高创新能力,而工匠精神是助推创新的重要动力。工匠精神不是因循守旧、拘泥一格的"匠气",而是在坚守中追求突破、实现创新。把工匠精神融入生产制造的每一个环节,敬畏职业、追求完美,才有可能实现突破创新。我们要通过弘扬工匠精神,培育劳动者追求完美、勇于创新的精神,为实施创新驱动发展战略、推动产业转型升级奠定坚实基础,从而推动经济高质量发展。

弘扬工匠精神有助于提升中国品牌的国际形象。品牌是企业走向世界的通行证,也是国家竞争力的重要体现、国家形象的亮丽名片。近年来,我国品牌建设取得长足进步,但在国际上真正叫得响的品牌还不多,这与我国作为世界第二大经济体、制造业第一大国的地位很不相称。提升品牌形象,要求把工匠精神融入设计、生产、经营的每一个环节,做到精雕细琢、追求完美,实现产品从"重量"到"重质"的提升。通过弘扬工匠精神,让每个劳动者恪尽职业操守,崇尚精益求精,进而培育众多大国工匠,不断提高产品质量,打造更多的享誉世界的中国品牌,建设品牌强国。

弘扬工匠精神,需要培养尊崇工匠精神的社会风尚、构建相应体制机制。一个国家、一个民族的发展,离不开各行各业劳动者的共同推动。社会对各种人才的评价会直接影响劳动者努力进取的方向。2024年8月3日印发的《国务院关于促进服务消费高质量发展的意见》指出,"鼓励普通高校、职业院校和企业合作共建开放型区域产教融合实践中心,培育复合型、应用型、技能型服务业人才。"这说明,未来的人才不再单单是知识型人才,更应注重实用技能的发展,在博学的基础上实现专精,这样才能更好地弘扬工匠精神。

资料卡片

把"C位"留给大国工匠

"力争到2035年,培养造就2 000名左右大国工匠、10 000名左右省级工匠、50 000名左右市级工匠。"

2024年10月12日印发的《中共中央 国务院关于深化产业工人队伍建设改革的意见》就培养更多大国工匠和各级工匠人才谋划了崭新蓝图。技能人才是支撑中国制造、中国创造的重要力量。要坚持强队伍、育精兵,努力培养造就更多高素质技能人才,为高质量发展提供坚实支撑。

当前,经济社会发展对技能人才的需求更加迫切,各行各业都离不开能工巧匠。要大力弘扬"技术工人撑起制造强国半边天"价值导向,摒弃"兜底教育""差生教育"思想,激励更多劳动者学习技能、投身技能,走技能成才、技能报国之路。鼓励青年技能人才到生产一线、技改一线、研发一线成长历练,将精益求精的品质融入传道授业过程中,让技能人才在实践中切身体会到精雕细琢的乐趣,主动将技术握在手中、将责任扛在肩上。引导用人单位建立体现技能价值导向的薪酬分配制度,树立多劳者多得、技高者多得的鲜明导向,让有一技之长者有"一席之地"、技高一筹者能"薪高一档",真正把"C位"留给大国工匠,将聚光灯打向技能人才。

温室里长不出参天大树。要搭好淬炼技能技艺的"练兵场",给青年技能人才搭台子、铺路子、压担子。把握新一轮科技革命和产业变革趋势,避免抱着老工种目录"炒冷饭",积极对标先进前沿科技,提升专业设置的科学性、针对性。建立就业导向的专业设置机制,探索引入龙头企业共建人才培养体系,坚持干什么学什么、缺什么补什么,促进人才供给侧和产业发展需求侧有效衔接。聚焦实战比武竞技,组织开展多种类、多层次的职业技能竞赛,支持依据竞赛成绩直接晋升相应职业技能等级,让"技术能手""技能状元""金牌蓝领"等技能人才竞相涌现。

资料来源:《把"C位"留给大国工匠》,"中国组织人事报"百家号,2024年11月18日(有改动)

第二节 培养工匠精神

作为新时代的大学生,我们需要掌握工匠精神的精髓,积极培养工匠精神,这是时代赋予我们的重任。具体来说,大学生需要从树立梦想、树立科学职业观、掌握技能三个方面来培养工匠精神。

一、树立梦想

(一)树立责任意识

教育强则国家强。高等教育发展水平是一个国家发展水平和发展潜力的重要标志。当前我国对高等教育的需要比以往任何时候都更加迫切,对科学知识和卓越人才的渴求比以往任何时候都更加强烈。让事业发展融入时代进程,让大学精神照亮创新征程,我国高校必将为实现"两个一百年"奋斗目标、实现中华民族伟大复兴中国梦作出新的更大贡献。

青年兴则国家兴,青年强则国家强。青年一代要敢于拼搏奋斗,超越和升华自己的人生。时代在变,环境在变,青年是国家和民族的希望,这一点始终不变。新时代的中国,早已摆脱了积贫积弱、任人宰割的悲惨命运,人民正奋进在民族复兴的大道上。中国在国际上的声音也越来越有分量,一条条高速铁路贯穿南北,一排排高楼平地而起,一个个贫困村脱贫致富……在民族复兴的道路上,无不浸润着青春的汗水,镌刻着青年的奉献。青年应不忘初心、继续前进,唱响新时代的青春之歌,承载起国家和民族的光明未来。

大学生应树立责任意识。大学生尤其是职业院校的学生，是适应经济发展需要的高技能人才。随着经济建设的发展和产业结构的不断优化调整，高新技术带来了新兴行业，如电子信息、新材料等，传统农业也要走现代农业的路子；各行各业生产开始由劳动密集型逐渐向技术密集型转化，由对熟练劳动者和中初级人才的需求转化为对中高级人才的需求，这样就为高职人才大显身手提供了广阔的空间。因此，大学生不仅要掌握专业知识、技能，还要具有承担责任、奉献社会的意识和品质，用自己学到的知识与技能服务于社会和人民。

责任是什么？责任是做你应该做的事情，不管你是否喜欢，都必须得做。责任是孟郊的“谁言寸草心，报得三春晖”，是范仲淹的“先天下之忧而忧，后天下之乐而乐”，是文天祥的“人生自古谁无死，留取丹心照汗青”，是林则徐的“苟利国家生死以，岂因祸福避趋之”。

今天的大学生即将担当起现代化建设事业的重任，成为生产、建设、管理、服务第一线的高级技术应用型人才。其责任意识的有无与强弱直接影响着产品质量的优劣、生产效益和经济建设水平的高低。通俗地说，责任意识意味着个体与用人单位签订了劳动合同，在合同规定期限未到之前就不能不辞而别、擅自走人；意味着在接受一个任务后，在规定的时间内，以约定的成本完成约定的目标。频繁跳槽、身在曹营心在汉等都是缺乏责任感的表现。

（二）坚定理想信念

2022年5月10日，在庆祝中国共产主义青年团成立100周年大会上的讲话中，习近平总书记对新时代青年提出了争做“五个模范”的期望，即“要做理想远大、信念坚定的模范”“要做刻苦学习、锐意创新的模范”“要做敢于斗争、善于斗争的模范”“要做艰苦奋斗、无私奉献的模范”“要做崇德向善、严守纪律的模范”。

1.理想与信念

理想是人们在自身发展与社会进步的过程中所向往和追求的奋斗目标。信念是人们对某种观点、原则和理想等所形成的内心真挚信仰。信念是人的精神支柱，是意识的核心部分，是认知情感和意志的有机统一。理想可以指引人生方向，而信念决定事业成败。

（1）理想是人生的奋斗目标。

一个人的生命是有限的，要使有限的生命变得有意义，就必须树立明确的人生目标。理想作为一种社会意识，对社会存在具有能动的反作用，崇高的理想对人生、对社会有着重大的指导和促进作用。

无数事实证明，目标能激发出人的无限潜能。一个人有了崇高的理想，就会在黑暗中看到光明，在平凡中发现伟大，在困难中坚定信心，在失败中走向胜利。

（2）理想与信念的关系。

在人生的历程中，理想与信念总是如影随形、密不可分的。理想是信念的载体，理想因信念而变得方向更加清晰，信念因理想而变得更加坚定。理想是信念的根据和前提，信念则是实现理想的重要保障。理想是目的地，信念是动力。没有目的地，就会失去方向；没有动力，就永远也到不了目的地。在很多情况下，理想亦是信念，信念亦是理想。当理想作为信念时，它是指人们确信的一种观点和主张；当信念作为理想时，它是与奋斗目标联系的一种向往和追求。

理想与信念是激励人们向着既定目标奋斗前进的动力，是人生力量的源泉。一个人有了坚定正确的理想与信念，就会以惊人的毅力和不懈的努力成就事业、创造奇迹。古今中外多少英雄豪杰之所以能在充满困难的条件下最终成就伟业，一个重要的原因就在于，他们胸怀崇高的理想与信念，因而具有坚持不懈的动力。

如果说社会是大海，人生是小舟，那么理想与信念就是引航的灯塔和推进的风帆。人生是一个在实践中奋斗的过程，要使生命富有意义，就必须在有意义的奋斗目标的指引下，沿着正确的人生道路前进。不论前进的道路多么曲折，人生的境遇多么复杂，理想与信念都可以使人透过乌云和阴霾，看到未来的希望和曙光，永不迷失前进的方向。

(3)大学生为什么要坚定理想和信念。

对于人的生命而言，要存活，每天只要一碗饭、一杯水就可以了，但是要想活得精彩，就要有精神，就要有远大的理想和坚定的信念。理想和信念能使贫困的人变成富翁，使黑暗中的人看见光明，使绝境中的人看到希望，使梦想变成现实。大学生作为青年群体的一员，不能没有理想和信念。

理想和信念是生命的灵魂，是事业的支撑，是激励一个人不怕失败、历尽艰辛最终走向成功的原动力。一个失去理想和信念追求的民族是难以久存的，一个缺乏抱负的人也必定难以攀上成功的巅峰。只有树立理想和信念，才能用理想和信念之砖敲开成功的大门，用志向之犁耕耘事业的田园。凡是取得成功、作出重大贡献的人，都是理想和信念坚定的人。因为崇高的理想会产生巨大的力量，坚定的信念会使人在困难面前不动摇、不退缩、不迷失方向。当一个人身处逆境时，理想会给他以巨大的鼓舞，令他不会气馁、退却；当一个人身处顺境时，信念又能使他保持清醒的头脑，自始至终以坚定的意志、高昂的热情和巨大的勇气向前迈进。

新时代的号角已经吹响，青年学子应坚定理想和信念，志存高远、脚踏实地，勇做时代的弄潮儿，为实现中华民族伟大复兴中国梦贡献青春智慧和力量。

2.要让"勤学"成为生活习惯

在工作、生活节奏日益加快的今天，有的青年忽视读书学习，热衷于网络时代的快阅读、浅阅读、碎片化阅读；有的青年理想追求少了，过分注重物质利益的多了。面对这些状况，青年要把静心读书学习当作一种精神追求和生活方式，让书籍成为成长进步的伴侣。要养成爱读书、会读书、读好书、读经典的习惯，深入学习党的科学理论和党史、国史，积极学习中华优秀传统文化，用各方面知识充实头脑、丰富心灵、提升精神内涵，坚定地把个人奋斗融入实现中国梦的进程中，写好人生的"大我"。同时，要在日常工作、学习、生活中，遵守公德、传承美德、培育品德，写好人生的"小我"。要在"实干""韧劲"两个方面下功夫，立足实际、埋头苦干、勤奋耕耘，不浮躁、不气馁，在一点一滴的知识积累、本领成长中施展才华、实现梦想。

3.做有理想、有本领、有担当的人

在中国特色社会主义进入新时代的关键时期，作为青年人，要肩负起新时代所赋予的重任，做一个有理想、有本领、有担当的人。

青年有理想，国家才有未来；青年仰望星空，民族才有希望。有理想、有抱负，是青年人健康成长的内在动力，是实现自我、回报社会的重要因素。一个人有什么样的追求，就会成就什么样的事业。大学生要树立远大理想，切实把个人理想与党和人民的事业，与社会的发展紧密联系在一起，把个人命运与党和国家、民族的命运联系在一起，为党的事业、国家的繁荣昌盛贡献力量，满怀激情地投入改革发展的实践中。

4.梦想的实现需要持之以恒地奋斗

任何一个时代，青年都是社会上最富有朝气、最富有创造性、最富有生命力的群体。人的一生只能享受一次青春，一个人在青年时代就应树立远大志向，并且要为实现这个志向而顽强努力，不论遇到什么困难和挫折，都不改初衷、矢志不渝。当今时代，信息交流日益广泛，知识更新大大加快。青年要善于创新，善于实践，在实践中继续求得真知、增长才干，勇敢地肩负起历史重任，为实现中国梦贡献青春正能量。

资料卡片

要做理想远大、信念坚定的模范——情系祖国 矢志完成梦想"拼图"

讲述人：南京航空航天大学基础科研与人文社科处处长、教授顾冬冬。

2009年初夏，不到30岁的我在南京航空航天大学读完博士之后，来到德国亚琛工业大学弗劳恩霍夫激光技术研究所，开启了作为“洪堡学者”的研究生涯。

我选择了一项在当时很有挑战性的前沿研究课题——金属基纳米复合材料激光增材制造。即便在十余年后的今天，它仍然是增材制造领域的研究热点。留学两年间，我整天沉浸在实验室里，熟悉各类装备、掌握工艺方法、理解科学原理，向着激光增材制造的国际学术前沿不断迈进。

留学结束后，回到培育我的南航，回归航空航天领域，是我坚定的选择。

我从事的增材制造研究亦称3D打印，就是从点到面再到体去制造三维零件，并赋予它复杂的结构和独特的性能。回归祖国后，我心中的科研创新梦更加丰满且美好。为增材制造的前沿突破贡献中国力量，成为我的理想与目标。

功夫不负有心人。2021年，我们的研究论文《材料-结构-性能一体化激光金属增材制造》登上《科学》杂志，期刊封面以“增材制造的一种综合性策略”加以推介，同期《科学》主编以“跨尺度调控”为题做亮点评述，认为我们的研究“变革了更为整体性的方法来优化金属构件”。

家人为我庆贺时，问我：“什么是一体化？”我指了指儿子手里的拼图，笑着说：“这就是一体化。”科学、技术、学识、理想、激情、拼搏，这些都是筑梦的要素，是一幅拼图的一个个部分，它们环环相扣、严丝合缝，拼出来的就是梦想的样子。

在我的梦想拼图中，最重要的一块是祖国的需要。祖国的航空航天科技日新月异，我们还有很多事情要做，有很多挑战要面对，有很多难题要攻克。我带着一群有梦想、有干劲的年轻人，正在为此努力：我们研发了激光增材制造高性能铝基复合材料，通过独特的纳米微粒提升构件强韧化水平；建立了稀土改性高强铝激光增材制造工艺调控关键技术，材料比强度比肩钛的性能水平；创新了融合仿生结构和多材料布局的增材制造结构，实现了复杂整体构件多功能化……

我们的研究成果在10余种航空航天型号20多种典型结构制造上应用，获得空军“创新杯”优胜奖、中国航空学会青年科技奖。我培养的一批学生毕业后成长为航空航天企业骨干、技术能手、青年工匠。成果、人才、团队、集体，更多元素让梦想的拼图更加丰满。

2019年，我再次来到德国班贝格，领取德国洪堡基金会颁发的弗劳恩霍夫-贝塞尔研究奖，内心感慨万千。从留学到今天，我的“成绩单”上书写了更多有意义的成果，而这些成绩都有一个响当当的归属——我的祖国。

资料来源：《【展现青春风貌，关注青年成长②】追求进步、争做模范，成就最宝贵的青春》，《光明日报》，2022年5月16日第7版（有改动）

二、树立科学职业观

当代大学生需要科学地认识自己的职业观，在学习中找到方向，发挥自己最大的潜能，成就人生。那么，职业观是什么呢？

职业观与个人的需求是相联系的。马斯洛需求层次理论将人的需求分成5个层次，从低到高依次为生理需求、安全需求、社交需求、尊重需求和自我实现需求。在不好的经济条件下，人们所呈现的需求一般为生理需求和安全需求，其所追求的职业观就是经济上的报酬及不被解雇的安全感。职业观是一种持久的信念，同时也是一个人选择工作时的参考架构。

职业观并非一成不变，随着年龄、机遇、周遭环境或生涯发展阶段不同，人的需求会发生变化，从而导致职业观的变化。但是真正的核心职业价值观，在经过一段时间以后会变得稳固。人在清楚自己的价值观的同时,也就能理解自己所定义的生命意义。

那么大学生如何正确科学认识自己的职业观呢?有些人也许一直都不知道自己的职业观是什么,直到不得不作出某种重大选择的时候,一个人过去的所有工作经历、兴趣、资质、性向等才会集合成一个富有意义的模式。这个模式会告诉我们,对个人来说,到底什么东西是最重要的。一般来说,职业观分为以下五种。

1.技术或功能型职业观

具有较强的技术或功能型职业观的人,往往不愿意选择那些带有一般管理性质的职业。相反,他们总是倾向于选择那些能够保证自己在既定的技术或功能领域中不断发展的职业。

2.管理型职业观

有些人表现出成为管理人员的强烈动机,承担较大责任的管理职位是这些人的最终目标。当追问他们为什么相信自己具备获得这些职位所必需的技能的时候,他们认为自己具备以下3个方面的能力。

(1)分析能力:在信息不完全及不确定的情况下发现问题、分析问题和解决问题的能力。

(2)人际沟通能力:在各种层次上影响、监督、领导、操纵及控制他人或团队的能力。

(3)情感能力:在情感和人际危机面前只会受到激励,而不会受其困扰和削弱的能力,以及在较大的责任压力下不会变得无所作为的能力。

3.创造型职业观

有些大学生有这样一种需要:建立或创设某种完全属于自己的东西,如一件署着他们名字的产品或工艺、一家他们自己的公司或一批反映他们成就的个人财富等。

4.自主与独立型职业观

有些大学生在选择职业时,似乎被一种自己决定命运的需要所驱使着,他们希望摆脱那种在大企业中工作而依赖别人的境况。因为在大企业中工作的时候,在晋升、工作调动、薪酬等诸多方面都难免要受别人的摆布。有许多大学生还有着强烈的技术或功能导向,然而,他们却不是到某一个企业中去追求这种职业导向,而是决定成为一位咨询专家,要么自己独立工作,要么在一个较小的企业中作为合伙人来工作。

5.安全型职业观

还有一部分大学生极重视长期的职业稳定和工作保障,似乎比较愿意去从事这类职业,这类职业能够提供有保障的工作、体面的收入及可靠的未来生活。这种可靠的未来生活通常是由良好的退休计划和较高的退休金来保证的。对于那些对地理安全性更感兴趣的人来说,如果追求更为优越的职业,意味着将要在他们的生活中注入一种不稳定或保障较差的地域因素,那么他们会觉得在一个熟悉的环境中维持一种稳定的、有保障的职业是更为重要的。对于另外一些追求安全型职业观的人来说,安全则意味着所依托的组织的安全性。他们可能优先选择到政府机关工作,因为公务员看起来是一种终身性的职业。这些人更愿意让他们的雇主来决定他们从事何种职业。

在正确认识自己的职业观之后,大学生就需要找准努力的方向,把在学校学到的内容与实践相结合,发挥自己的潜能。“纸上得来终觉浅,绝知此事要躬行。”学到的东西,不能停留在书本上,不能只装在脑袋里,而应该落实到行动上,做到知行合一、以知促行、以行求知,正所谓“知者行之始,行者知之成”。每一项事业,不论大小,都是靠脚踏实地、一点一滴干出来的。“道虽迩,不行不至;事虽小,不为不成。”这是永恒的道理。做人做事,最怕的就是只说不做、眼高手低。不论是学习还是工作,都要面向实际、深入实践,实践出真知;都要严谨务实、苦干实干,一分耕耘一分收获。广大青年要努力成为有理想、有学问、有才干的实干家,在新时代干出一番事业。

三、掌握技能

(一)求职就业需要具备的能力

知识的积累并不等同于能力的积累,将知识转化为能力需要付出巨大的努力。大学生在完成学习任务的前提下,应努力培养社会所需的实际应用能力。

1.适应能力

适应能力是指根据客观情况变化,能随机应变地适时调节择业行为的能力。现代社会是复杂多变的,大学生要适应这种状况,确保自己从学校到社会顺利过渡,就应该提高自己的适应能力。走上工作岗位后,有些知识用不上,有些知识不够用,有些知识则要从头学起。这就要求大学生根据社会需要去调整自己的知识结构、能力结构及行为方式,尽快培养自己的适应能力。

2.人际交往能力

人际交往能力是指妥善处理人际关系,并与他人和谐共处、共同发展的能力。作为当代大学生,只有具备人际交往能力,善于处理各种人际关系,才能在工作中充分施展自己的才能。在人际交往中,要学会尊重他人,只有设身处地地为他人着想,才能得到他人的尊重;要学会既能干大事又能干小事的本领;要学会既坚持原则又不失灵活地处理具体问题。

3.表达能力

表达能力又称语言文字沟通能力,是指以语言或其他方式展示自己思想感情的能力,是交流思想感情的基础性素质。表达能力包括口头表达能力和书面表达能力。口头表达能力要求语言的流畅性、灵活性和艺术性;书面表达能力要求语句的逻辑性、艺术性和条理性。

4.开拓创新能力

开拓创新能力是指用已积累的知识,通过不断探索研究,提出新的见解和作出新选择的能力。它包括发现问题、提出问题、创造性地分析问题和解决问题的能力。

5.动手能力

动手能力是指把创造性思维变成实际物质成果,或通过生动形象的实践过程呈现创造性思维的转化能力。这种能力对学习专业技术的学生尤为重要。

6.组织管理能力

组织管理能力包括计划能力、组织实践能力、决断能力、指导能力。用人单位对具有一定组织管理能力的大学生越来越重视。许多企业在招聘毕业生时,不仅注重其学业成绩,而且对其在校期间是否担任过学生干部和参加过社会工作很感兴趣。因此,当代大学生在校期间应积极参加校内外活动,尽量做一些社会工作,不断增强自己的组织管理能力,为今后的就业积累经验。

(二)理性择业

1.就业多元化选择成为大趋势

随着我国综合国力的不断提升,各行各业对人才的需求量非常大,就业方式和就业岗位也变得多样化,大学生的就业选择空间很大。因此,无论是跨专业、跨行业就业,还是自主创业,年轻人在就业上的多元化选择必将是未来的趋势。

就业并不困难,作为新时代的青年学子,毕业后的出路有很多。如何利用在学校学到的知识去拓宽自已踏入社会的道路，是值得思考的一项课题。是按部就班地沿着专业道路向前，还是选择一份让自己开心的职业？如今的青年学子在面临就业时有了更多元的思考与选择。

学非所用在当下的职场中并不罕见。大学生在一些基层岗位、普通职业工作，逐渐成为一种常态。正所谓“三百六十行，行行出状元”，新时代大学生应该在实践中寻找自己的职业和人生方向，开阔自己的眼界，拓展自己的思路，紧跟时代的步伐，根据国家的政策，实现多元化就业。在任何岗位上都是服务人民、奉献社会，都能够创造不平凡的价值。

2.新时代大学生应该拥有正确的择业观

目前，大学生需要转变择业观念，家庭和社会需要对大学生多些包容。在过去的计划经济体制下，我国大学生就业实行的是国家统一分配政策。自1995年开始，国家逐步确立了高校毕业生“以市场为导向，政府调控与学校推荐相结合，学生与用人单位双向选择”的就业模式。

随着双向选择就业模式的确立，大学生的择业竞争意识逐渐增强，而大学生的择业观，向来是观察社会变化的风向标。目前，一部分大学生不是特别在意体制内外的区别，对体制内单位的青睐程度有所下降。对于大企业、“铁饭碗”“洋饭碗”，大学生不再过于追求。

“铁饭碗”“洋饭碗”吸引力下降，折射出大学生的择业观渐渐趋于理性务实，就业渠道日益多元化。过去担心“天之骄子”沦为“普通劳动力”，如今“从底层做起”得到很多人的认同；过去强调体面和待遇，如今更看重个人兴趣和发展空间；过去注重“旱涝保收”、稳定安逸，如今信奉“奋斗的人生最美丽”。这些就业观念的变化，反映出当代年轻人的朝气和拼劲，也让那些质疑当代大学生职业能力的说法失去说服力。人生漫漫长路，就业选择这关键一步，在某种程度上是真正的成人礼。有人选择“逃离北上广”，有人选择“留在大城市里闯一闯”，有人投身“双创”的时代浪潮，有人选择“慢就业”体验生活，每一种选择都值得尊重，每一场青春都应该闪亮。传统择业观念里的条条框框，如将学历和就业画等号、以岗位光鲜度论成功，也应打破和改变。对职业有自己的规划，听从内心的召唤，足以成就属于时代的骄傲。

3.发挥个人优势择业

在择业过程中，每一位大学生都希望找到一份称心如意的工作，这是人之常情。怎样才能实现这种愿望呢？这就需要大学生正确认识自己、客观评价自己。择业时，不少大学生更多地考虑“我想从事什么职业”“我愿意干什么工作”，而很少了解企业需求，很少能用“我能干什么”的眼光全面地审视自己。

(1)对自己做一个正确的评价。

认真想一想，自己有什么才干、能力和专业特长，凭借自己的素质和能力可以做什么工作，适合从事什么职业。自我评价要全面、客观：既要看到长处，又要看到短处；既要对某一方面的特殊素质进行具体的评价，又要对其他各方面进行综合评价；既要考虑整体因素，又要考虑其中占主导地位的因素。然后在自己的素质、能力同现实可供选择的职业或工作岗位之间搭起一座或几座桥梁，使自己择路而行。

(2)要有自觉适应企业的思想准备。

一方面，要了解社会发展给企业带来的新变化和社会对大学生提出的新要求，使自己的思想适应不断变化的社会形势。另一方面，要了解企业对人才需求的新趋势，从而正确地选择就业目标。有些大学生眼高手低，盲目追求高层次、高薪酬的工作，在择业类型和择业区域上出现“扎堆”现象，造成了供需脱节，这是就业难的原因之一。大学生要及时调整择业策略，避免择业期望值过高。一般来说，在同等条件下，企业往往优先考虑那些曾参加过顶岗实习的毕业生，优先录用具有一定组织管理能力的毕业生。这就要求大学生应该注重培养适应企业、融入社会的能力，以提升自身的择业优势。

(3)要正确看待专业对口。

学以致用是就业的一个基本原则,但是在具体就业过程中,一些大学生往往会因专业不对口而产生困惑。有些人机械地用自己所学的专业课与企业需求完全一致这一标准来理解专业对口,这显然是不妥的。应该看到,由于边缘学科、交叉学科的广泛兴起,有些看起来无用的知识却有着意想不到的价值。未来的就业市场对毕业生的挑战越来越大,唯有不失时机地将“可塑性”转化为“可就业性”,才能真正实现就业理想,获得择业成功。

新时代大学生,对待学习,要一丝不苟、持之以恒;对待问题,应细心严谨、精益求精;面对枯燥的知识,要耐得住寂寞、经得住诱惑、沉得下心思,努力学好专业知识和专业技能,掌握过硬本领。

大学生要勇敢肩负起时代赋予的重任,树立梦想从学习开始、事业靠本领成就的观念,注重学习新知识、掌握新技能、增长新本领,不可志大才疏、眼高手低,努力做到站位高、

视野宽、脚步实、本领强,让勤奋学习成为青春远航的动力,让增长本领成为青春搏击的能量。要用“两个一百年”的目标激励自己顽强拼搏、不懈努力、敢于担当、勇于追求,积极投身于中国特色社会主义事业的伟大实践中,用青年梦托起中国梦,不断加强自我修炼、自我提升,为实现中华民族伟大复兴做好素质和能力储备,力争早日成为能担重任的栋梁之材,为实现中国梦贡献自己的青春与才智。

资料卡片

助力高校毕业生走稳就业路

高校毕业生是国家宝贵的人才资源,是保就业稳就业的重点群体。从长远看,大量接受高等教育的人才实现就业,有利于进一步释放人才红利,为未来发展积蓄动能。也要看到,近年来高校毕业生人数不断创新高,同时,就业需求更加个性化、多元化。这些现实因素增加了就业压力。

2023年4月28日召开的中共中央政治局会议强调,“扩大高校毕业生就业渠道”。从宏观上讲,解决大学生就业问题,要坚持在推动高质量发展中强化就业优先导向,提高经济增长的就业带动力,不断促进就业量的扩大和质的提升。从当前形势看,应抓住许多高校毕业生在校的有利时机,进一步加大工作力度,提升就业服务质量,更好匹配毕业生的就业需求,帮助他们落实就业去向。

影响高校毕业生就业的重要因素之一是供需信息的匹配效率。对未落实就业去向的高校毕业生,要结合各项就业创业扶持政策,为他们建立台账,根据学历条件、个人意愿精准匹配岗位,让求职目标更具体。在扩渠道、促匹配上下更大功夫,切实提升实效性,才能实现高校毕业生和用人单位的双向奔赴。

助力高校毕业生走稳就业路,必须健全就业促进机制,深入细致做好就业创业指导服务。一方面,应强化不断线就业服务,建立高校毕业生就业岗位归集机制,用好国家大学生就业服务平台等,持续为有就业意愿的毕业生提供岗位信息。另一方面,应抓住重点群体,为脱贫家庭、低保家庭、零就业家庭高校毕业生,以及残疾高校毕业生和长期失业高校毕业生,提供“一人一档”“一人一策”精准服务。要织密织牢就业保障网,对通过市场渠道确实难以就业的特殊困难高校毕业生进行公益性岗位兜底安置,同时把有就业意愿的离校未就业高校毕业生纳入服务范围。此外,还应尽可能简化优化求职就业手续。2023年,中共中央组织部、人力资源和社会保障部、教育部等5部门发文明确,取消高校毕业生就业报到证。要稳妥有序推动这项工作,通过建立去向登记制度、明确档案转递衔接等做好过渡,为高校毕业生就业创业提供更多便利。

高校毕业生等青年就业关系民生福祉、经济发展和国家未来。把促进青年特别是高校毕业生就业工作摆在更加突出的位置,坚持市场导向和政府促进并重,精准施策、务求实效,定能让广大毕业生迈好走向社会的第一步。

资料来源:周详,《助力高校毕业生走稳就业路》,
《人民日报》,2023年6月12日第5版(有改动)

第三节　劳动精神、劳模精神、工匠精神之间的关系

劳动精神、劳模精神、工匠精神是有区别的,但又是紧密联系在一起的。

一、劳动精神、劳模精神、工匠精神的区别

(1)劳动精神是每一位劳动者为创造美好生活而在劳动过程中所秉持的劳动态度、劳动理念及其展现出的劳动精神风貌。我们要在全社会大力弘扬劳动精神,提倡通过诚实劳动来实现人生的梦想、改变自己的命运。人世间的美好梦想,只有通过诚实劳动才能实现;发展中的各种难题,只有通过诚实劳动才能破解;生命里的一切辉煌,只有通过诚实劳动才能铸就。

劳动创造了中华民族,造就了中华民族的辉煌历史,也必将创造出中华民族的光明未来。全社会都要贯彻尊重劳动、尊重知识、尊重人才、尊重创造的重大方针,维护和提升劳动者的利益,保障劳动者的权利。要坚持社会公平正义,排除劳动者参与发展、分享发展成果的障碍,努力让劳动者实现体面劳动、全面发展。全社会都要热爱劳动,以辛勤劳动为荣,以好逸恶劳为耻。

(2)劳模精神是劳模在平凡岗位上作出不平凡业绩时所坚持、坚守、坚定的基本信念、价值追求、人生境界及其展现出的整体精神风貌。"爱岗敬业、争创一流、艰苦奋斗、勇于创新、淡泊名利、甘于奉献"的劳模精神为我们科学理解和大力弘扬劳模精神提供了正确的方向和指导。这需要我们:一方面,正确理解这一表述中6个词汇各自的含义;另一方面,从整体上把握劳模精神的科学内涵。

从总体上看,上述表述一方面道出了劳模之所以能在广大劳动者群体中脱颖而出的根本原因,另一方面也为广大劳动者群体提出了奋斗的目标和方向。6个词汇中,"爱岗敬业"是本分,"争创一流"是追求,"艰苦奋斗"是作风,"勇于创新"是使命,"淡泊名利"是境界,"甘于奉献"是修为。做一个守本分、有追求、讲作风、担使命、有境界、有修为的人,是每一位劳模的精神风范,更是每一位劳动者应该追求的目标。

(3)工匠精神是近年来我国社会的一个热点问题,也是学术界研究的一个重大课题。我们应该以习近平总书记关于工匠精神的系列重要讲话精神为指导,一方面,理解工匠精神的科学内涵;另一方面,认识到工匠精神与劳模精神、劳动精神相比所体现出的特色。

工匠精神是每一位不甘于平庸的劳动者在平凡的工作中不断对自己提出更高的要求,并不断自我超越、自我提升、自我完善,始终追求做更好的自己时所表现出的工作态度、工作境界、工作习惯,以及整体工作精神面貌。从工匠精神的内涵看,执着专注是一个人的本分,精益求精是一个人的追求,一丝不苟是一个人的境界,追求卓越是一个人的使命。

二、全面把握劳动精神、劳模精神、工匠精神的关系

(1)劳模精神和劳动精神的关系是部分和整体的关系。从主体上看,劳模精神的主体是劳模群体,劳动精神的主体是所有劳动者,而劳模群体是广大劳动者群体中的佼佼者和杰出代表,也是广大劳动者学习的榜样和楷模。劳模的本意就是"劳动者的模范"。劳模群体是劳动者群体中的一部分。从这个意义上讲,劳

模精神也是劳动精神的一部分。劳动精神是做一名合格的劳动者应该有的精神,劳模精神则是成为劳模必须有的精神。做劳动者不合格,做劳模更不可能。没有劳动精神,也很难有劳模精神。所以,劳动精神应该成为所有劳动者都必须拥有的精神。劳模精神也是所有劳动者都应该学习的精神。二者也是方向和基础的关系,劳模精神是方向,劳动精神是基础。

(2)劳模精神和工匠精神的关系是外力和内力的关系。劳模精神是影响和引领每一位劳动者从平凡走向不平凡的外力。劳模精神从外部影响每一位劳动者学先进、做先进。工匠精神是激发和激励每一位劳动者不断自我挑战和自我超越的内力。劳模精神是超越别人的精神,因为他们就是超越了很多劳动者才脱颖而出。而工匠精神是超越自己的精神,世上最大的对手不是别人,而是自己。工匠精神是让劳动者成为自己的模范,劳模精神是让劳动者成为别人的模范。工匠精神点亮了自己的生命,劳模精神则照亮了别人的生命。

(3)劳动精神和工匠精神是共性和个性的关系。劳动精神是所有劳动者的共性。工匠精神则是不甘于平庸的劳动者的个性,是成就优秀劳动者的必要条件。个性不仅是产品和企业的核心竞争力,也是劳动者的核心竞争力。这里所说的劳动者的个性主要是指劳动者在自我超越过程中彰显出的个人优势及其精神状态,也就是工匠精神。换句话说,没有工匠精神的劳动者很难有出色的成就和骄人的业绩。精益求精、追求极致是践行工匠精神的核心,也是成就杰出劳动者的根源。当然,如果工匠精神成就的劳动者不仅大大超越了过去的自己,也大大超越了别人,在企业、行业、全国乃至全世界都成为最优秀的劳动者。那么,他就会成为别人学习的榜样和楷模,最终就会成为劳模,劳模精神也随之产生。

按照马克思主义的基本观点,劳动创造了人本身。劳动精神是成为人的精神,工匠精神是成为更加优秀的人的精神,劳模精神则是成为影响别人的人的精神。成为人、成为更加优秀的人、成为影响别人的人,就是一种逐步递进的关系。党和国家现在大力呼吁弘扬劳动精神、工匠精神、劳模精神,目的就在于让每一个人都热爱劳动,成为自食其力的劳动者,更要成为优秀的劳动者,甚至成为广大劳动者群体中的佼佼者和大家学习的榜样。

资料卡片

工匠精神

在改革开放的历史征程中,中国社会涌现出了大批专业专注的现代化工匠。是他们,开创了无数中国制造的奇迹。党中央高度重视工匠精神的传承弘扬,工匠精神可以概括为16个字——“执着专注、精益求精、一丝不苟、追求卓越”。这16个字高度凝练了中国工匠的精神内核。

执着专注,是大国工匠的典型特质。在中国,早就有“艺痴者技必良”的说法。中华人民共和国建设时期,工匠们的技艺,都是在几十年如一日的反复钻研中磨炼出来的,我们各行各业都涌现了大批卓越的工匠。例如,在飞机制造上,中国大型客机C919的特殊零部件,对孔洞精确度的要求约接近人类头发丝的大小,“商飞”的工匠们用一双手和传统的工床,一个小时之内打造了36个孔洞;还有创造世界集装箱装卸纪录的青岛港码头工人,一步步丈量地质水文资料的“一带一路”基础建设工程师们,他们都身体力行地向世界展示着中国工匠的执着和专注。

精益求精,是工匠精神的核心要义。对于任何一项工作,以负责任的态度做到会、熟、精、绝,是中国工匠们的职业境界。在中国工匠中,有为一个项目创新64项技术、400多项专利的工程师,也有在重达几百吨的大型轴类产品上完成0.01毫米以内的加工工作的加工员,还有在0.05毫米左右的空间里手工研磨高铁所需要转向架的研磨师。他们,无一例外地用极致的态度对待自己的工作,用耐心、专注、坚持的态度精雕细琢,以专业和热爱不断提升专业和技能。

一丝不苟，注重细节，是工匠精神的具体体现。对所从事的工作认真负责，是中国工匠的常态。在新时代的超级工程——港珠澳大桥建设中，为了保证大桥建设顺利进行，2 万多名来自全国的工程技术人才投身建设。被誉为“中国深海钳工第一人”的管延安就是其中一位，5 年间，他为港珠澳大桥沉管隧道拧了 60 多万颗螺丝，和团队建造了世界首条滴水不漏的外海沉管隧道，为超级工程提供了坚实的保障。他们生动地诠释了当代工匠精神中认真仔细的精神内涵。

追求卓越，勇创新高，是中国工匠们孜孜不倦的追求。在实现中国制造由大变强的战略任务中，中国工匠们从未止步，从经验型到科技型，从手工型到数字型，实现从传统工匠向现代工匠的转变，中国工匠们一次次攻克技术难关，积极走在时代前列。运载零下 163 摄氏度液化天然气船是世界上最难建造的船舶之一，国外对这类船的最新技术是封锁的，中国的工匠们克服了设计和技术上的种种难题，自力更生，完成了这种船舶的自主建造，在船舶的高端制造领域为中国争得了一席之地。

资料来源：《云讲堂：百年历程中的伟大精神——工匠精神》，人民网－理论频道，2021 年 8 月 10 日（有改动）

思考与实训

一、思考题

（1）工匠精神的内涵和现实意义是什么？

（2）作为新时代的大学生，如何培养工匠精神？

（3）如何树立科学职业观？

（4）如何掌握求职就业需要具备的能力？

（5）简述劳动精神、劳模精神、工匠精神之间的关系。

二、实训实践活动——敬老爱老，走进养老院

1.实践目标

（1）锻炼学生参与劳动活动的能力，培养学生的合作探究能力和与人交往沟通的能力。

（2）培养学生的社会责任感和团队精神，增强学生服务他人、服务社会的意识。

（3）增强学生爱老、敬老、尊老的意识，弘扬中华民族传统美德，了解“夕阳红”是人生不同阶段的美感和境界，满足老人们渴望得到更周到的生活照料和更细致的心理关怀的需求。

2.所需的工具

计算机、投影仪、扫帚、拖把、抹布、晾衣架、相关运动健身器材。

3.活动设计

（1）前期准备。

组织多种形式的宣传活动，举办动员课，让学生了解此次实践活动的目的、内容及意义，充分调动学生参与活动的积极性。

（2）启动阶段。

成立各劳动实践小组，各小组讨论活动方案，准备相关知识，以及确定活动时间、活动地点、成员分工等内容。预设活动结果，激发各小组成员参与活动的主动性与积极性。

（3）实施阶段。

给老人宣讲预防诈骗常识，针对老年人容易上当受骗的现象进行防骗知识宣讲，提醒老人识别诈骗常见手段和方法；开展老年人健身娱乐活动，选择娱乐性较强、危险性较低的项目，如打门球、掷沙包、钓瓶、推铁环、夹球等,倡导健康生活方式,丰富老人精神文化生活;在活动结束前,帮助老人打扫室内卫生。

(4)活动总结。

各小组汇总各个成员在活动期间记录的实践日记、拍摄的照片等,写出此次实践活动的体会和总结。回忆实践过程,反思不足之处,以便在今后的实践活动中加以改进。各实践小组将自己的实践过程、实践风采、实践成果通过 PPT 向同学们展示,总结实践经验,为下一次实践活动的开展做好动员准备。

4.安全保护

如果养老院与学校距离较远,则需乘坐交通工具。乘坐正规公交车、出租车,以免发生事故。若遇意外事故,则需要及时和学校领导取得联系,并汇报相关情况。在乘车过程中严禁将头、手等伸出窗外。晕车学生提前准备好防晕车药品,储备充足的饮用水,及时补充水分。

活动的安排负责人,要求组织、落实到位,做到行动一致,防止掉队或私自离队。

5.考核评价

(1)组内评价。

各小组在组内对此次活动进行自我评价、成员间互相评价,各组评选出在实践活动中表现最优秀的一名同学。

(2)实践地评价。

制定评价表并交给实践地的工作人员,让他们对各小组的此次实践活动进行评价。评价等级高的小组可参与优秀实践团队评选。

(3)学校评价。

将实践报告汇总后上交给学校领导,由学校领导从实践报告中选出优秀实践报告进行评价。

(4)综合评价。

综合组内评价、实践地评价和学校评价,选出优秀个人和优秀团体进行表彰。

6.温馨提示

一切行动听指挥!无论出发点多么好,都不能因个人的语言和行为,影响养老院老人的健康状况,干扰老人的情绪稳定。

第五章 劳动创新精神

思政目标

弘扬劳动创新精神,推动创新型劳动与创业教育相结合,构建劳动创新融合新型育人模式,鼓励大学生树立新时代劳动精神与创新精神,增强公共服务意识是十分重要和迫切的。劳动创新精神是一个国家和民族发展的不竭动力,也是当代大学生应该具备的素质。党的二十大报告提出,“必须坚持科技是第一生产力、人才是第一资源、创新是第一动力”。以劳动创新加快转变经济发展方式、建设创新型国家,是时代赋予当代大学生的崇高使命。大学生在劳动领域进行创新,必须具备创新思维,打破思想禁锢,突破原有行为模式,以新的理念、新的方法和新的路径解决问题和困难,开创人生和事业的新局面。

思维导图

- 劳动创新精神
  - 劳动创新精神的内涵及现实意义
    - 劳动创新精神的内涵
    - 新时代劳动创新精神的特征
    - 培养大学生劳动创新精神的现实意义
  - 培养劳动创新精神的途径
    - 培养正确的劳动观
    - 培养强烈的好奇心和执着的探究精神
    - 培养稳定的创新兴趣
    - 保持旺盛的求知欲
    - 培养端正的学术风气和良好的学风
    - 锻炼创新意志
  - 创新型劳动保洁工具
    - 手推式扫地机
    - 工业型扫地机
    - 垃圾转运车
    - 壁面清洁机器人

思政园地

王国伟:精益求精、勇于创新、传承匠心

“工人发明家”“鹏程菁英人才”“领军人才”……这些都是贴在王国伟身上的标签,他是上海众多科技创新人才中的优秀代表之一。自2009年参加工作以来,他便一直专注于自动化、数字化和智能化研发,开展了自动化焊接、功能材料制造、材料检验与测试等领域的关键技术创新,荣获“深圳市鹏程菁英人才”“上海市领军人才后备队”“上海工匠”“闵行当代工匠”“上海市闵行职工科技创新英才”等荣誉称号,并斩获中国(上海)国际发明创新展览会金奖、首届中国(上海)国际发明创新博览会银奖、第二十九届上海市优秀发明

选拔赛银奖、中国第九届国际发明展览会银奖等奖项。

入职之初，王国伟从事的是与核安装有关的现场执行工作，经常与现场的工人和设备打交道。从他们身上，王国伟学到了很多，也激发了精益求精的精神。

在技术创新的道路上，王国伟始终在探索。他主持完成了核电厂隔热保温陶瓷涂料开发，探索出新的保温材料制造工艺。未来，该技术将用于节省保温材料B级库存储空间、缩短核电站建设安装阶段保温施工工期，为狭小空间建设的保温作业提供技术储备。该项目通过了中国核能行业协会产品鉴定，成果也已成功实现应用。鉴定会当天，王国伟因全情投入答辩准备中，以至于忘了还穿着睡衣就走进了会场，最终还是在工作人员的提醒下匆忙地换上正装，这一个小插曲给在场人员留下了深刻印象。鉴定委员会主任、中国工程院院士潘自强在宣布鉴定通过结论的同时，对该项目给予了很高的评价。

王国伟喜欢挑战、勇于承担。说到对工作的感悟，他乐呵呵地说："我是公司的一块砖，哪里需要往哪里搬。"话虽浅显，但体现了一名民建会员较高的政治觉悟。在技术成果转化为产品、产品转化为商品、商品创造收益的市场推广之路上，王国伟对所从事的事业有了新的认识，他正在按照公司打造工控业务延伸及核安保、网络安全的部署，积极开展和睦天穹等核心产品的国产化研发，实现了关键设备安全性和可靠性升级及市场推广，有力保障了公司业务的拓展推进。

在公司领导的大力支持下，公司建立了以王国伟名字命名的创新工作室，让团队成员能够有一个提炼日常工作中的技术及工艺的平台。大家通过归纳总结，转化各种形式的成果，进而提升团队成员自身的核心竞争力。每年，工作室都会有新的成员加入，大家在一起研究问题、解决问题成了工作室最常见的一幕，同时也会感染和鼓舞周围的同事一起为公司和社会创造价值。

此外，王国伟通过组织开展"和睦工匠大讲堂"的形式，让更多有志于技术创新的员工能够在前辈的指引下，迅速找到自己的兴趣点和用武之地。在这些新人的身上，他总是能看到自己过去的影子，也乐于帮助他们，让更多年轻人可以参与到一线重大项目实施、产品成果鉴定等重要工作当中，在公司内、集团内、行业内对标，找到自身的差距，化被动为主动去思考、去实践。

作为一名上海工匠，王国伟表示，工匠精神其实并不复杂，"第一是骨子里的坚持与热爱，热爱就是种子，坚持就是土壤，想要成长，二者缺一不可；第二是建立目标，牢记使命，目标犹如前行中的明灯指引方向，使命就是追梦路上的发动机，能够迸发源源不竭的动力；第三是行动力，重实践、找差距、再进步，不断对自己提出更高的要求和目标，精益求精，用创新、协作使其实现。"

资料来源：《致敬新时代劳模·工匠|王国伟：精益求精、勇于创新、传承匠心》，"心驿虹桥"微信公众号，2022年7月29日（有改动）

第一节 劳动创新精神的内涵及现实意义

一、劳动创新精神的内涵

创新是引领发展的第一动力。马克思主义经济学的根本在于劳动观念。劳动通常是指人在生产过程中有目的地支出劳动力的活动，是人维持自我生存和自我发展的唯一手段。而创新是以新思维、新发明和新描述为特征的概念化过程，是劳动的基本形式，是劳动实践的阶段性发展。基于科学的人类进化、自我创造的发展学说的经济学思想，是来自人类自我内在矛盾创造的实践思想。

创新精神是指要具有能够综合运用已有的知识、信息、技能和方法，提出新方法、新观点的精神。创新精神是一种勇于抛弃旧思想旧事物、创立新思想新事物的精神。不满足已有认识（包括掌握的事实、建立的理论、总结的方法），不断追求新知；不满足现有的生活生产方式、方法、工具、材料或物品，根据实际需要或新的情况不断进行改革和革新；不墨守成规（规则、方法、理论、说法、习惯），敢于打破原有框架，探索新的规律、新的方法；不迷信书本、权威，敢于根据事实和自己的思考质疑书本与权威；不盲目效仿别人的想法、说法、做法，不人云亦云、唯书唯上，坚持独立思考；不喜欢一般化，追求新颖，与众不同；不僵化、呆板，灵活应用已有知识和能力解决问题。这些都是创新精神的具体表现。

劳动创新就是创造性地劳动，即通过人的脑力劳动萌发出技术、知识、思维的革新，从而高效提升劳动效率，产生出超值社会财富或成果。劳动创新具有阶段性发展、对于同质劳动的超越等特点。

劳动创新精神的表现形式是技术、知识、思维方面的革新，是进行有目的地创造的劳动精神。通常，人们的自主劳动、高科技含量劳动和成果回归等，都属于劳动创新精神的范畴。如今的中国，已经迈入了一个全新的发展阶段，这个阶段以技巧劳动、脑力劳动、知识劳动等创造性劳动为主导，劳动创新的精神和价值得到了充分的尊重和弘扬。只有弘扬劳动创新精神光荣的良好风气，才能体会体面劳动的愉悦，才能体会社会财富的不断增长。一些劳动形式和内容的进步与变化，表明了劳动创新在时代发展中的进步价值。社会在发展，劳动方式在变化，劳动创新精神所体现出的社会价值及内涵会更加深刻。

倡导劳动创新精神，是因为创新劳动能够创造满足人们需要的新型使用价值，也是因为创新劳动能促进劳动者自我素质的提高。

二、新时代劳动创新精神的特征

劳动创新精神具有目的性、变革性、新颖性、超前性及价值性等基本特征。在新时代，科学技术发展日新月异，劳动被赋予了更为深刻的意义，劳动创新精神具备了新的时代特征。

（一）解放思想是劳动创新精神的基本前提

解放思想具有革旧图新的要求。解放思想是一种辩证的扬弃，是在对现有理念认知和客观事实进行全面审视和评判的基础上采取的或吸纳、继承，或改造、整治，或摒弃、抛却的思想，改造现有的不合理事物，革除过时的内容，确立新事物。解放思想最大的阻力是习惯势力和主观偏见。解放思想最大的问题是面对新问题仍用旧方法和老思维。敢创新就是要敢于打破利益藩篱，更新思想观念，转变思维方式；要有敢为人先的锐气，打破惯性思维，以思想的新飞跃打开工作的新局面。解放思想本身就是一种创新，如果不敢、不会解放思想，就谈不上创新。

（二）对外开放是劳动创新精神的必要条件

创新是引领发展的第一动力，是建设现代化经济体系的战略支撑。要主动参与和推动经济全球化进程，加强同世界各国的互容、互鉴、互通。创新不是闭门造车，不是单打独斗，不是排斥学习先进，不是把自己封闭于世界之外。创新精神不是天生的，对外开放使创新精神的可发展性更加突出，特别是特殊领域的创新。劳动创新精神是一个综合体，由多个要素构成，这些要素相辅相成、互相依存、缺一不可，其中对外开放、借鉴外来优秀事物和经验，是劳动创新精神可持续发展的必要条件。

（三）创新创业意识是劳动创新精神的有机组成部分

随着近些年高校毕业生数量的不断增加，大学生的就业问题逐渐成为社会热点，高校毕业生就业工作面临多重压力。面对就业压力,继续鼓励大学生具备劳动创新精神,即鼓励创新创业是有效途径之一。大学生要想取得创新创业实践的成功,就必须具有劳动创新精神。

具有创新创业意识的人是积极向上、充满活力的,可以最大限度地实现个体价值。大学生要向创新创业榜样学习,激发自身的创造力,提升就业创业能力。大学生要了解国情民情,锤炼意志品质,开拓国际视野,重视新知识、新技术、新工艺、新方法的应用,能创造性地解决实际问题,在创新创业中增长智慧才干,努力成长为德才兼备的有为人才。大学生应将专业知识的学习与创新创业能力的训练有机融合,以提升自身的专业研发兴趣和能力,为自己从事基于专业的创新创业活动奠定基础。

中国"互联网+"大学生创新创业大赛

(四)创新劳动对社会生产力发展有更大的推动作用

知识经济时代,知识成了生产力发展的主要的、直接的推动力,新知识(科学技术)的涌现及其在经济上的运用加速了社会经济发展的进程。相较于传统劳动,产生新知识、运用新知识的创新劳动对社会经济发展有更大的促进作用。知识经济时代,创新劳动推动了知识的加速更新,新知识的运用进而推动了生产力的巨大发展,使社会财富在创新劳动的催化下大量涌流。社会财富的增加满足了人们的物质文化生活需要,提高了人们的生活质量,增强了国家的经济实力。

三、培养大学生劳动创新精神的现实意义

新中国成立以来,劳动创新的价值得到了党和国家的充分重视,也得到了社会的广泛尊重。劳动创新精神有了新的时代特征,培养新时代大学生劳动创新精神具有重大的现实意义。

(一)劳动创新精神可以激励大学生立足实践,认识世界,不断完善自我

大学生除了要学习专业知识,还要参与社会实践。物质生产实践是人类最基本的实践,劳动则是实践的重要形式,劳动创造了人本身。青年大学生多学习劳动精神,才能更好地了解世界、认识世界,在劳动的过程中才能理解和探索真理,通过劳动发现自身的不足和成长的空间,然后不断去完善自我。通过劳动创新精神的教育,大学生可以养成踏实、勤奋、严谨的劳动品质,在劳动过程中不断提高和完善对自我的认识。

(二)劳动创新精神可以引导大学生形成正确的幸福观和择业观

劳动是一切幸福的源泉。只有正确理解了劳动精神,才能真正明白生活中一切美好的事物,劳动是创造人生价值的重要手段,也是创造美好生活的必经之路。新时代,党和国家的伟大事业有广阔的发展空间,只要有志气有闯劲有创新精神,肯学肯干肯钻研,练就一身真本领,掌握一手好技术,普通劳动者就能立足岗位成长成才,在宽广舞台上施展才华、实现人生价值,在劳动创新中体现价值、展现风采、感受快乐。

(三)劳动创新精神可以激发大学生锐意改革的勇气

弘扬劳动创新精神,不仅可以引导大学生艰苦奋斗,坚持劳动,让大学生深刻理解"空谈误国、实干兴邦"的道理,还可以激发大学生锐意改革的勇气,为其提供源源不断的革新动力。大学生要想在波澜壮阔的改革发展年代勇立潮头,在不进则退、你追我赶的竞争中赢得优势,在报效祖国、服务人民的人生中有所作为,就要在孜孜不倦学习、勤勉奋发干事、"干一行、爱一行、钻一行"的同时,具备宝贵的劳动创新精神,从而在平凡的岗位上干出不平凡的业绩,实现人生价值。

(四)劳动创新精神能够提升大学生服务社会、服务他人的奉献情怀和服务意识

大学生是未来国家建设的中坚力量,是中华民族伟大复兴中国梦实现的主力军,需要起到带头、骨干和桥梁作用,更需要从劳动创新精神中感知生活的本质,了解社会,明确未来奋斗的目标。有了劳动创新精神的指引,大学生可以积极学习和提升技能,勇于创新,更好地为社会服务。劳动创新精神是一名优秀的劳动

者应该具备的宝贵精神，是培育劳模精神和工匠精神的深厚土壤。大力弘扬劳动创新精神，建设知识型、技能型、创新型劳动者大军，提升劳动者尤其是大学生服务社会、服务他人的奉献情怀和服务意识，使其在全面建设社会主义现代化国家进程中建功立业。劳动创新精神主要由勇于探索的精神、艰苦奋斗的精神、乐于献身的精神和从实际出发的作风等部分构成。其中，勇于探索的精神是劳动创新精神的核心，艰苦奋斗的精神是劳动创新精神的保障，乐于献身的精神是劳动创新精神的依托，从实际出发的作风是劳动创新精神价值的有效实现途径。

资料卡片

耐心资本助力校园创新创业

2024 年 6 月 2 日，中央电视台财经频道(CCTV-2)《经济信息联播》在“壮大耐心资本 从实验室到生产线 耐心资本助力校园创业者把梦想照进现实”专题中，报道了西北工业大学学生创新创业的故事。

王帅所在的无人船创始团队由西北工业大学、清华大学的硕士、博士组成，最早就三五个人。一次，在浙江嘉兴西塘镇旅游时，他们看到两位清洁工乘着木船捡拾河面垃圾。能不能让机器代替人工完成这项工作呢？于是他们开始了对河湖垃圾问题的思考与调研。

创业之初，他们到学校奖金答辩现场挖人，参加各类创新创业比赛，卖学校文化产品，一笔一笔地积累第一桶金。拿到第一笔投资后，他们到广东东莞一家家工厂跑，和工人同吃同住三个月，直到第一台无人驾驶清洁船样机制作完成。为了加快产品研发和算法实地测试，他们在宁波河道当起保洁员。

王帅说：“作为学生，更多具备的是一腔热情，但是在各个方面，特别是在资金和资源方面还是比较欠缺的。”技术积累、产品打磨、市场拓展，桩桩件件都是对治理、人力、资金投入和耐心的考验。这时，学校耐心资本也会帮助学生孵化自己的科研梦想。如今，王帅所在的公司已经走上正轨，无人船产品已经覆盖了海外十余个国家的一百多个水域，公司也实现了盈利。

走在高校校园里，扑面而来的除了青春气息，还有各种创新的动能。在教学楼、实验室，甚至在操场、在校园的林荫小道，随处可见同学们在讨论实验方案、做实验项目。在耐心资本的陪伴中，已经有很多高校科研成果成功转化，投入我国人工智能、芯片制造、生物医药、大数据、云计算等前沿领域。凌晨时分夜已深，校园的实验室和教室依然亮着光，依然有很多不服输的年轻人在反复算着公式、做着实验，一些还未被世界看到的科研创新可能就藏在夜里这一盏盏灯光里。

资料来源：《央视报道我校学生团队创新创业的故事》，西北工业大学新闻网，2024 年 6 月 4 日(有改动)

第二节 培养劳动创新精神的途径

一、培养正确的劳动观

劳动创新精神的基础是有正确的劳动观。

(1)劳动是财富的源泉，也是幸福的源泉；人世间的美好梦想，只有通过劳动才能实现。

(2)发展中的难题,只有通过劳动才能破解。劳动是人类社会赖以生存和发展的前提,是人有意识、自觉地改变世界的活动。善待自己的岗位,充分认清劳动与财富之间的关系。

(3)平等性是劳动的重要特性,劳动虽然有分工、专业、条件和环境等诸多方面的差别,但是劳动本身没有高低贵贱之别。

(4)劳动创造财富,财富体现劳动的价值。

(5)劳动不但创造有形的物质财富,也创造无形的精神财富,劳动在丰富物质生活的同时,也在塑造劳动者的精神世界。

(6)劳动光荣、劳动者可敬、尊重劳动、尊敬劳动者是正确的劳动观的重要组成部分。

中华民族是勤于劳动、善于创造的民族,正是因为劳动,才拥有了五千年辉煌的历史;也正是因为劳动,才拥有了今天的巨大成就。对于大学生而言,无论将来从事何种职业,都应该秉持诚实劳动的原则,干一行、爱一行、钻一行,坚决反对好逸恶劳、不劳而获的思想和行为。

二、培养强烈的好奇心和执着的探究精神

好奇心是对客体的选择性态度。具有好奇心,就会很自然地受到未知世界的吸引,乐于施展才智以寻求答案。具有创新精神的人往往有强烈的好奇心、旺盛的求知欲,酷爱探索和钻研。对客观世界有好奇心,才会产生观察事物、解决问题的兴趣,才能有志于探索和思考新事物。探究是一种热爱与冷静、怀疑与理性思考、求真与证伪,以及破旧与立新的行为;探究精神是为了真理而坚持不懈、不畏艰辛,甚至为此而献身的决心。

19 世纪 20 年代,德国物理学家欧姆怀着强烈的好奇心和执着的探究精神,付出了多年艰辛的劳动,最先通过实验总结和归纳出一段导体中电流跟电压、电阻之间的定量关系,找到了电流跟电压、电阻之间的准确数量关系。瓦特是众所周知的科学家,他改良了蒸汽机,推动了人类工业文明的发展,开创了人类历史的新纪元。可能很多人会将蒸汽机的改良归功于瓦特的聪明才智,但是如果深入地了解瓦特的人生历程,就会发现他的成功更应归功于他执着的探究精神。

从首次听说“深潜”到亲自下到海底,从不惑之年到耄耋之年,南海深海科学研究的开拓者汪品先为了“深潜”梦想整整等待了 40 年。即使已经研究海洋科学几十年,汪品先也一直保持着好奇心和求知欲。他时常调侃,自己与 3 000 万年高龄的南海相比,还是个小孩。他说:“如果你对科学没有热情,光是对科学带来的好处有热情,这是走不远的。”

三、培养稳定的创新兴趣

兴趣是成功的内在起点,兴趣是最好的老师。一个人对客观世界的某些现象或问题产生浓厚的兴趣时,就会乐于观察和思考它们,从而产生旺盛的求知欲望,很想进行深入了解,探究原因并作出解答。兴趣能诱发和增强人的勇气与决心,从而使人千方百计地去克服困难、排除障碍。兴趣爱好可以开阔人的眼界,使人胸襟豁达、朝气蓬勃,个性得到充分发展,精神境界更加高尚。相对稳定的兴趣爱好,对一个人的学习、工作很重要,它能促使人系统地学习某一门知识,把某一项工作坚持到底,增加取得成就的可能性。

创新兴趣则是对挑战陈规、创造新事物、提出新方法等感兴趣,热衷于从事创新活动。创新兴趣往往与好奇心、求知欲联系在一起。创新兴趣引导创新目标的确立、创新能力的开发,人总是优先根据自己的兴趣来选择合适的创新内容和方向。创新兴趣是进行创新活动最重要的心理条件之一。创新动机是引起和维持个体进行创新行动的内在驱动力,是创新行为的动力基础。因此,大学生要培养稳定的创新兴趣,抓住创

新动机。

四、保持旺盛的求知欲

“吾生也有涯，而知也无涯。”人生成长的过程，就是探知世界、了解世界、把握世界的过程。求知欲是指追求某些现象发生的原因、探究客观事物变化的规律和寻求解决问题的办法的内心欲望。只有具备强烈的求知欲，才能有不畏困难、坚持探索、不达目的誓不罢休的雄心和勇气，并最终取得成功。当代大学生生逢盛世，面对未知的浩瀚知识海洋，当有永不满足的心态，以强烈的本领恐慌、求知欲望，抓住一切学习的机会，如饥似渴地向书本学习、向实践问道，以持续不断的学习净灵魂、强素质，从而获得更多打开知识大门的钥匙。

五、培养端正的学术风气和良好的学风

高等学校是人才培养和科技创新的重要基地。在高等学校倡导并形成崇尚诚实劳动、鼓励科研创新、遵循学术道德、保护知识产权的良好氛围，培养端正的学术风气和良好的学风，对于保护教学科研人员的积极性、主动性、创造性，培养大学生正确的学术意识、积极向上的学风和劳动创新精神，以及保持高等学校的创新能力和科技竞争力有重要意义。

随着科教兴国战略的实施和我国社会主义现代化建设事业的推进，教育的改革发展进入了一个新的阶段。教育战线教学科研队伍不断壮大，高等学校学术气氛空前活跃，学术研究成果丰硕，百花齐放、百家争鸣、新人辈出、学术繁荣的良好局面正在形成，但是也出现了学术行为不端、学风不良等问题和现象，损害了教育工作者和学校的形象，给教育事业带来了不良影响，更给在校学生的劳动创新精神的培养造成了不良的后果。应充分认识当前端正学术风气、加强学术道德建设的必要性和紧迫性，提高工作的主动性、针对性和实效性，采取切实措施，规范学术行为，树立良好学术风气，促进和保障学术事业的健康发展。

六、锻炼创新意志

创新的特征就是克服困难，做前人没有做过和没有做成的事。创新是种意志行为，意志是创新的支柱。创新意志是有意识、有目的、有计划地调节和支配创新活动的心理现象。

创新意志的重要特质就是永不满足于现状。永不满足，以强烈的本领恐慌和求知欲抓学习；永不满足，以不服输的进取心和吃苦精神锻筋骨；永不满足，以敢闯敢试、勇于创新的胆识拓新路。理想和信念是一个人成长成才的前提。理想并非触手可及，其实现需要我们不懈奋斗、不断攀登，永葆想干、肯干、实干的奋斗精神，在人生路上多经历摔打、挫折、考验、磨炼，为成就精彩人生助力。任何事物在发展过程中，都会遇到或多或少的问题，创新之途充满艰辛，广大青年要以不满足、不服输的精神紧跟发展趋势，勇立时代潮头，不断更新知识体系，保持一如既往的干劲，不断寻求新方法，拿出“新点子”，拓宽“新路子”；要虚心向他人学习请教，敢于善于走前人没有走过的路，做前人没有做过（成功）的事，勇敢试、大胆闯，以创新破解难题，争当干事创业的“排头兵”。

资料卡片

AI代写论文可不可行？

随着人工智能（AI）大模型加速迭代，算力持续升级，自然语言处理垂直领域生成式人工智能（AIGC）产品的功能日益强大，AIGC技术在为大众生产生活提供便利的同时，也在部分领域出现滥用现象。例如，

有学生直接用AI写论文、写作业，这一现象值得关注。

尽管AI生成的文本质量存疑，但打开诸多网络社交平台，关于“AI帮你写论文”的技巧分享帖俯拾即是。部分博主详解具体步骤，直呼“AI就是救星”，网友纷纷排队“求软件”。除写论文、作业外，不少学生还使用AI工具撰写学习心得体会。

业内人士指出，人机协同是大势所趋，但用AI写论文等有悖学术伦理，有必要厘清AI代写和AI辅助之间的边界，对文章“AI率”有所界定。文章“AI率”是指文中使用AI工具生成内容的比例，反映作者对AI的依赖程度。北京一所高校教务部门负责人说，目前国内高校普遍未设置论文或作业“AI率合理值”，更没有针对不同学科、不同研究目的等设置细分标准。该负责人介绍，学术体系内，虽有专用于检测文章“AI率”的AI工具，但检测效果难以评估。对于学生作业的“AI率”检查，仍以教师人工判断为主，有时AI生成的内容真假难辨。

AI辅助与AI代写之间的边界在哪？北京邮电大学教授王敬宇认为，这个问题应基于“创意的来源”和“决策的控制权”来定义。AI辅助应聚焦提供建议、生成草稿和协助研究，最终的创意和编辑决定权需掌握在作者手中。相对地，AI代写则涉及运用AI完成整个或绝大部分写作过程，缺少了使用者的深度参与和批判性思考。

此外，AI写作还可能涉及版权归属等法律问题。AI生成文本内容承载的知识产权，应归于AI开发公司还是服务使用者，目前说法不一。

北京航空航天大学法学院副教授赵精武认为，AI代写整篇论文的行为属于典型的学术不端行为，与传统的找人代写并无二致。AI代写材料需使用海量文本数据，生成的文本内容很容易与现有作品雷同，产生侵犯著作权等法律风险。

业内人士认为，AI服务提供者应在用户注册阶段和生成内容前，以自动弹窗等方式提醒用户合理使用，通过技术设置等方式规范使用行为。

我国关于AI治理的立法研究工作未曾间断。2023年7月10日公布的《生成式人工智能服务管理暂行办法》在包容审慎监管、应用分级分类治理的基础上，细化了技术研发者、服务提供者及使用者的相关权利义务，要求AI技术应用符合基本的科技伦理规范。

2024年4月26日颁布的《中华人民共和国学位法》第三十七条规定，学位申请人、学位获得者在攻读该学位过程中，如果学位论文或者实践成果被认定为存在代写、剽窃、伪造等学术不端行为，经学术评定委员会决议，学位授予单位不授予学位或者撤销学位。

资料来源：乌梦达、赵旭，《能不能用AI代写论文、代写作业?》，新华网，2024年6月7日(有改动)

第三节　创新型劳动保洁工具

《中共中央 国务院关于全面加强新时代大中小学劳动教育的意见》提出，“重视新知识、新技术、新工艺、新方法应用”。劳动创新的成果更多地体现在劳动工具的改良方面。现在高科技劳动工具代替或辅助人工劳动的事例非常多，应用也越来越广泛，如数控加工技术、数控无缝焊接技术、无人驾驶汽车、微创手术等。

随着人们对生活质量的要求越来越高,人们对生活环境的要求也越来越高。因此,保洁工具的种类也越来越多。下面介绍几种现代创新型劳动保洁工具。

一、手推式扫地机

手推式扫地机(图5-1)是纯机械传动、免维护的清洁工具,无须电源线和电池及任何动力源,只要推着步行就可以将垃圾回收到垃圾箱内,清扫与收集可同时完成,工作效率高。

图5-1　手推式扫地机

手推式扫地机的主要特点如下。

(1)使用方便:推着行走就可以将垃圾轻松回收到垃圾箱内。

(2)节能:无须任何动力源,纯机械传动。

(3)维护简单:全机身用水冲洗即可。

(4)省工、省力、高效:将清扫与收集同时完成,扫地效率是人工的4~6倍。

(5)经久耐用:整机采用工程塑料制造,抗腐蚀、耐老化、不变形。

(6)储运方便:手提把手,方便搬运;直立存放,节省空间。

(7)损耗小:主刷和双侧边刷高度可以调节,在保证工作效率的同时,可最大限度地减少损耗。

手推式扫地机特别适合清扫街道、小区、公园、庭院、学校、车间、库房,以及大型活动场馆等不宜使用动力驱动清扫设备的场所。

二、工业型扫地机

工业型扫地机(图5-2)以环保新能源蓄电池为动力,在小型车辆底盘上加装风机、电机,下面安装边刷、滚刷,是扫吸结合的清扫机械。

图5-2　工业型扫地机

工业型扫地机的主要特点如下。

(1)工作效率高:每小时可以清扫8 000平方米左右。

(2)成本低:工业型扫地机可以替代12~15名人工打扫,节省人力成本。

(3)效果好:工业型扫地机采取扫吸结合的方式,比人工打扫减少了很多粉尘。

(4)安全性能高:让清洁工人身处安全环境中(马路上快速行驶的车辆太多,人工打扫不够安全)。

三、垃圾转运车

垃圾转运车一般分为自卸式垃圾车和挂桶式垃圾车。

自卸式垃圾车(图5-3)又称垃圾收集车,可用于沿街定时收集生活垃圾,垃圾箱上两侧带垃圾投入口,适用于生活小区、商业区定时进行垃圾收集。车上带音乐喇叭,人们听到垃圾车音乐后即可将打包好的成袋垃圾拎出,投进垃圾箱内,这样避免了垃圾堆放造成的环境污染,营造了“垃圾不落地”的良好氛围。

图5-3 自卸式垃圾车

挂桶式垃圾车(图5-4),可配合国标铁制或塑料垃圾桶使用。这种垃圾车通常和街道边的垃圾桶配套使用,其最大的特点是可自动将垃圾桶抓取、提升、倾倒、放下。整个作业过程由驾驶员在驾驶室内完成,效率高。挂桶式垃圾车由底盘、厢体、自动提升装料装置、液压系统、操作系统等组成。

图5-4 挂桶式垃圾车

四、壁面清洁机器人

壁面清洁机器人(图 5-5)采用两个伸缩气缸进行上下左右移动,伸缩气缸呈十字形交叉,分别固定在中间连接板上,移动时靠其十字交叉的四只脚部吸盘组产生的吸力紧贴玻璃。壁面清洁机器人上下行走的后半部分连接清洗装置,清洗装置由滚刷和雨刷组成,滚刷由一个电机驱动进行清洗工作,雨刷安装在清洗装置底部的四周,使清洗装置密闭不漏水,同时起到一定的清洗作用。

图 5-5　壁面清洁机器人

为实现高空清洗作业的目的,壁面清洁机器人必须具有在壁面上的吸附和移动功能,此外还应该有相应的控制功能、清洗作业功能、供应功能等。因此,壁面清洁机器人系统包括机器人本体、控制系统、清洗系统、供应保障系统四大部分。

(1)机器人本体主要包括吸附和移动两大部分。吸附部分,可以产生足够大的吸附力使机器人本体安全可靠地吸附在工作壁面上。移动部分,包括直线行走机构和转向机构,直线行走靠一个双气缸的伸缩来完成。

(2)控制系统的主要任务是通过控制盒完成壁面清洁机器人在壁面上的作业功能。它主要由控制盒和可编程控制器构成。控制系统设计遵循可靠、小型、轻量、便于维护的原则,直接安装在机器人本体上,结构防水密封。

(3)清洗系统的主要任务是清洗壁面,同时还要有回收废水功能,它主要通过电机带动滚刷转动达到清洗目的。滚刷四周用雨刷封闭并带有回水管道,从而达到清洗壁面和废水回收的目的。

(4)供应保障系统由空压机、水泵和电源组成。它主要供应作业所需的气、水、电等,由专门的管路送至机器人本体,实现作业功能。

资料卡片

新质生产力

2023 年 9 月,习近平总书记在黑龙江考察调研期间首次提到“新质生产力”。2024 年 1 月 31 日,习近平总书记在中共中央政治局第十一次集体学习时强调,加快发展新质生产力,扎实推进高质量发展。总书记指出,高质量发展需要新的生产力理论来指导,而新质生产力已经在实践中形成并展示出对高质量发展的强劲推动力、支撑力,需要我们从理论上进行总结、概括,用以指导新的发展实践。

1.什么是新质生产力

新质生产力是创新起主导作用,摆脱传统经济增长方式、生产力发展路径,具有高科技、高效能、高质量特征,符合新发展理念的先进生产力质态。它由技术革命性突破、生产要素创新性配置、产业深度转型升级而催生。以劳动者、劳动资料、劳动对象及其优化组合的跃升为基本内涵。以全要素生产率大幅提升为核心标志,特点是创新,关键在质优,本质是先进生产力。

2.发展新质生产力的核心要素

科技创新能够催生新产业、新模式、新动能,是发展新质生产力的核心要素。必须加强科技创新,特别是原创性、颠覆性科技创新,加快实现高水平科技自立自强,打好关键核心技术攻坚战,使原创性、颠覆性科技创新成果竞相涌现,培育发展新质生产力的新动能。

3.如何发展新质生产力

(1)及时应用科技创新成果。要及时将科技创新成果应用到具体产业和产业链上,改造提升传统产业,培育壮大新兴产业,布局建设未来产业,完善现代化产业体系。

(2)布局产业链。要围绕发展新质生产力布局产业链,提升产业链供应链韧性和安全水平,保证产业体系自主可控、安全可靠。

(3)围绕战略任务科学布局。要围绕推进新型工业化和加快建设制造强国、质量强国、网络强国、数字中国和农业强国等战略任务,科学布局科技创新、产业创新。

(4)大力发展数字经济。要大力发展数字经济,促进数字经济和实体经济深度融合,打造具有国际竞争力的数字产业集群。

4.新质生产力与绿色发展

(1)新质生产力就是绿色发展。绿色发展是高质量发展的底色,新质生产力本身就是绿色生产力。必须加快发展方式绿色转型,助力碳达峰碳中和。

(2)坚持生态优先。牢固树立和践行"绿水青山就是金山银山"的理念,坚定不移走生态优先、绿色发展之路。

(3)加快绿色科技创新。加快绿色科技创新和先进绿色技术推广应用,做强绿色制造业,发展绿色服务业,壮大绿色能源产业,发展绿色低碳产业和供应链,构建绿色低碳循环工作体系。

(4)优化绿色经济政策工具箱。持续优化支持绿色低碳发展的经济政策工具箱,发挥绿色金融的牵引作用,打造高效生态绿色产业集群。

5.全面深化改革,形成新型生产关系

(1)形成新型生产关系。发展新质生产力,必须进一步全面深化改革,形成与之相适应的新型生产关系。

(2)深化改革。要深化经济体制、科技体制等改革,着力打通束缚新质生产力发展的堵点卡点,建立高标准市场体系,创新生产要素配置方式,让各类先进优质生产要素向发展新质生产力顺畅流动。

(3)扩大高水平开放。要扩大高水平对外开放,为发展新质生产力营造良好国际环境。

(4)完善工作机制。要按照发展新质生产力的要求,畅通教育、科技、人才的良性循环,完善人才培养、引进、使用、合理流动的工作机制。

(5)优化人才培养模式。要根据科技发展新趋势,优化高等学校学科设置、人才培养模式,为发展新质生产力、推动高质量发展培养急需人才。

(6)健全分配机制。要健全要素参与收入分配机制,激发劳动、知识、技术、管理、资本和数据等生产要素活力,更好体现知识、技术、人才的市场价值,营造鼓励创新、宽容失败的良好氛围。

资料来源:《什么是新质生产力?一图全解→》,"央视新闻"百家号,2024年2月3日(有改动)

思考与实训

一、思考题

(1)劳动创新精神的内涵是什么?

(2)新时代劳动创新精神的特征是什么?

(3)培养大学生劳动创新精神的现实意义是什么?

(4)为什么说创新劳动对社会生产力发展有更大的推动作用?

(5)培养劳动创新精神的途径主要哪些?

二、实训实践活动——参与社区服务

1.实践目标

走入社区,增进对社会的了解与认识,理解个体与社会的关系,了解与认识社区服务及其相关流程;关心社会现实,主动探究社会问题,积极参与力所能及的社区服务活动,发展社会实践能力;遵守社会行为规范,培养社会交往能力,树立服务社会的意识和对社会负责的态度,端正劳动态度,形成良好的劳动习惯。

2.所需工具

扫帚、拖把、抹布、垃圾袋、笔、笔记本、小型麦克风等。

3.活动设计

(1)前期宣传。

组织发动以"参与社区服务,感受劳动精神"为主题的活动课,介绍此次活动的目的、内容及意义,让学生更好地融入社区、了解社区、服务社区。

(2)成立小组。

在活动前成立各个小组,确立各小组组长。各小组根据此次活动的目的及时讨论并研究出具体的行动方案,明确各个成员的任务,做到行动明确、迅速。

(3)活动形式。

小区访谈:由一组成员负责,针对社区各个阶层各个年龄段人员做抽样调查,询问不同阶层人员最迫切需要的社区服务项目,调查人员应做好记录并向社区负责人及时反映,使问题尽早让社区负责人知道并及时得到处理。

温暖献爱心:该活动针对社区的空巢老人及留守儿童,活动人数不限,让学生真正走进空巢老人家中,与他们面对面交谈,与留守儿童做游戏,尽自己的绵薄之力为他们清理家中杂物,使空巢老人及留守儿童感受来自学生的温暖。

社区劳动:活动人数不限,意在走进社区、服务社区,如清扫街边垃圾,拖抹公共区域,为社区美化贡献自己的一分力量。

(4)活动总结。

活动结束后,开展"劳动社区心得体会"共享课。每名成员都可以分享此次活动的心得体会,并把心得体会整理成文字稿件。在分享此次活动心得的同时,要找出存在的问题,在以后的实践活动中不断吸取经验提升自己。

4.安全保护

乘车安全:做到上、下车安全有序,不拥挤、不插队,遵守乘车秩序,不将身体任一部位伸出车外。

人身安全:各小组组长要将安全工作落实到位,做到行动一致,防止掉队或离队,准备医疗包一个(放置急救药品若干),以备不时之需。

5.考核评价

将自己的活动照片及心得体会做成一份实践报告,小组内人员做一份小组整体的实践报告。实践报告上交组织,经组织筛选后上交学校,由学校选出优秀个人及优秀团体,给予学分及证书奖励,以此鼓舞更多的学生参与到社区服务实践活动中。

6.温馨提示

社区服务是指政府、社区居委会及数字社区等各方面力量直接为社区成员提供的公共服务和其他物质、文化、生活等方面的服务。社区服务主要包括面向群众的便民利民服务,面向特殊群体的社会救助、社会福利和优抚保障服务,面向下岗失业人员的再就业服务和社会保障服务。社区服务的内容极其丰富,充分利用社区服务的广阔平台是学生劳动实践与锻炼的最佳途径之一。

第六章 家庭劳动

思政目标

《中共中央 国务院关于全面加强新时代大中小学劳动教育的意见》提出，“家庭要发挥在劳动教育中的基础作用”。欲扫天下，先扫一屋。家庭是每个大学生成长的摇篮，与每个大学生密切相关，在劳动教育中发挥着基础作用。每个大学生都应积极参加家庭劳动，理解家庭劳动的教育意义，培养积极的劳动意识和良好的生活习惯，体验劳动成果的来之不易，这样才能在将来的社会实践和工作岗位中创造价值，回报家庭和社会。

思维导图

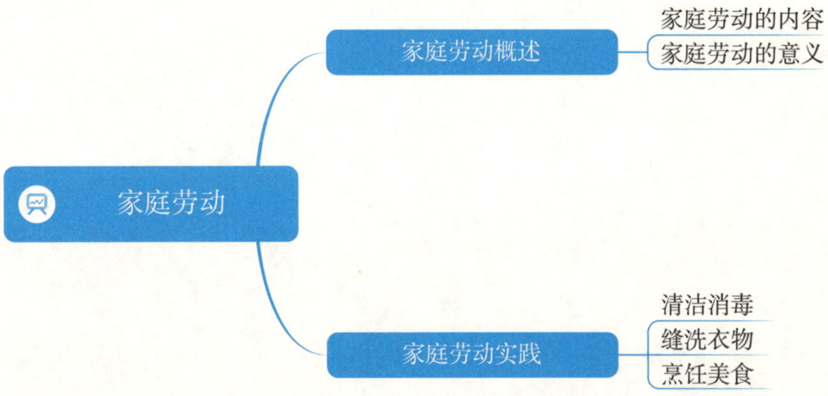

思政园地

一场与自然的对话

家住北方某地的小王是姥爷带大的，从小他就跟着姥爷下地干活。2024 年暑假，他刚放假回到老家休息了几天，就被姥爷喊来村里帮忙播种大豆。

大豆是双子叶植物，破土能力弱。种太深，影响发芽率；种太浅，可能导致种子暴露于地表。“一指浅，二指深，三指闷。”这句简短的农谚，是千百年来农民们智慧与经验的结晶。每次播种前，姥爷总要念上一遍。听姥爷念多了，小王也就记住了，种大豆两指深的土壤最适合。

农事非但关乎技艺，更是一场与自然的对话，需要时间的沉淀与经验的累积。与种了几十年地的姥爷比，小王还是缺少经验。在姥爷的指导下，他试着推了几下耧车，但还是把握不了力度，不是太深，就是太浅。最后只能在耧车前面拴了根麻绳，小王在前面拉，姥爷在后面握着耧车把手，精准调控着播种的深浅。播完一行，小王弯下腰，轻轻翻开土壤，用手比画了土里种子的深度，恰好两指。他不由得对姥爷刮目相看，很是感慨："农学是一本厚书，需要学的还有很多。不仅是知识，还有一种对土地的坚守。"

姥爷居住的村子，有不少年轻人都将田地出租外出谋生，但姥爷十几年如一日一丝不苟地侍弄土地。"人要吃饭，地总要有人去种。"这话小王曾听姥爷说过多次，但这次他的体会更深切了。

小黄的家乡是典型的喀斯特地貌，山路崎岖，无法用机械大规模劳作，更多地依靠人工，可是村里的青壮年纷纷选择外出打工，剩下的大多是年纪大的老人。高中放假，小黄走在回村的路上，看见地里劳作的身影，总是忍不住想："未来，有没有可能用机器提升劳作的效率，让农业生产者可以用更少的辛劳换取更多的收益。"抱着这个想法，小黄高考填报志愿时，选择了农学专业。在大学期间，小黄接触到了不少智慧助农的案例，她也不断思考村里发展智慧农业的可能。

近几年，村里也发生了不小的变化。为了能够让机器更好地进入田地帮助劳作，村里开始把一些偏远的山地铺平。虽然只是小面积进行，但是小黄从中看到了希望。家乡始终是她心中最牵挂的地方，谈到未来的发展，小黄还是想要回到村子里："我想要报考大学生村官，让村里的现代化农业能进一步发展。"

资料来源：谢洋，《农忙中，暑期大学生返乡成了家里顶梁柱》，《中国青年报》，2024 年 8 月 16 日第 4 版（有改动）

第一节　家庭劳动概述

家庭劳动是指在家庭内部开展的家庭成员的自我服务和相互服务的劳动实践，它是家庭生活的重要组成部分，是家庭存在和维系的必不可少的活动。每个人的劳动观念、劳动态度、劳动意识、劳动习惯等，都可以通过家庭劳动培养。

一、家庭劳动的内容

大学生可以开展的家庭劳动有：烹饪，包括洗菜、做饭、烘焙等，不仅能锻炼烹饪技能，还能增进家庭成员之间的感情；缝补、洗衣、熨烫，如心爱的衣物有破损但又不舍得丢弃，可以自己动手缝补，提高动手能力；打扫卫生，包括清理地面、墙面、桌面以及卫生死角等；整理收纳，包括将衣物、书籍、生活用品等归纳整洁，方便平时取用；简单维修，包括修理家具、灯泡、劳动工具，以及掌握一些简单的组装技巧等；照顾老弱，如照顾行动不便的老人和年幼的弟弟妹妹，帮助他们处理一些日常事务；等等。

二、家庭劳动的意义

家庭是劳动教育的起点，体现了劳动教育的日常性、生活性和连续性。家庭劳动是一个人参加社会劳动的基础，也是由自然人转变为社会人的纽带。具体来说，家庭劳动具有以下 3 个方面的意义。

（一）塑造正确的价值观和良好的家庭关系

首先，通过家庭劳动，大学生可以树立劳动最光荣、最崇高、最伟大、最美丽的价值观，摒弃好逸恶劳、坐享其成、不劳而获的错误价值观。其次,大学生积极开展家庭劳动,可以起到模范带头作用,形成崇尚劳动的家风,给亲人、朋友等树立榜样,从而塑造良好的家庭关系。

(二)感受劳动的快乐

苏霍姆林斯基说:“劳动的欢乐是一种巨大的教育力量,每个孩子在童年时代都应该深深地体验这种崇高的情感。”劳动的快乐源于劳动过程的创造性。劳动可以满足生存和发展的需要,也可以给人带来快乐。当我们看到自己通过辛勤劳动创造的成果时,如干净整洁的房间、香甜可口的饭菜、经过细心照料成长的宠物等,我们会感到莫名的愉悦,从而能够深刻感悟到劳动的意义和快乐。

(三)促进个人全面发展

劳动塑造自我,一个人未来会成为什么样的人,需要通过当下及未来的劳动实践去塑造。首先,家庭劳动可以促进德育。只有通过家庭劳动的实践,我们才能真正理解父母的辛勤付出,学会关心和体谅他人,学会感恩,从而珍惜他人的劳动成果。其次,家庭劳动可以促进智育。陶行知说:“人有两个宝,双手和大脑。”在劳动中灵活运用双手,可以开发大脑,调节呼吸,促进新陈代谢,缓解大脑疲劳,有利于大脑发育。劳动还可以培养观察能力、分析能力、判断能力、创新能力,促进逻辑思维和形象思维的发展,进而提高人的智力水平。再次,家庭劳动可以促进体育。劳动知识和技能不像其他知识那样可以通过书本间接获取,只有通过亲身实践才能获取和深刻理解。家庭劳动,一般以体力劳动居多,其对促进身体发育和身体协调性有直接的积极作用。最后,家庭劳动可以促进美育。家庭劳动可以创造舒适的家庭环境和家庭条件,也可以提升人的精神境界,陶冶人的美学趣味,提高人认识美、欣赏美、创造美的能力,从而使人形成良好的审美素养。

资料卡片

寒假期间的家庭劳动

家庭是学生开展劳动实践最便捷、最直接的地方,进行日常家庭劳动能让同学们切实参与到家庭劳动分工当中,承担起家庭的责任。

2023—2024年寒假期间,广州大学经济与统计学院组织了以“礼赞劳动 奋斗青春”为主题的劳动实践教育活动,包括日常生活劳动、生产劳动和服务性劳动等。同学们在动手实践、出力流汗中接受锻炼、磨炼意志,体验劳动的辛苦与快乐,做到知行合一。

有的同学主动承担家务,参与春节大扫除、贴春联,希望能为家人创造一个温馨舒适喜庆的环境。金融系黄同学说:“我细心地擦拭着家具,让它们的表面焕发出迷人的光泽。我认真地整理着杂物,让家里的空间变得宽敞整洁。我还亲手制作了精美的窗花和春联,为家中增添了一份独特的节日氛围。虽然家务琐碎,但是我在其中感受到了家的温暖和幸福。这些看似微不足道的付出,却是对家人最深情的关爱和祝福。我相信,在这个春节里,我们的家将会变得更加温馨、和谐和幸福。”

有的同学独立为家人献上“暖心美食”,亲手制作家乡美食潮汕红桃粿,并感叹道:“一粥一饭当思来之不易,半丝半缕恒念物力维艰。活在今天,我们仍不能忘记先辈为我们创造出的美好生活,参与家庭劳动,才能身体力行地了解到琐事背后蕴含着的生活经验与智慧。”

资料来源:《礼赞劳动 奋斗青春——2023—2024学年寒假劳动教育实践活动总结》,广州大学经济与统计学院网站,2024年3月4日(有改动)

第二节　家庭劳动实践

一、清洁消毒

（一）清洁地面

清洁地面是家庭劳动之一，定期清洁地面可以使家庭环境保持干净整洁，让人心情愉悦。

在清洁地面之前，首先，应充分了解本次的清洁任务，如是清洁某个房间还是清洁整个房屋。其次，明确清洁的地面类型，如地板砖、木质地板、复合地板、地毯等。再次，确定清洁顺序，合理的清洁顺序，可以省时省力，提高劳动效率。清洁地面一般采用从里到外、由难到易的顺序。由里到外是指从房间最里面开始清扫，逐渐清扫到门口。由难到易是指从卫生死角（墙角、桌下、床下、沙发下等）开始清扫，然后是空旷区域清扫。最后，准备清洁工具，如笤帚、簸箕、纸篓、拖把、水桶（盆）、抹布、吸尘器、消毒剂、清洁剂等。

拖把的正确使用方法

针对不同的地面类型，应注意采用不同的清洁方法，这样才能达到最佳的清洁效果。例如，对于地板砖地面，先清扫地面杂物，再用湿拖把反复擦拭污迹，直至干净，最后用干拖布擦干地板砖表面水渍。在此过程中，注意避免磕碰、防止滑倒。对于木质地板，先用笤帚和吸尘器清除地面污物，再用湿拖把按顺序擦拭干净。可以使用清洁剂，以达到更好的清洁效果。在清洁过程中，应注意避免尖锐物品划伤地板。同时，木质地板还要做好防湿防潮，避免变形。

抹布的使用注意事项

（二）清洁家具

在清洁家具之前，首先，应明确家具的材质类型，如原木、真皮、竹藤、玻璃、不锈钢等。其次，准备清洁工具，如抹布、水桶（盆）、吸尘器、清洁剂等。再次，确定清洁顺序，如由高到低、从里到外等。

在清洁过程中，应注意挪开桌面上的装饰物，避免损坏。抹布应采用软质的，避免损伤家具；在使用过程中应频繁洗涤，保持干净；使用后，洗净晾干，留作下次使用。

（三）家庭日常消毒

1.暴晒消毒

适宜暴晒消毒的物品有衣物、被褥、垫子、毯子、毛巾等纺织品。进行暴晒消毒时，应注意隔段时间进行翻面，保证消毒效果。

2.通风消毒

通风消毒以自然通风为主，打开门窗进行通风换气，保持空气新鲜。自然通风时，应当注意保持室内温度，不能过低。自然通风宜在白天，晚上入睡前应注意关好门窗。

3.沸煮消毒

沸煮消毒适用于金属、玻璃、陶瓷等器皿物品，简便易行、效果明显，是家庭中常用的消毒方法。沸煮消毒的工具应使用洁净、带盖的金属容器,如锅等。一般沸煮时间为 30 分钟。

4.消毒柜消毒

消毒柜消毒适用于餐具消毒,如刀、叉、勺、筷、盘、碗、碟、杯、壶等。消毒之前,应将餐具洗净沥水。注意餐具一次不要放入太多,应留足空间,以保证充分的消毒效果。

5.微波炉消毒

有些餐具也可以用微波炉进行消毒。注意微波炉消毒时间不要过长(两分钟左右即可),且不应使用微波炉对金属类餐具进行加热消毒。

二、缝洗衣物

在日常生活中,我们总会遇到衣物破损、染色、脏污等情况,若丢弃又觉得可惜。新时代的大学生要培养独立生活的能力,应该掌握一些基本的缝洗技能。

(一)缝补衣物

缝补衣物常备的工具有针线盒、卷尺、穿针器、锥子、钳子、镊子、剪刀、顶针以及简易缝纫机等。缝纫针法有很多,如平针、回针、倒针、藏针、包边等,具体方法可以请教家中的长辈或搜索教学视频等。缝补结束时,注意在结束处打结,防止线崩开,并将多余的线头剪掉。此外,纽扣、拉链等的缝补应注意线的颜色搭配,保持美观。

(二)洗涤衣物

洗涤衣物不仅可以清除衣物上的污渍、杀除细菌,还可以延长衣物的使用寿命。如今,市场上的衣物种类繁多,材质各不相同,这对衣物洗涤知识和技能也提出了更高的要求。

1.了解衣物洗涤标识

衣物洗涤特性标识包括:水温的范围要求;洗涤剂的要求,如可以使用任何漂白剂、氯漂/非氯漂、不可漂白等;洗涤方法的要求,如可以机洗、只能手洗、可以干洗等;熨烫的要求,如熨烫最高温度,或不可熨烫等;晾干的要求,如阴凉处悬挂晾干、非阴凉处悬挂晾干等;等等。

2.识别衣物面料的材质,选择洗涤剂

生活中,常见的衣物面料有棉、麻、丝、羊毛、皮革等。日常用到的洗涤剂有香皂、洗衣粉、洗衣液、柔顺剂等,它们的功效各不相同。并不是将多种洗涤剂混合使用,清洁功能就会增强。面料不同,洗涤剂的选用也有区别。

3.掌握洗涤要求,选择洗涤方法

一般来说,羊毛衣物的面料是羊毛纤维,具有缩溶性和可塑性,洗涤时,水温应控制在 30~40 摄氏度,洗涤剂以弱碱性或中性为宜,不能选用强碱性的香皂或洗衣粉,洗涤时间不宜过长,否则会破坏纤维内在机理。丝绸类、亚麻类衣物在洗涤时,水温不能过高,建议用温水或冷水冲洗。浸泡时间不宜过长,即泡即洗最好。手洗时,要控制力度,不宜用力揉搓和搅拧。晾晒时,避免长时间暴晒,应在阴凉通风处晾干。人造纤维类衣物在洗涤时,要控制水温,把握揉搓力度。漂洗时,先用温水,再用冷水。此类衣物入水后,会膨胀发硬,很难用手搓洗,可以用刷子刷洗。

洗涤方法有手洗、机洗和干洗。具体采用何种洗涤方法,应根据面料和洗涤标识进行判断。一般来说,内衣物,婴儿衣物,棉、丝类衣物宜手洗;西服、礼服、大衣及一些质地精细、易受损、不易沾水的衣物需要干洗;普通的人造纤维类衣服可以机洗。

需要注意的是，为了保证干净卫生，内衣、外衣、鞋袜宜分开洗；羊毛材质衣物和易粘毛的棉材质衣物宜分开洗；儿童、成人、患者的衣物宜分开洗。

资料卡片

朱德：朴素浑如田家翁

无产阶级革命家朱德出身贫寒，始终保持着一名劳动者的纯朴本色。他严格要求自己，与战士们一样吃糙米野菜、穿粗布衣服、住草棚窑洞，从来不搞特殊化。在革命战争年代，他以艰苦朴素的优良作风、同甘共苦的平等思想，深刻地影响和引领军民团结一心，最终赢得革命战争的胜利。美国记者安娜·路易斯·斯特朗谈到第一次见到朱德时的印象，说他朴素得简直像个农民。山西著名爱国将领续范亭对朱德也中肯又真实地评价道："时人未识将军面，朴素浑如田家翁。"

"朱德的扁担"故事家喻户晓，妇孺皆知。土地革命战争时期，时任红四军军长的朱德，经常往返100多里地，挑着100多斤粮食。他的率先垂范深深影响了大家，于是，每名战士都自觉地把箩筐装得满满的。在极端艰苦的长征途中，朱德和战士们一起风餐露宿，忍冻挨饿，把仅剩的青稞面给虚弱的战士吃，自己却吃草根、树皮和野菜；他一点架子都没有，路上经常给战士们扛背包、挑担子，让伤病员骑自己的马，还帮着在前面牵马缰绳，常常被误认为"老伙夫"。全民族抗战时期，朱德带头开垦荒地，挥锄种地，拉犁耕田，和广大将士共同开垦南泥湾，将西北荒滩变成"陕北的好江南"。朱德常说："我本人身体健壮，可以和战士们共同生活，跟他们打成一片。"这种淳朴的作风和这些平实的语言，一下子缩短了他与将士们的距离，获得了八路军广大指战员的尊敬与爱戴。

资料来源：许兴达，《朱德：朴素浑如田家翁》，《党史文汇》，2023年第7期（有改动）

三、烹饪食物

"民以食为天"，食物对每个人来说都是最重要的。经过历史的积淀，我国各地区因地域环境和饮食习惯的不同，形成了八大菜系，烹饪方法各不相同。新时代大学生应掌握常用的烹饪方法，能独立解决温饱问题，在烹饪中感受劳动的快乐。

（一）常用的烹饪方法

1.煮

煮，用于将食材煮软或煮熟。通常是将食材放入水中，加热至煮沸，然后降低火力，维持水温在一定的温度范围内，直到食材熟透。

2.蒸

蒸，用于将食材蒸软或蒸熟。通常是将食材放入蒸笼中，笼下的水加热至煮沸，然后降低火力，维持水温在一定的温度范围内，直到食材被蒸汽蒸至熟透。

3.烤

烤，用于将食材烤干、烤香或烤熟。通常是将食材放在烤架上或放入烤箱内，通过使食材表面受热，最终达到烤干、烤香或烤熟的效果。

4.煎

煎，用于将食材煎熟或煎香。通常是将食材放入有少量油的热锅中，用中火或高火加热，直到食材表面变色，达到煎熟或煎香的效果。

5.炸

炸,用于将食材炸熟或炸香。通常是将食材放入大量热油中,用中火或高火加热,直到食材表面变色,达到炸熟或炸香的效果。

6.煸炒

煸炒,用于将食材煸炒干或煸炒香。通常是将食材放入有少量油的热锅中,用中火或高火加热,直到食材表面变色,达到煸炒干或煸炒香的效果。

7.焖

焖,用于将食材焖软或焖熟。通常是将食材放入热锅中,加入一定量的水,用中火或高火加热,直到食材熟透,达到焖软或焖熟的效果。

8.烩

烩,用于将多种食材烩在一起。通常是将食材放入热锅中,加入一定量的水,用中火或高火加热,直到食材熟透,达到烩的效果。

(二)选购食材

烹饪前,应拟订食谱计划,食材的种类与数量应根据用餐者的口味和数量而定。选购食材应到正规的超市或菜市场,通过观察食材的生存或存放环境来判断其卫生程度。选购食材时,应注意包装袋上的这些信息:认证标志,如中国有机产品标志、绿色食品标志、无公害农产品标志、QS标志(企业食品生产许可标志)等,这些标志代表着食品的安全品质和管理质量;生产日期和保质期,判断是否过期;食品重量和净含量,判断性价比;原材料和营养成分,判断营养价值。

总之,选购食材,应综合考虑食材的价格、新鲜度、营养价值和家庭消费水平。特别要注意食材的营养价值,尽量做到科学搭配、合理膳食。人体所必需的营养有7类:碳水化合物、蛋白质、脂肪、维生素、矿物质、膳食纤维、水。肉、鱼、蛋、大豆制品中富含优质蛋白质,大米、小麦等主食中富含淀粉、蛋白质、无机盐和维生素及人体所需的其他微量元素,蔬菜、水果等富含维生素、无机盐和膳食纤维等,油脂类食品能提供人体活动所需的热量。

(三)烹饪工具和烹饪过程

烹饪工具多种多样,功能各异。常见的烹饪工具包括:锅类,如炒锅、煎锅、煮锅、蒸锅等;烘烤用具类,如烤箱、空气炸锅等;刀铲类,如菜刀、铲子等;餐具类,如勺子、筷子、碗、盘等;其他还有锡纸、保鲜膜、榨汁机、绞肉机等。

在食材烹制过程中,制作的方式、刀工、火候、调味、时长等都会影响食物的味道、口感和营养。简单食物的制作只需一种烹饪方式,如煮汤、炒饭等。复杂菜品的制作往往需要多种烹饪方式,如先煮后卤、先煎后煮等。

总之,任何劳动技能,都需要在日常生活中勤学勤练才能获得。大学生正处于长知识、提技能的年纪,不能“纸上谈兵”“坐而论道”,要积极投身生活实践,将知识与实践结合起来,提高生活质量,争取实现全面发展。

资料卡片

《中国居民膳食指南(2022)》平衡膳食八大准则

准则一:食物多样,合理搭配

平衡膳食模式是最大程度上保障人类营养需要和健康的基础,食物多样是平衡膳食模式的基本原则。多样的食物应包括谷薯类、蔬菜水果类、畜禽鱼蛋奶类、大豆坚果类等。建议每天摄入12种以上食物,每周25种以上。谷类为主是平衡膳食模式的重要特征,建议平均每天摄入谷类食物200~300克,其中全谷物和杂豆类50~150克;薯类50~100克。每天的膳食应合理组合和搭配,平衡膳食模式中碳水化合物供能占膳食总能量的50%~65%,蛋白质占10%~15%,脂肪占20%~30%。

准则二:吃动平衡,健康体重

体重是评价人体营养和健康状况的重要指标,运动和膳食平衡是保持健康体重的关键。各个年龄段的人群都应该坚持每天运动,维持能量平衡,保持健康体重。体重过低和过高均易增加疾病发生的风险。推荐每周应至少进行5天中等强度身体活动,累计150分钟以上;坚持日常身体活动,主动身体活动最好每天6 000步;注意减少久坐时间,每小时起来动一动,动则有益。

准则三:多吃蔬菜、水果、奶类、大豆

蔬菜、水果、奶类和大豆及其制品是平衡膳食的重要组成部分,坚果是膳食的有益补充。蔬菜和水果是维生素、矿物质、膳食纤维和植物化学物的重要来源,奶类和大豆类富含钙、优质蛋白质和B族维生素,对降低慢性病的发病风险具有重要作用。推荐餐餐有蔬菜,每天摄入不少于300克蔬菜,深色蔬菜应占1/2。推荐天天吃水果,每天摄入200~350克新鲜水果,果汁不能代替鲜果。吃各种各样的奶制品,摄入量相当于每天300毫升以上液态奶。经常吃全谷物、豆制品,适量吃坚果。

准则四:适量吃鱼、禽、蛋、瘦肉

鱼、禽、蛋和瘦肉可提供人体所需要的优质蛋白质、维生素A、B族维生素等,有些也含有较高的脂肪和胆固醇。目前我国畜肉消费量高,过多摄入也会对健康不利,应当适量食用。动物性食物优选鱼和禽类,因为鱼和禽类脂肪含量相对较低,且鱼类含有较多的不饱和脂肪酸。蛋类各种营养成分齐全,瘦肉脂肪含量较低。过多食用烟熏和腌制肉类可增加部分肿瘤的发生风险,应当少吃。推荐成年人平均每天摄入动物性食物总量120~200克,相当于每周摄入鱼类2次或300~500克、畜禽肉300~500克、蛋类300~350克。

准则五:少盐少油,控糖限酒

我国多数居民食盐、烹调油和脂肪摄入过多,是目前肥胖、心脑血管疾病等慢性病发病率居高不下的重要因素,因此应当培养清淡的饮食习惯,推荐成年人每天摄入食盐不超过5克、烹调油25~30克,避免过多动物性油脂和饱和脂肪酸的摄入。过多摄入添加糖可增加龋齿和超重的发生风险,建议不喝或少喝含糖饮料,推荐每天摄入糖不超过50克,最好控制在25克以下。儿童、青少年、孕妇、哺乳期妇女不应饮酒,成年人如饮酒,一天饮酒的酒精量不超过15克。

准则六:规律进餐,足量饮水

规律进餐是实现合理膳食的前提,应合理安排一日三餐,定时定量、饮食有度,不暴饮暴食。早餐提供的能量应占全天总能量的25%~30%,午餐占30%~40%,晚餐占30%~35%。水是构成人体成分的重要物质并发挥着多种生理作用。水摄入和排出的平衡可以维护机体适宜水合状态和健康。建议低身体活动水平的成年人每天饮7~8杯水,相当于男性每天喝水1 700毫升,女性每天喝水1 500毫升。每天主动、足量饮水,推荐喝白水或茶水,不喝或少喝含糖饮料。

准则七:会烹会选,会看标签

食物是人类获取营养、赖以生存和发展的物质基础,在生命的每一个阶段都应该规划好膳食。了解各类食物营养特点,挑选新鲜的、营养素密度高的食物,学会通过对食品营养标签的比较,选择购买较健康的包装食品。烹饪是合理膳食的重要组成部分,学习烹饪和掌握新工具,传承当地美味佳肴,做好一日三餐,家家实践平衡膳食,享受营养与美味。如果在外就餐或选择外卖食品,则按需购买,注意适宜分量和荤素搭配,并主动提出健康诉求。

准则八:公筷分餐,杜绝浪费

日常饮食卫生应首先注意选择当地新鲜卫生的食物,不食用野生动物。食物制备应生熟分开,储存得当。多人同桌，应使用公筷公勺、采用分餐或份餐等卫生措施。勤俭节约是中华民族的文化传统，人人都应尊重和珍惜食物，在家在外按需备餐，不铺张不浪费。从每个家庭做起，传承健康生活方式，树饮食文明新风。社会餐饮应多措并举，倡导文明用餐方式，促进公众健康和食物系统可持续发展。

资料来源：中国营养学会，《中国居民膳食指南(2022)》，人民卫生出版社，2022年(有改动)

思考与实训

一、思考题

(1)家庭劳动的内容和意义分别有哪些？

(2)家庭日常消毒方法有哪些？

(3)请说一说你经常采用的洗涤方法。

(4)独自或者组团走访学校食堂窗口，了解各种菜肴所使用的烹饪方法，并列成清单。

二、实训实践活动——宿舍为家

1.实践目标

(1)宣传“宿舍为家”的理念，拥有一个干净整洁、温馨舒适的休息环境。

(2)养成自觉维护、打扫宿舍卫生的习惯，树立宿舍主人翁意识和团结合作意识，强化劳动观念。

(3)保持宿舍卫生(包括整体布置、墙面、床面、桌面、地面)成为常态化。

2.所需工具

扫帚、垃圾袋、簸箕、垃圾桶、抹布、拖把、消毒液等。

3.活动设计

(1)前期准备。

修改并完善宿舍卫生标准方案，确定卫生清洁日期。下发通知，召开舍长会议，布置卫生打扫事宜，对卫生检查标准进行详细讲解。舍长为舍员分配宿舍打扫任务。准备相关清洁工具。

(2)活动实施。

由舍长带领宿舍成员领取清洁工具，按照宿舍卫生标准方案打扫宿舍及宿舍楼公共区域。舍员共同检查宿舍是否存在安全隐患问题。卫生打扫结束后，由各舍长带领指导教师、宿舍管理员、学生会成员代表进行审核检查。

(3)活动总结。

每个宿舍完成一份打扫记录及劳动体会。宿舍管理员召开舍长会议进行整体总结，呼吁全体同学保持干净整洁、美好温馨的宿舍环境。

4.安全保护

在清扫过程中，进行整理上铺、擦玻璃等危险活动的同学，应注意人身安全；对于电器设备，要求在打扫卫生前全部断电。

5.考核评价

考核评价要公平公正，提前确定宿舍卫生考核小组，人员组成应包括学院领导、宿舍管理员、学生会成员、普通学生等，对床铺、书桌、地面、卫生间、阳台等进行检查打分、统计数据，取总成绩的平均值，分数最高的宿舍可以获得“优秀宿舍”荣誉称号，相应人员可获得“热爱集体劳动”评价。

6.温馨提示

搞好宿舍卫生，并不是一朝一夕的事情，要持之以恒，并需要所有宿舍成员的精心爱护和呵护。

第七章 校园劳动实践

思政目标

《中共中央 国务院关于全面加强新时代大中小学劳动教育的意见》指出，“学校要切实承担劳动教育主体责任，明确实施机构和人员，开齐开足劳动教育课程，不得挤占、挪用劳动实践时间。”大学生劳动实践一般在校园内进行。大学生应该了解室内保洁，休闲空间、走廊保洁，人行路、机动车道保洁，广场、台阶、水沟等保洁，公共卫生间保洁，绿化地、生态林保洁的工作内容及保洁质量标准。

思维导图

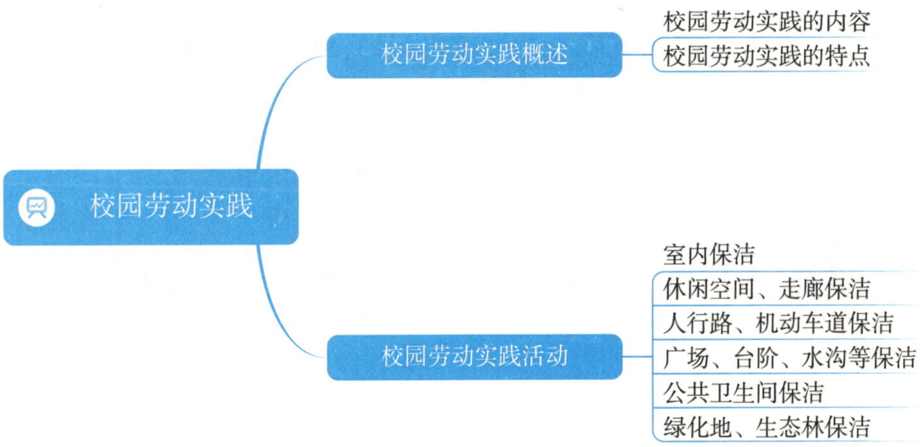

思政园地

建构：让思政课程更生动

把握育人导向，促进学生全面发展、健康成长，让学生在实践中体会平凡劳动中的伟大，西北师范大学（以下简称西北师大）率先在学生社区推行劳动实践课。

“作为一名学生党员，我们有责任、有义务积极探索劳动教育新内涵，带动更多的学生参与劳动实践，为公寓的净化、美化贡献力量。”多次参加劳动实践课的该校地理与环境科学学院学生党员陈天舒如是说。

为了让这门实践课更生动，西北师大让劳动教育进公寓。定期在兰天学生公寓组织开展“践初心·当先锋”党员义务劳动主题日活动，每次都能吸引学生社区100余名党员参加。

历史文化学院学生党员宋万山在“我的劳动观”留言板上写下：“义务劳动虽然是从整理宿舍内务、打扫卫生、捡拾公寓垃圾、清扫树叶、擦洗盆景等身边劳动做起，但是给我很大的启迪，让我真正体会到‘任何一项劳动都凝结着别人的辛勤付出，尊重劳动、热爱劳动、投身劳动是新时代大学生应该具有的品格’。”

西北师大校长刘仲奎认为，在学生成长的每个环节，无论课堂内还是课堂外，都有价值引导的问题，让学生上好劳动实践课就是上好思政课的重要途径，在以劳树德、以劳增智、以劳强体、以劳育美中，实现全面育人价值。

有了学生的参与，宿舍内务及卫生状况有了明显改善，学生热爱劳动、尊重劳动、崇尚劳动的观念正在形成。同时，该校还在学生社区构建了“辅导员+学生党员+宿舍互助引导员”的网格化管理体系，发挥学生党员的模范带头作用，让劳动最光荣、劳动最崇高、劳动最伟大、劳动最美丽的观念蔚然成风。

“我觉得打扫公寓卫生这样的劳动，不是让我们干多少活，而是唤醒更多同学对公共环境卫生保护的意识，让更多同学学会尊重别人的劳动成果。”已获得复旦大学免试攻读博士学位资格的大四学生沈院感触很深，他在这个岗位上坚守了四年，在他的影响下，更多的学生走上这一工作岗位。

这是西北师大重视劳动教育，常态化为学生搭建的实践平台。同时，该校还构建了物质帮助、道德浸润、能力拓展、精神激励有效融合的资助育人长效机制。在学生公寓设立楼宇、楼层、宿舍三级互助发展引导员、公寓安全信息员、公寓文化宣传采编员……分工明确的 3 860 多个实践岗位被学生“认领”，“楼宇+楼层+宿舍”的网格化学生自主管理体系自此搭建。

从自我做起，从点滴做起，带动周围的人共同行动起来。这是西北师大 3 860 名“自律咖”的宣言。在这一宣言的感召下，全校 1.5 万多名学生参与其中，以此全面推进劳动教育常态化，带动每个学生都成为学校的主人，为以劳树德、以劳增智、以劳强体、以劳育美的劳动教育机制开辟了新途径。

资料来源：赵宝巾，《在西北师范大学，人人都是劳动者，个个都是“自律咖”——劳动教育实现大学生自我管理》，《中国教育报》，2020 年 5 月 4 日第 5 版(有改动)

第一节　校园劳动实践概述

一、校园劳动实践的内容

校园劳动实践是指学生把在校园内所学的理论知识迁移于校园劳动的一种教育过程，主要包括校园劳动知识和劳动技能的掌握、劳动价值观的形成、劳动精神的传承和劳动习惯的养成，树立自立自强的劳动品质。学生通过学习劳动知识和劳动技能，激发自身对劳动的热爱和崇尚劳动的热情，养成尊重劳动者的情感与态度，进一步形成正确的人生观、世界观、价值观，从而为将来的求职就业、适应社会打下坚实的基础。

二、校园劳动实践的特点

(一)思想性

校园劳动实践将马克思主义劳动观贯穿始终，让学生通过校园劳动，感受劳动的光荣与艰辛，尊重劳动，尊重普通劳动者，牢固树立劳动最光荣、劳动最崇高、劳动最伟大、劳动最美丽的思想观念，通过诚实劳动创造幸福生活、实现人生价值。开展校园劳动实践能不断加深学生的劳动意识和奉献精神,使其将个人命运同社会命运、国家命运紧密相连,还能把解决问题的能力、团队合作能力等融入校园劳动实践中,培养学生的综合劳动能力。

(二)创造性

新时代的校园劳动实践不但要培养学生吃苦耐劳、踏实肯干的劳动品质,而且要引导学生学会发现问题,创造性地解决问题,将体力劳动转化为积极思考的创造性劳动。当下,越来越多的学校开展形式多样的校园劳动实践,让学生通过新媒体、网络查询等方式主动获取知识,创新解决问题的方法,主动探究校园劳动全过程。

(三)实践性

校园劳动实践以学生动手实践为主要教育方式,引导学生在认识世界的基础上,学会建设世界、塑造自己。在校园劳动实践中,鼓励学生自觉参与教室、食堂等场所的卫生保洁、绿化美化和管理服务等,保持良好的劳动习惯,自觉做好寝室卫生保洁,独立处理个人生活事务,积极参加勤工助学活动,深化对劳动价值的理解。

资料卡片

世界卫生日

1946年7月22日,联合国经社理事会在纽约举行了一次国际卫生大会,60多个国家的代表共同签署了《世界卫生组织宪章》,于1948年4月7日生效。1948年6月,在日内瓦召开的第一届世界卫生大会上正式成立世界卫生组织,并决定将每年的7月22日定为“世界卫生日”,倡议各国举行各种纪念活动。次年,第二届世界卫生大会考虑到每年7月份大部分国家的学校已放暑假,无法参加这一庆祝活动,便规定从1950年起,将4月7日作为全球性的“世界卫生日”。从1950年起,世界卫生组织每年为世界卫生日选定一个主题,突出世界卫生组织关注的重点领域。

确定世界卫生日的宗旨是希望引起世界各国对卫生问题的重视,并动员世界各国人民普遍关心和改善当前的卫生状况,提高人类健康水平。世界卫生日期间,世界卫生组织各成员国都举行庆祝活动,推广和普及有关健康知识,提高人民健康水平。

世界卫生组织将2024年4月7日世界卫生日的主题确定为“我的健康,我的权利”,旨在倡导每个人获得优质卫生服务、教育和信息的权利,以及安全饮用水、清洁空气、良好营养、适宜住房、工作和环境条件以及不受歧视的自由。中华人民共和国国家卫生健康委员会将中国宣传主题定为“人人享健康 共同促健康”。

资料来源:《人人享健康 共同促健康|世界卫生日》,
“上海杨浦”微信公众号,2024年4月7日(有改动)

第二节　校园劳动实践活动

一、室内保洁

高校校园室内空间一般包括教室、实验实训室、办公室、会议室、接待室、资料室、档案室、图书馆、机房、仓库等。保洁内容主要有天花板、墙面、黑板、门窗、桌椅、柜子、讲台、地面等。

（一）工作内容

（1）检查。进入室内，先查看是否有异常现象、有无损坏的物品，如果发现有，则应先向学校有关部门报告再进行保洁作业。

（2）推尘和擦拭。推尘要按照先里后外、先上后下、先窗后门、先桌面后地面的顺序，先清扫天花板、墙角上的蜘蛛网和灰尘，接着清理窗户、门面的灰尘。

擦拭应从门口开始，由左至右或由右至左，依次擦拭室内桌椅、柜子、讲台和墙壁等。抹布应拧干，擦拭每一件物品时，应由高到低、先里后外。重点擦拭门窗、窗台等，操作时，先将干净湿润的涂水毛头装在伸缩杆顶部，沿顶部平行弄湿玻璃，然后以垂直上落法弄湿其他部分的玻璃，再用干净的抹布擦干净窗框及窗台，最后用干燥的无毛棉布擦干净玻璃四周和中间的水珠。大幅墙面、天花板等要定期清洁（如每周清洁一次）。图 7-1 所示为大学生进行室内保洁作业。

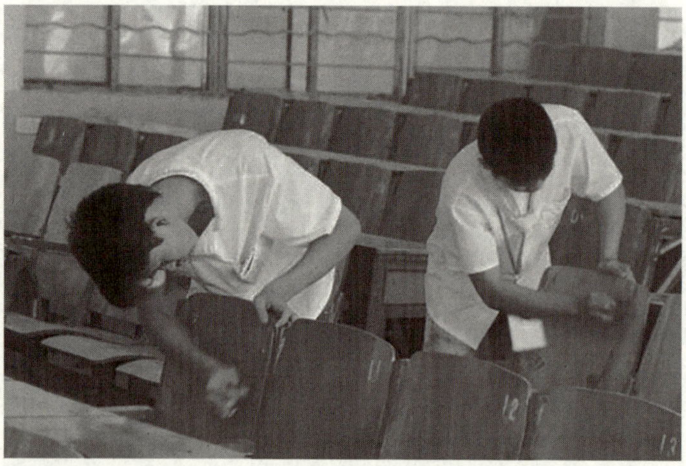

图 7-1　大学生进行室内保洁作业

（3）整理。桌椅及讲台、桌面、实验台上的主要用品，如粉笔盒、实验器具等擦净后，按照物品原位摆放整齐。

（4）更换。收集垃圾并更换垃圾袋。

（4）关闭。清洁结束后，学生退至门口，环视室内，确认清扫质量，然后关窗、断电、锁门。

(二)质量标准

室内保洁质量标准如下。

(1)室内整体干净,无灰尘。

(2)桌椅、设备摆放很整齐。

(3)桌面无乱涂乱画痕迹。

(4)地面没有污迹和垃圾。

(5)墙面无张贴乱象。

(6)窗户明亮,空气清新。

资料卡片

新时代爱国卫生运动

2022年12月26日,在爱国卫生运动开展70周年之际,习近平总书记作出重要指示,要求更加有针对性地开展爱国卫生运动,切实保障人民群众生命安全和身体健康。

20世纪50年代,毛泽东同志等老一辈无产阶级革命家创造性地把党的群众路线与卫生防病工作结合起来,发起了轰轰烈烈的爱国卫生运动,先后开展了一系列卓有成效的卫生健康活动,为保障人民健康作出了重要贡献。

党的十八大以来,以习近平同志为核心的党中央把维护人民健康摆在更加突出的位置,召开全国卫生与健康大会,确定新时代卫生健康工作方针,出台《"健康中国2030"规划纲要》,爱国卫生运动与时俱进,不断丰富工作内涵,取得新的显著成效。

一是健康环境得到显著改善。截至2022年年底,全国现有国家卫生城市(区)占比达到66.3%,地级及以上城市空气质量平均优良天数占比达87%,农村卫生厕所普及率达73%,城乡人居环境卫生状况发生巨变,我们的祖国天更蓝、山更绿、水更清。

二是国家公共卫生安全得到有力保障。通过有效的社会动员,构筑起联防联控、群防群控、专群结合的"防疫大堤",有效防控了重大传染病疫情。特别是在抗击新冠疫情斗争中,广大人民群众和基层干部共同行动,集中开展环境卫生清理整治,有效降低了疫情通过环境传播的风险。全方位多层次开展健康科普,大力倡导文明健康绿色环保生活方式,群众防病意识明显提升,筑牢了疫情防控的社会大防线。

三是人民健康状况大幅改善。爱国卫生运动通过改观念、改环境、改行为,极大激发和弘扬了爱国主义、集体主义精神,有力提升了全民族身心健康素质和全社会综合文明程度,充分显示了"移风易俗、改造国家"的巨大作用。2021年,我国人均期望寿命提高到78.2岁,居民健康素养水平达25.4%,热爱健康、追求健康的新风尚蔚然成风。

资料来源:马晓伟,《谱写新时代爱国卫生运动新篇章(深入学习贯彻习近平新时代中国特色社会主义思想)》,《人民日报》,2023年2月22日第9版(有改动)

二、休闲空间、走廊保洁

休闲空间、走廊一般包括室内敞开式休息间、走廊过道、楼梯平台、报告厅、礼堂、门厅等。保洁内容主要有天花板、墙面、窗户、桌椅、柜子、地面、门面等。

(一)工作内容

(1)检查。进入休闲空间、走廊后,先查看是否有异常现象、有无损坏物品,如果发现有,应先向学校有关部门报告后再进行保洁作业。

(2)推尘和擦拭。休闲空间保洁与室内保洁类似,按照先里后外,先边角、桌下后地面的顺序进行推尘和擦拭。走廊一般属于半开放空间,地面要先扫后拖,窗台、墙面(或栏杆、扶手)要注意灰尘的清理。图 7-2 所示为走廊保洁。

图 7-2　走廊保洁

(3)整理。桌椅、柜子等擦净后,按照物品原位摆放整齐。

(4)更换。收集垃圾并更换垃圾袋。

(5)礼仪。在清洁过程中,要注意礼节,使用礼貌用语。

(二)质量标准

休闲空间、走廊保洁质量标准如下。

(1)地面干净,无污迹。

(2)没有垃圾和积水。

(3)墙面干净,无灰尘。

(4)桌椅干净,摆放整齐。

(5)门窗干净、明亮。

三、人行路、机动车道保洁

人行路是指校内道路两侧的人行路和可供师生上下课(班)和休闲行走的小路,机动车道是指可供各类机动车辆行驶的道路。人行路和机动车道保洁的内容与流程:清扫各种垃圾、树叶,清捡树枝和废弃物,清除路缘石缝杂草、清除人行道边上绿化带的树叶和杂草,清扫人行道和道路上的灰尘等。

(一)工作内容

(1)根据劳动课安排分组、分路段、分区域。明确清扫范围,合理安排清理垃圾、树叶等任务。

(2)每天分时段收集沿路垃圾,做到及时堆放、及时运送,不慢收、不漏收。

(3)学生定时对校园道路进行全面清扫。要做到"六不""三净",即不漏扫,不见积水(无法排除的积水除外),不见树叶、纸屑、烟头,不漏收,不乱倒垃圾(一律送到中转站),不随便焚烧垃圾;路面净、路肩净、人行路净。

(4)进行路面清扫时,垃圾收集应及时送往中转站,严禁将垃圾倒在道路两侧绿化带里或随便乱倒,严禁焚烧垃圾。

(5)校园路面保洁要做到晴天与雨天一个样,主干道与人行路一个样,检查与不检查一个样。

(二)质量标准

人行路、机动车道保洁质量标准如下。

(1)道路平整、干净,无垃圾。

(2)道路无枯叶残枝和其他物品。

(3)道路灯杆干净,无张贴。

(4)绿化带平整、美观。

(5)校园整体美观。

资料卡片

教劳结合的实践探索

中国共产党自成立起就注重教育与生产劳动相结合,教育与生产劳动相结合也是我国长期坚持的教育方针,对我国的教育实践产生了深远的影响。

安源路矿工人补习学校、长沙农村补习教育社、广州农民运动讲习所……20世纪20年代,中国共产党人普遍采用工读结合、耕读结合的方式对工农群众开展教育,在教育实践中践行脑力劳动与体力劳动相结合、理论必须联系实际的原则,唤醒工农民众的斗争意识。

随着中国共产党在政治上的逐渐成熟和革命根据地的不断壮大,教育与生产劳动相结合的思想在共产党的教育实践中得到充分体现。土地革命战争时期,生产劳动是学校课程必不可少的一部分。不少学校都建立起了生产劳动的实习场所,如儿童菜园、肥料所等。抗日战争时期,为突破敌人的经济封锁,中共中央号召开展大生产运动。无论是在陕甘宁边区还是敌后各个抗日根据地,中小学都积极投入到大生产运动中,从教学制度、教学内容到教学方法,都与生产劳动结合起来,为抗日战争贡献了力量。

新中国成立初期,社会主义三大改造完成后,我国开始全面进入社会主义建设时期,中国共产党开始探索走自己的社会主义道路,"教育与生产劳动相结合"在这一时期正式成为社会主义教育方针中的重要内容,并一直延续至今。

如今,劳动教育已成为大中小学必修课,被纳入综合素质评价,不再是可有可无的"隐形课";劳动教育具有了树德、增智、强体、育美的综合育人价值;劳动教育不再仅仅是学校教育,学校、家庭、社会形成劳动教育合力;劳动的内容更加丰富,适应科技发展和产业变革,注重新兴技术支撑和社会服务新变化……

2021年4月,"培养德智体美劳全面发展的社会主义建设者和接班人"被写入新修正的《中华人民共和国教育法》,"劳"被纳入国家教育方针,实现了同德智体美同样重要的地位,五育并举以法律形式固定了下来。

资料来源:欧媚,《树德增智育新人》,《中国教育报》,2021年7月24日第4版(有改动)

四、广场、台阶、水沟等保洁

校园广场(含露天停车场)、台阶和房屋周边的水沟,其保洁内容与流程为:清扫各类垃圾,清除树叶、杂草、树枝,清扫或清洗灰尘,清理水沟。

(一)工作内容

(1)对广场、台阶和房屋周边的水沟进行检查,先用扫把或垃圾夹清理面上的垃圾、树枝、树叶等。

(2)对广场、台阶周边的杂草进行清除。

(3)用小扫把对广场、台阶地面进行清尘处理。

(4)清理垃圾,将垃圾运送到垃圾中转站。

(5)不得把垃圾和树叶倒进道路两边的绿化带,更不能就地焚烧。

(二)质量标准

广场、台阶、水沟等保洁质量标准如下。

(1)广场、台阶地面干净,无灰尘,无垃圾,无枯叶残枝。

(2)运动场内桌椅摆放整齐,桌椅面干净,无垃圾。

(3)广场内无堆放物品,无张贴张挂。

(4)水沟内干净,无垃圾。

五、公共卫生间保洁

公共卫生间保洁内容有天花板、墙面、墙角、玻璃、镜面、蹲便池、小便池、洗手盆(台)、地面等。

(一)工作内容

(1)天花板、墙面、墙角清理。用长柄扫把清扫天花板、墙面、墙角等区域的蜘蛛网和灰尘。

(2)玻璃、镜面清理。用湿抹布配合刷子清洁玻璃、镜面上的污迹。

(3)蹲便池、小便池清理。先用夹子夹出便池里的烟头、纸屑等杂物,然后冲水,倒入洁厕剂,浸泡一会儿,再用便池刷刷洗。蹲便池、小便池内四周表面及外部表面均要清洗,检查冲水是否正常,有无堵塞。

(4)洗手盆(台)清理。用清洁剂和百洁布擦洗洗手盆(台),从左到右抹干净盆(台)面,用不掉毛的毛巾从上到下擦拭干净镜面。水龙头也要清洗干净,保持光亮。

(5)地面清洁。较脏的地面清洁时要使用清洁剂。

(6)垃圾袋更换。收集垃圾并更换垃圾袋。

(二)质量标准

公共卫生间保洁质量标准如下。

清洁卫生间流程

(1)天花板无蜘蛛网。

(2)墙面、墙角无灰尘。

(3)玻璃、镜面干净、明亮。

(4)地面、台面无水迹。

(5)卫生间内外无臭味。

六、绿化地、生态林保洁

在校内有规划、科学、合理地增设一些绿化地、生态林是建设美丽校园不可缺少的项目,更是建设生态学校、保护校园环境的重要一环。绿化地、生态林保洁维护的主要内容与流程为:清捡绿化地和生态林内的各种垃圾、大树叶,清捡各种树枝和废弃物,清拔绿化地和生态林内杂草,合理修剪树枝,科学艺术地整修花草苗木等。

(一)工作内容

(1)用耙子把绿化地、生态林地面上的树叶、树枝耙成一堆。

(2)用垃圾夹把绿化地、生态林里的塑料袋、快餐盒、烟头等垃圾夹走。

(3)用大扫把对绿化地、生态林地面进行清扫,清扫地面上的垃圾、树叶、树枝等,把它们送到垃圾中转站,不得随意乱倒或焚烧。

(4)安排人员进行文明督查,对不文明行为的师生进行劝阻。

(二)质量标准

绿化地、生态林保洁质量标准如下。

(1)绿化地和生态林内应保持干净、整齐,无垃圾,无枯叶残枝。

(2)绿化地和生态林内无废弃物堆积。

资料卡片

共产主义劳动大学

2023年夏,网上一则帖子称,江西农业大学老校门施工,将校名"江西农业大学"更换回"共产主义劳动大学"(简称共大),引起热议。学校党委相关负责人接受采访时表示,"江西农业大学更名"系误读,网传图片上的建筑是学校在"共大"时期的老校门。暑假期间,学校将该建筑恢复了历史原貌,作为校内的一处历史文化景观。

1958年6月9日,中国共产党江西省委员会、江西省人民委员会根据毛泽东关于"半工半读"的教育思想,作出创办共产主义劳动大学的决定。6月15日,定校名为"共产主义劳动大学"。8月1日,共大总校和井冈山、大茅山、油山、黄岗山、云山、南城、高安等30所分校同时举行开学典礼,当时有学生1.1万余人。

共大以江西各地区、县所在地的国营农林牧副渔综合垦殖场为基础,实行省、专、县分级办学,即:省办总校,以办大专、本科为主;省属和专属分校办中专,个别办大专;县属分校办初技,个别专业办中专。形成全省高、中、初多层次的农业教育网。最高峰时,总校1所,全省有分校126所,学生有5万人之多。

共大坚持自力更生、艰苦奋斗的精神办学,提出"半工半读,勤工俭学"的办校方针,坚持"不要国家一分钱"。学校根据所设专业办起了农场、林场、牧场和服务农业的工厂。经过实践,实行系、场(厂)合一,实施教学、生产、科研三结合,并配制相应的教学生产配当表。坚持"工"与"读""工"与"学"有机结合;坚持专业课为发展生产服务,基础课为专业课服务。

共大在教学上,坚持理论联系实际,强调教学内容坚持三个面向,即面向农业、面向生产、面向基层。教材编写贯彻"少而精",注重科学性、实践性和先进性。教学方法上实行课堂教学与现场教学、专业教学与专业生产、校内教学与校外生产实习相结合。在生产劳动的安排上,坚持"三个为主":一是生产以农林牧生产为主,二是劳动以学生劳动为主,三是学生劳动以专业劳动为主。共大坚持"学什么、做什么、研究什么"的原则,取得了一定的科研成果。

共大要求教师、干部全面贯彻党的教育方针,教师实行"半工半教",要做到能文能武、一专多能,在干部中提倡"能上能下"。共大根据半工半读的办校特点,积极做好学生思想政治工作,坚持"四个教育":一是坚持理想教育,二是坚持革命传统教育,三是学农爱农扎根农村教育,四是劳动和艰苦教育。

共大实行多种形式办学,在招生中除招收高、初中毕业生外,还招收有实践经验的工人、农民入学。文化程度偏低者,先进预科班学习,经考试合格进入专业学习。学生毕业后,少数由国家统一分配,绝大多数实行“社来社去”“场来场去”，回到农村、基层工作。共大创造的“社来社去”招生和毕业生分配制度，是一项重大改革，打破了国家包分配的毕业就业制度，为提高全体劳动者的文化技术素质开辟了一条广阔道路。

1965—1980年，共大经过屡次更名，于1980年11月20日最终更名为江西农业大学。

1958—1980年，共大为江西“三农”事业培养了213 529名毕业生(其中总校10 563人，分校202 966人)，输送了大量高、中级农业科技人才和具有初级农业科技知识的新型农业劳动者。

资料来源：刘庆言，《五大发祥学校之共产主义劳动大学》，
江西农业大学网站，2022年4月5日(有改动)

思考与实训

一、思考题

(1)室内保洁内容及质量标准是什么？

(2)休闲空间、走廊保洁内容及要求是什么？

(3)人行路、机动车道保洁内容及要求是什么？

(4)广场、台阶、水沟等保洁内容及要求是什么？

(5)公共卫生间保洁内容及要求是什么？

(6)绿化地、生态林保洁内容及要求是什么？

(7)想一想，为什么要开展校园劳动实践？

二、实训实践活动——美化校园

1.实践目标

(1)宣传校园人文活动，为全校师生提供一个干净整洁、温馨美好的教学和学习环境。

(2)激发学生自觉维护校园卫生的热情，培养学生的公共卫生意识，使学生承担共同维护校园环境的责任。

(3)做到教室、走廊、操场等位置扫净、拖净，门窗、墙面、楼梯扶手及摆件物品擦干净；无垃圾，无砖头、石块，无枯枝、落叶；无卫生死角。

2.所需工具

扫帚、垃圾袋、簸箕、垃圾桶、抹布、清洁剂、黑板擦、拖把、水桶等。

3.活动设计

(1)准备阶段。

利用线上通知、线下宣传等方式进行宣传，可设计主题宣传海报、撰写微信公众号推文、召开主题班会，全面部署、广泛动员，充分调动在校学生的劳动参与积极性。

(2)启动阶段。

由学生自行组队并选出队长，在规定时间内上交报名表，由学校相关部门统计报名学生人数，并划分相关队伍负责区域及选择工作人员，将结果进行公示，无异议后开始活动。

(3)实施阶段。

统一制定实施时间，可在早上第一节课前、午休或晚饭时间进行活动，若有人请假则需说明情况。

(4)总结阶段。

团队成员每人写一份工作记录及劳动体会，收集后选出优秀者，并由各学院组织评比劳动优秀个人和

团队。

4.安全保护

(1)人身安全保护。

劳动过程中禁止团队成员用工具打闹,以免误伤自己及他人;在擦门窗玻璃时,应使用专门的擦玻璃工具,不能将身体探出窗外,以免发生高空跌落事故。

(2)物品安全保护。

禁止故意损坏公共财物;若因物品老旧等其他原因而损坏,则应及时向学校报备登记。

5.考核评价

(1)优秀个人评选。

活动中无不良记录的成员可参加优秀个人评选,优秀个人由队内成员投票并根据活动期间的相关记录选出。

(2)优秀团队(班级、年级)评选。

所有学院优秀团队进行活动 PPT 展示,由所有团队及教师进行投票,选出最终的优秀团队进行公示,如无异议,即成为本次活动的优秀团队。

6.温馨提示

优秀个人、优秀团队的评比,只是为了鼓励先进、激励后进,应注意搞好团队内部团结工作。

第八章 社会实践

思政目标

《中共中央 国务院关于全面加强新时代大中小学劳动教育的意见》提出，“高等学校要注重围绕创新创业，结合学科和专业积极开展实习实训、专业服务、社会实践、勤工助学等”“高等学校要组织学生走向社会、以校外劳动锻炼为主”。在注重素质教育的今天，作为学校教育向课堂外的一种延伸——社会实践一直被视为高校培养德智体美劳全面发展的新时代优秀人才的重要方法，是加强和改进青年学生思想政治工作、引导学生健康成长和成才的重要举措，是大学生接触社会、服务社会，培养创新精神、实践能力和动手操作能力的重要途径。开展社会实践，有利于大学生了解国情、了解社会，增强社会责任感和使命感；有利于大学生正确认识自己，对自身成长产生紧迫感；有利于大学生对理论知识的转化和拓展，增强运用知识解决实际问题的能力；有利于大学生增强适应社会、服务社会的能力。

思维导图

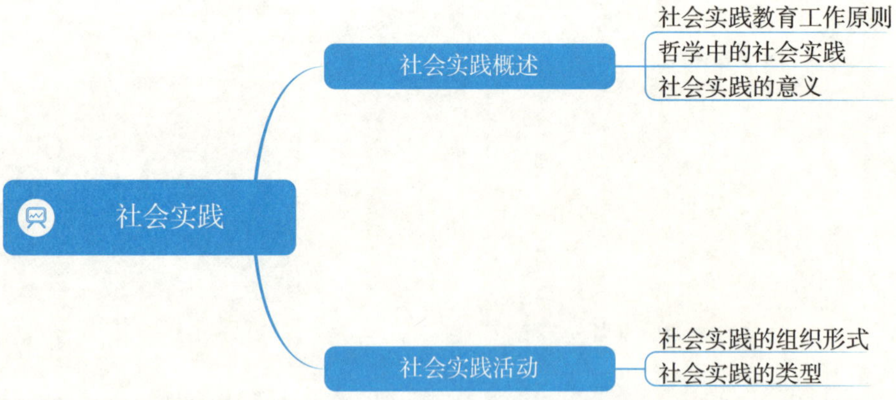

思政园地

推进社会实践深度融入“大思政课”

2021年3月，习近平总书记提出“大思政课”重要论述，强调“‘大思政课’我们要善用之，一定要跟现实结合起来。上思政课不能拿着文件宣读，没有生命、干巴巴的”，这一论断为高校思政课建设明确了基本方向。“大思政课”对传统思政课内涵及外延进行了充分开拓与延展，强调充分利用和发挥各类主体、各门课程、各种资源的思想政治教育功能，破解思政课孤立分段的现实困境，打造纵横联动的育人新格局，更好地落实立德树人根本任务。

重新审视、规划和组织好大学生社会实践,让大学生在社会实践中“受教育、做贡献、长才干”,为“两个一百年”奋斗目标和中华民族伟大复兴贡献力量,是当前高校构建大思政课程体系的重要任务。高校应充分调动校内外资源,构建社会实践工作体系,建好校外实践教学基地,做优一批品牌实践活动,推进社会实践与思政课深度融合,将增加思想道德修养、提高政治站位、增强使命担当等元素有效融入社会实践,提升社会实践活动的育人效能。

首先,要构建思政融入社会实践工作的管理和保障体系。高校应树立社会实践与大思政课同向同行的教育理念,建立党政领导及其他专业学院密切配合的社会实践工作体系,形成齐抓共管、协作融合的良好局面;出台校院两级社会实践管理制度文件,明确社会实践融入思政教育的目标要求、形式、内容、成绩考评等。优化各类配套制度,保障思政教育融入社会实践工作,如拓宽实践活动经费来源,增加社会实践资金和资源投入;鼓励专业教师积极参与社会实践活动,把教师指导社会实践活动工作量纳入晋职晋级考评体系,对教师在思政教育融入社会实践方案设计和具体实施等方面给予专业指导,对高水平思政教育融入社会实践的项目及指导教师给予公开表彰奖励。

其次,要建好用好高水平协同育人实践教学基地。高校应主动与社区、企事业单位、社会服务机构、乡村联系,布局多种形式的社会实践基地,如大学生就业创业见习基地、教学科研基地、社区服务基地等。每个院系、专业都应有相对固定的基地,健全学校和社会实践基地长效合作机制,联合思政课教师和辅导员成立实践教师指导团,主动对接实践基地,加强思政教育融入社会实践项目的研究和资源开发,不断挖掘基地潜在思政元素;聘请校外专家与校内教师一起指导大学生开展社会实践活动,借助社会力量共同探索实践与思政融合路径。

再次,要精心打造思政元素融入社会实践品牌项目。高校应结合专业特点,挖掘不同类型社会实践活动中的思政元素。例如,对于理论宣讲类社会实践,应挖掘爱党爱国元素,使学生感受新时代国家和区域经济社会发展伟大成就,厚植爱党爱国情怀,传承红色基因;志愿者、支教、“三下乡”类实践,应挖掘奉献担当元素,引导学生树立服务人民和责任担当意识;社会调查类实践,挖掘历史使命元素,让学生走进乡土中国深处,认识国情、社情,自觉将国家、社会、家庭及个人的命运紧密联系在一起;科技发明等创新类实践,应挖掘创新卓越元素,培养学生的科学精神,使其树立报效国家的远大志向。教师应结合时政热点和学生关切,对优质社会实践项目进行优化和拓展,形成若干品牌,有效引导学生把人生抱负落实到实际行动中来,把学习奋斗的具体目标同民族复兴的伟大目标结合起来。

最后,要优化大思政实践教学质量评价和持续改进机制。融入思政的社会实践是将开放性的思想政治教育意义渗透于实践教学全过程,因此,高校应建立社会实践全过程质量评价体系,重点关注社会实践内容、组织形式、思政元素的融入和学生在思想品德及观念素养方面的改变。针对不同类型、不同主题的社会实践活动,要设置指标权重分类评价,由任课教师、学生和实践单位作为评价主体,将社会实践活动前期调研是否充分、方案设计是否科学、活动实施是否达到目标作为过程评价的主要内容。

资料来源:陈凡,《推进社会实践深度融入“大思政课”》,《光明日报》,
2023 年 5 月 23 日第 14 版(有改动)

第一节　社会实践概述

大学生社会实践是指在校大学生利用课余时间，步入社会进行社会接触，提高个人能力，触发创作灵感，完成课题研究，发挥自己的聪明才智以求与社会有更大的接触面，对社会作出贡献的活动。用在大学学习到的理论知识进行社会实践活动是每个大学生必须上的一门课程。社会实践对在校大学生具有加深对本专业的了解、确认适合的职业、为向职场过渡做准备、增强就业竞争优势等多方面的意义。

一、社会实践教育工作原则

理论联系实际是党的优良传统和作风，教育与生产劳动和社会实践相结合是党的教育方针的重要内容，理论教育和实践教育相结合是大学生思想政治教育的根本原则。高校应加强大学生社会实践教育，工作原则如下。

（1）坚持育人为本，牢固树立实践育人的思想，把提高大学生思想政治素质作为首要任务。

（2）坚持理论联系实际，提高社会实践的针对性、实效性和吸引力、感染力。

（3）坚持课内与课外相结合，集中与分散相结合，确保每一位大学生都能参加社会实践，确保思想政治教育贯穿于社会实践的全过程。

（4）坚持受教育、长才干、做贡献，保证大学生社会实践长期健康发展。

（5）坚持整合资源，调动校内外各方面的积极性，努力形成全社会支持大学生社会实践的良好局面。

二、哲学中的社会实践

哲学中的社会实践是指人类认识世界、改造世界的各种活动的总和，即全人类或大多数人从事的各种活动，包括认识世界、利用世界、享受世界和改造世界等。当然，重点是为求生存进而为求发展的改造世界的活动，其中，物质生产活动是最基本的。

在阶级社会中，阶级斗争的实践给予人们的印象尤为深刻。在无阶级的社会里，人们之间的各种交往与联系也会带给人们较深刻的影响。随着社会的进步，物质生产活动在向高级阶段进军的过程中，又分化出科学实验的活动。三者形成了两两成对的、新的、又统一又对立的矛盾关系，推动着人类社会的发展。社会实践是人类发现真理、运用真理、验证真理、发展真理的基础，但发现真理不能单单有社会实践，还必须在此基础上与辩证思维相结合。

资料卡片

上海财经大学百年社会实践历程

1917年，为适应民族工商业发展对商业人才的需求，南京高等师范学校增设商业专修科，此为上海财经大学的历史源头。自商业专修科设立，便有注重联系实际、参与实习实践的传统。1918年10月，时任代理校长的郭秉文在关于南京高等师范学校概况的报告书中曾称，“本校实习有两种：（一）为实科之实习……如工有工场实习，农有农场实习，商有商社实习，平日则在校中实习，暑假则派往相当之处所实习”，且“每班学生毕业前,均派往有关系之机关参观一切”。

1927 年,国立东南大学改组并更名为国立第四中山大学,南京高等师范学校作为其商学院,即设有银行实习室。1928 年 5 月,国立第四中山大学改称国立中央大学,其中商学院仍设有银行实习室,同时与本埠工商界及金融界洽商轮送本院学生赴各厂行实习。1929 年春,国立中央大学商学院扩充银行实习室,将其改为中大实习银行,又设消费合作社,为学生实习提供便利。同年秋,设工商调查部,随时指派学生担任调查工作,给予学生实习考察的机会。

1932 年,国立中央大学商学院独立建制,更名为国立上海商学院。1936 年,国立上海商学院公布并实施《国立上海商学院学生实习规程》,明确:各学系学生于毕业前,均应实习一次(翌年 2 月制定的实习办法调整为“自第二学年起,须于寒假或暑假内在校外实习”);实习地点由学校指定,实习时间定为 8 周……实习工作未完毕时也不得毕业。1949 年上海解放后,国立上海商学院组织学生整理校园、搬运图书、协助接管清点工作。同年 7 月,成立上海商学院师生员工劳军支会,组织同学前往灾区抢救灾民。

1950 年 8 月 2 日,国立上海商学院更名为上海财政经济学院,以“理论联系实际”为新时期的办学方针,实行三年课堂学习、半年生产实习的新学制,有计划地安排教师和学生到农村、工厂和商店开展社会调查。1951 年 5 月,学校安排各系学生分别赴山东及苏北老区农村合作基地实习、参加各企业工厂现场实习等。1954 年 8 月,中央教育部公布的财经类教学计划规定:四年内安排生产实习 18 周。1957 年学校第一批下乡参加生产劳动的报名率高达 99.5%,足见当时师生参加劳动热情之高。

在 1958 年的校报《党委会召开全院师生员工大会报告整改工作》一文中,姚耐院长向全院师生提出今后六项任务,其中之一即“勤俭办学,劳动教育”,他强调“学校中应树立俭朴的风气;同时学校所要培养的是劳动者,不是脱离实际,脱离群众,脱离工农的知识分子,应该首先是一个劳动人民”。1958 年,学校与其他单位合并组建上海社会科学院。在并校前夕,上海财经学院学生会委员会代表全体同学,提出坚决拥护并校,并作出保证:坚决执行集中劳动和集中调查研究的决定……在暑期中积极参加工农业生产劳动。

1960 年 9 月,上海财经学院重建。1961 年,上海财经学院提出《关于修订教学计划中几个共同性问题的意见》,其中拟安排四学年教学时间 136 周,生产劳动(集中劳动)时间约 32 周,且生产实习应根据实习大纲尽可能地结合生产劳动进行。1962 年,上海市高等教育局在《关于加强学生参加生产劳动的几点建议》中强调,把生产实习、野外实习、社会调查来代替生产劳动或把劳动作为获得知识的手段的做法和看法,都是不够妥当的,不得占用劳动时间上课或进行其他与劳动无关的活动。可见当时对于劳动教育的重视。

1972 年,上海财经学院撤销,1978 年复校。1983 年,建立金工实习工场。1985 年,上海财经学院正式更名为上海财经大学。同年,与上海市会计学会合办大华会计师事务所。1991 年,与宝山区人民政府签订产学合作协议,建立学生学农基地,为学生提供稳定的实习场所。在实习时间安排上,1987 年的《教学一览 · 本科》中提及学生四年中安排实习不少于 8 周。1997 年,学校制定《学生毕业实习的若干规定》,明确本科各专业的第八学期有为期 12 周的毕业实习,并鼓励学生带着课题到实习单位实习,帮助其解决某些实际问题。

2006 年到 2017 年间,学校进一步完善实践教学方案:一方面,结合课程教学的内容和要求,组织学生开展各种类型的咨询、调查等活动;另一方面,加大校外实习基地建设的力度。在暑期社会实践和社会调查活动方面,从 2008 年起,每年组织开展“千村调查”等社会调研活动,围绕“农村、农民、农业”相关主题开展,通过“走千村、访万户、读中国”,逐步形成融国情教育、社会实践、主题教育、劳动教育、科学研究、学科建设于一体的人才培养模式。在劳动教育与实践中,上海财经大学学子不断提高自身的能力、意志力与信念感,努力成长为全面发展的新时代青年。

为深入贯彻党的教育方针,大力提升学生劳动素养,2020 年 4 月 27 日,上海财经大学在国内高校中率先发布详细的劳动教育三年行动计划——《上海财经大学新时代劳动教育行动计划(2020—2023)》,全面开启劳动教育新篇章。

资料来源:《传承劳育传统 培养时代新人|上财百年实习实践与劳动教育回顾》,上海财经大学网站,2024 年 5 月 1 日(有改动)

三、社会实践的意义

大学生参加社会实践,了解社会、认识国情,增长才干、奉献社会,锻炼毅力、培养品格,对于深化对党的路线、方针、政策的认识,坚定在中国共产党领导下,走中国特色社会主义道路,实现中华民族伟大复兴的共同理想和信念,增强历史使命感和社会责任感具有不可替代的重要作用,对于培养中国特色社会主义事业的合格建设者和可靠接班人具有极其重要的意义,同时有助于大学生增强自身独立性,更新观念,树立正确的世界观、人生观、价值观。具体来说,社会实践的积极意义有以下 4 个方面。

(1)有利于大学生了解国情、了解社会,增强社会责任感和使命感。当代大学生,大多是在书本知识中成长起来的,对我国的国情、民情知之甚少,而社会的复杂程度,远不是读几本书、听几次讲座、看几条新闻就能了解的,社会实践活动则为他们打开了认识社会的一扇窗。

(2)有利于大学生正确认识自己,对自身成长产生紧迫感。通过广泛的社会实践活动,能让学生看到自己和市场需求之间的差距,看到自身知识和能力上存在的不足,比较客观地去重新认识、评价自我,逐渐摆正个人与社会、个人与人民群众的位置。

(3)有利于大学生对理论知识的转化和拓展,增强运用知识解决实际问题的能力。大学生以课堂学习为知识的主要接受方式,这对大学生来说非常重要,但这些理论知识并不代表大学生的实际技能,往往难以直接运用于现实生活之中。社会实践使大学生接近社会和自然,获得大量的感性认识和许多有价值的新知识,同时使他们能够把自己所学的理论知识与接触的实际现象进行对照、比较,把抽象的理论知识逐渐转化为认识和解决实际问题的能力。

(4)有利于增强大学生适应社会、服务社会的能力。社会实践活动使大学生广泛地接触社会、了解社会,不断地参与社会实践活动,在实践中不断动手、动脑、动嘴,从而提前适应社会,为之后的职场发展铺路。

资料卡片

主动抓住每一个认识世界的机会

参与社会实践对大学生来说是一件有意义的事情。一些高校往往将社会实践布置为寒暑假作业,要求学生们在实践完成后提交一份实践报告,并加盖实践单位公章证明。在一些学生眼中,这份报告代表着学分和奖项,只有提高学分才能评优评先。而在另一些学生眼中,这份报告就像一种负担,让自己没有办法好好享受假期。这种"强制性""功利性"会让大学社会实践"变味儿"吗?

有学生认为,参与社会实践的目的很简单,"就是挑战自己,做些没做过的事情"。学生并不是排斥社会实践,而是觉得"有些活动缺乏针对性和深度,对自己帮助不大",但更多的学生更期待体验不同的人生角色、培养专业知识之外的能力。

目前，很多高校对社会实践提出明确要求和实施流程。例如，先向全校征集社会实践方案，再由相关专家、教师共同组成评审委员会进行项目方案评审，学校对获得评审奖项的项目给予部分资金资助，并持续对项目进行跟踪考核及成果验收。

如今，各地高校纷纷开展形式多样的社会实践活动，一些活动难免会出现"形式主义""走马观花"的情况。例如，学生只是去一个地方，在当地干部的安排下，拍一些照片，写一写参观心得就算完成了一次社会实践。但是，社会实践应该是一种低调、务实的活动，学生更需要机会直接处理问题，而不是被安排在一个被高度控制和预设的环境中。

社会实践作为连接校园和社会的桥梁，学校和社会都应重视其在学生成长过程中的重要性。大学生也应该主动抓住每一个认识世界的机会，直面社会现实，解决那些没有标准答案的问题。

资料来源：许子威，《主动抓住每一个认识世界的机会》，《中国青年报》，2024 年 8 月 25 日第 4 版（有改动）

第二节　社会实践活动

2023 年 2 月 23 日印发的《共青团中央 全国学联关于增强新时代大学生社会实践活动实效 深化共青团实践育人工作的意见》指出，要帮助学生提高社会化能力，引领广大学生用脚步丈量祖国大地，用眼睛发现中国精神，用耳朵倾听人民呼声，用内心感应时代脉搏，厚植学生对祖国血浓于水、与人民同呼吸共命运的情感，坚定不移听党话、跟党走。意见同时要求每名大学生在校期间至少参加一次"三下乡"或"返家乡"社会实践活动。

一、社会实践的组织形式

从组织形式上看，社会实践主要有以下两种形式。

（一）分散活动

分散活动的内容丰富多彩，涉及社会的方方面面。从区域上划分，有农村的，有城市的，有内地的，有沿海的；从内容上划分，有希望工程的，有金融保险的，有房地产开发的，有市场营销的，有厂矿、企业的内部管理机制的，有科技扶贫、文化教育的，有生产劳动的；等等。

（二）集体组织

集体组织是指组成社会实践小分队（图 8-1），分赴各地开展社会实践活动。

图 8-1　社会实践小分队

二、社会实践的类型

从类型上看，社会实践主要有以下九种形式。

(一)开展便民服务

大学生可以组队在当地市场上设立家电维修、单车修理、理发等便民服务点,尽其所能,不怕脏、不怕累,以优质的服务赢得当地群众的称赞和好评,同时也努力实践着青年志愿者的精神。

(二)开展文化辅导活动或法律宣传与咨询活动

暑期正是夏收农忙时节,许多乡村中小学生处于无人管理的状态。大学生可以将这些学生集中起来,开展“三下乡”支教活动(图 8-2),对他们进行文化辅导或提供法律宣传与咨询服务。

大学生暑期社会实践

图 8-2 “三下乡”支教活动

(三)开展社会调查活动

开展社会调查活动(图 8-3),如某校电子信息与计算机工程系学生赴某县社会实践小组对某县部分乡村产业现状进行了调查,分析乡村产业结构的调整,并写出几份调查报告。

图 8-3 开展社会调查活动

资料卡片

安财学子赴义乌开展社会实践活动

2024 年 7 月 10 日至 11 日,安徽财经大学国际经济贸易学院“红雨先锋实践团”和“国贸之光队”暑期社会实践团队前往浙江义乌开展社会实践活动。

1.调研义乌国际商贸城,领略商品流通全程

7 月 10 日下午,团队成员专程来到工贸一体化的鸿业饰品有限公司,参观了公司的设计部门、生产车间和样品间,详细了解了饰品从创意、设计到生产和销售的全过程,为赴商贸城调研打好理论实践基础。随后,实践团队来到全球最大的小商品集散地——义乌国际商贸城,详细了解了商贸城的发展历史、产品

品类、经营状况，并与现场部分中外采购商进行了交流。通过走访，队员们现场感受了义乌"买全球、卖全球、买卖全球"的宏伟场景。

2.调研电商和外贸企业，熟悉外贸和电商运营全貌

7月11日上午，实践团队前往泓飞饰品有限公司、旭帆饰品厂、赛尔集团义乌运营中心调研。队员们参观了泓飞饰品有限公司和旭帆饰品厂的运营和仓储中心，详细了解了跨境电商的运营过程、人才需求状况。队员们深受启发，纷纷表示将把这些宝贵的经验和知识运用到今后的学习和实践中。在赛尔集团义乌运营中心，队员们了解了企业发展历程、行业前景、公司文化、人才招聘计划和要求等情况，参观了企业展厅和样品间，并在参观结束后同企业方代表进行了座谈。

3.调研特色创业企业，洞悉商业发展新形态

7月11日下午，实践团队前往图图创意动漫所、万派服饰有限公司、安朵国际有限公司等企业调研。在座谈会上，队员们意识到创业不仅要有一腔热忱，更要有方式方法，有选择，有目标，有态度，有坚持。当然，成功脱离不了时代，只有抓住时代风口，顺应时代，才能有所获。

通过本次社会实践，队员们领略到了义乌从一个小城市逐步发展成为世界小商品之都的历程中，企业所取得的发展成就以及展现出的蓬勃活力。实践团队亲身感受到了义乌"无中生有"的创业精神。大家纷纷表示，要将义乌企业的成功经验和创业精神融入自己的职业规划中，以更加积极的态度和坚定的信念面对未来的挑战，努力实现个人价值与社会价值的统一。

资料来源：《国际经济贸易学院"红雨先锋实践团"和"国贸之光队"社会实践团队暑期赴浙江义乌开展社会实践活动》，安徽财经大学国际经济贸易学院网站，2024年7月12日(有改动)

(四)开展义务劳动

开展义务劳动，如夏收时节，许多军烈属和五保户因家里缺少劳力，庄稼熟在地里而无人收割，大学生可以通过下乡活动，积极帮助这类家庭，为他们解决燃眉之急。再如，大学生进入社区进行义务劳动等(图8-4)。

图8-4 大学生社区义务劳动

(五)文艺下乡

例如，某校大学生艺术团组成文艺"大篷车"到村镇各社会实践基地进行巡回演出，丰富人民群众的精神文化生活(图8-5)。

图 8-5　文艺下乡演出

(六)开展大学生勤工助学活动

不少假期未回家的大学生在学校的组织下开展各种各样的勤工助学活动，一方面了解了社会，另一方面也解决了自身的生活需要。

(七)环境保护

例如，某高校组织大学生积极参与"保护母亲河"行动(图 8-6)，进行生态环境调查，宣传倡导环保观念，治理环境污染，装扮母亲河。

图 8-6　"保护母亲河"行动

(八)考察实践

例如，某高校集中部分学生党员(干部)、入党积极分子组成"三个代表"实践服务团，赴某地区开展考察实践活动(图 8-7)。通过该实践活动，大学生加强了对党史、革命史的学习和教育，牢固树立了跟党走的信心和决心。

图 8-7　组织"三个代表"实践服务团考察实践

（九）开展大学生科技活动

例如，某高校各院系分别确定大学生科研课题，举办科技节活动（图 8-8）。各个课题小组利用假期时间收集数据，抓紧实验，提高科技学术水平。

图 8-8 大学生科技节活动

大学生社会实践成果展示

资料卡片

解民生、治学问、育英才的科技小院

一间院落，三五农舍，科技小院在广袤田野并不起眼。科技助农，乡村振兴，科技小院蕴藏着新质能量。

2023 年 5 月，习近平总书记给中国农业大学科技小院的同学们亲切回信，肯定小院青年走进乡土中国深处“自找苦吃”的精气神和解民生、治学问的生动实践，勉励同学们厚植爱农情怀，练就兴农本领，为加快推进农业农村现代化、全面建设社会主义现代化国家贡献青春力量。总书记的回信在中国农业大学师生中引发强烈反响，亲切的关怀、殷殷的期望，令全校师生深受鼓舞。

2024 年，科技小院成立 15 年了；目前，全国已建立科技小院 1 200 多个。15 年来，科技小院的师生们把实验室建在田间地头，让青春扎根乡村沃土，将贡献写在祖国大地，实事求是、脚踏实地，为加快推进农业强国建设和乡村全面振兴贡献了自己的力量。

15 年来，科技小院蓬勃发展，从一个到上千个，不断点燃师生们强农报国、向下扎根的热情。特别是党的十八大以来，在习近平总书记“精准扶贫”重要理念引领下，更多师生走出“象牙塔”，走向田野，与农民同吃同住同劳动，“零距离、零时差、零门槛、零费用”服务农民和农业产业。“农村是充满希望的田野，是干事创业的广阔舞台，我国高等农林教育大有可为。”习近平总书记 2019 年 9 月给全国涉农高校的书记校长和专家代表的回信，进一步坚定了科技小院师生扎根一线服务乡村振兴的信心和决心。

15 年来，科技小院累计服务近 600 个贫困村、4.8 万个贫困户、17.7 万贫困人口，2023 年荣获第三届全国创新争先奖，2024 年“推广科技小院模式”写入中央一号文件。科技小院还走出了国门，推广到老挝和非洲 8 国，被联合国粮农组织作为重点案例向全球推广应用。15 年来，中国农业大学的师生们与科技小院共同成长，在亲身参与脱贫攻坚和乡村振兴的伟大实践中，实现着自己的人生价值。

解民生，是科技小院的初心，更是农民对农业科教的热切期盼。科技小院发起人张福锁教授说，“我们要‘实’，实实在在的‘实’。‘实’字就是你头戴一顶草帽，下去老老实实帮老百姓解决问题。帮一个算一个、帮一家算一家。”15 年来，科技小院的师生们深入乡土，走村入户，面对面传授，手把手教会，帮助老乡们学科技、用科技,从科学种田、增产增收,到多产融合、乡村振兴,用实实在在的付出践行初心。

“科学研究既要追求知识和真理,也要服务于经济社会发展和广大人民群众。广大科技工作者要把论文写在祖国的大地上,把科技成果应用在实现现代化的伟大事业中。”习近平总书记的谆谆教诲激励着科技小院的师生们脚踏实地治学问,深入群众、扎根群众,以学促干,在干中学,循着真问题找到教学科研的突破口,凭着真本事助力现代科技与传统农耕加速融合,让科技的力量带着种子破土,让小院子撑起农业科技创新与应用大平台,作出服务“三农”大文章。

“培养什么人、怎样培养人、为谁培养人”始终是教育的根本问题。党和国家的教育方针强调:“教育必须为社会主义现代化建设服务、为人民服务,必须与生产劳动和社会实践相结合,培养德智体美劳全面发展的社会主义建设者和接班人。”科技小院坚持知行合一,践行党和国家的教育方针,在解民生、治学问的过程中育英才,走出了一条教育与生产劳动和社会实践相结合、知识分子与劳动群众相结合的宽阔道路。

历时15年的发展,科技小院已成为中国农业大学人才培养的一张闪亮名片,荣获2022年研究生教育领域国家级教学成果特等奖。15年硕果累累,总结起来,可以归结为“拆了四堵墙、架了四座桥、体现四种品格”,即拆了学校和社会之间的墙、学科和学科之间的墙、教学和科研之间的墙、教和学之间的墙;搭建了学校与乡村之间的桥、师生与群众之间的桥、问题与办法之间的桥、理论与实践之间的桥;体现出艰苦奋斗、无私奉献、上下求索、为民造福的品格,走出了一条人才培养、科技创新、社会服务“三位一体”的新路。未来,中国农业大学将持续深入贯彻习近平总书记重要回信精神,深刻领会教育、科技、人才一体推进的战略部署,进一步强化科技小院服务人才培养功能,深化农科教融合,围绕国家乡村振兴关键领域和农业农村现代化关键发展区域布局科技小院集群,为农业强国建设作出更大贡献。

资料来源:中共中国农业大学委员会,《解民生、治学问、育英才的科技小院》,《求是》,2024年第8期(有改动)

思考与实训

一、思考题

(1)社会实践教育工作原则是什么?

(2)社会实践的意义是什么?

(3)社会实践活动的组织形式有哪些?

(4)社会实践活动的类型有哪些?

(5)哲学中的社会实践指什么?

二、实训实践活动——爱心支教

1.实践目标

(1)在支教实践中,增强学生服务他人、服务社会的意识。

(2)培养学生的社会责任感和团队精神,培养学生的合作探究能力和与人交往沟通的能力。

(3)锻炼学生参与劳动活动的能力,切实体验劳动,践行劳动精神。

2.所需工具

计算机、投影仪、教材、备课本等教学用具。

3.活动设计

(1)前期准备。

准备教案。教案的基本内容包括支教时间、年级班级、支教人员、课堂主题和目的、具体流程。注意所收集的材料要量大、质优且充分,形成一定的系统,要完全熟悉并能在课堂上灵活运用。将收集的材料写进教案时要根据不同年龄段、不同年级学生的接受程度来设计:对于低年级的学生,课堂内容可以多趣味性、浅显些,而对于高年级的学生,课堂内容可以相对深奥一点。教案要尽可能详细,课堂的每个环节都要体现出来,同时要安排好时间。教学内容要把思想性、知识性和趣味性相结合。

(2)课堂教学。

教学(课程有语文、数学、体育、电影、音乐等)要区别于一般的课堂教学,形式灵活、内容丰富,易激发所支教学生的兴趣。主要分享生活中的所见所闻、身边的好人好事、大自然的奇妙、祖国的大好河山等。

(3)活动总结。

参与支教的学生每日进行支教日志记录,每周进行总结,在支教结束后形成完整的汇报文稿。

4.安全保护

出行前安排负责人,要求落实到位,做到行动一致,防止掉队或私自离队。如果路途较远,需乘坐正规公交车、出租车辆出行。如发生汽车抛锚等意外事故,需要及时和学校领导取得联系,并汇报相关情况。在乘车过程中严禁将头、手等伸出窗外,晕车的学生提前准备好防晕车药品,储备充足的饮用水,及时补充水分。

5.考核评价

(1)组内评价。

各小组在组内对此次活动进行自我评价、成员间互相评价,各组评选出支教活动中表现最优秀的一名同学。

(2)支教地评价。

制订评价表并交给支教学校的工作人员,让他们对各小组此次的支教活动进行评价,并划分评价等级。

(3)学校评价。

将支教报告汇总上交给学校,由学校从中选出优秀的支教报告并进行评价。

(4)综合评价。

综合组内评价、支教地评价和学校评价 ,对支教人员进行综合评价。

6.温馨提示

大学生支教是指学生利用寒暑假、课余时间,到贫困地区支援教育的行为。大学生支教是大学生进行社会实践的主要方式之一,也是高校公益活动主要形式之一。

大学生支教活动对于改善农村儿童的教育状况,持续推动教育公平和社会发展具有积极意义,同时支教活动也满足了大学生健康发展的需求和高校培养高素质人才的需求。大学生支教活动可以采取线上、线下相结合的方式进行。距离近、时间合适的学生可以继续采用传统的线下实地支教方式,远距离、时间零散的大学生则可以采取更灵活的线上支教的方式。

第九章 勤工助学

思政目标

通过学习本章内容，大学生应了解高校勤工助学发展历程，理解勤工助学的内涵，熟悉勤工助学的意义，掌握高校勤工助学岗位设置的原则、校内主要勤工助学岗位的要求与职责，以及校外有哪些勤工助学岗位。大学生通过勤工助学，一方面可以增长自己的工作经验，另一方面可以取得一些劳动报酬。

思维导图

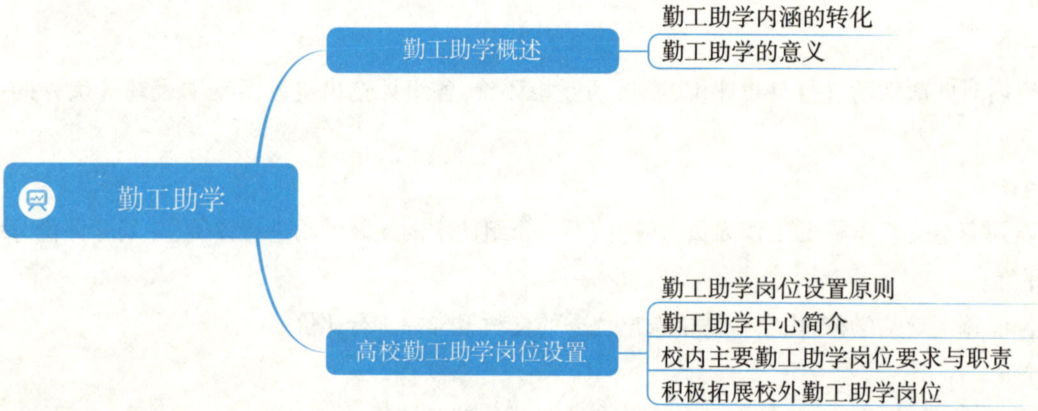

思政园地

勤工助学，助人更育人

如何既不影响家庭经济困难学生的学习，又能发挥其专业特长，并帮助其找到适合自己的努力方向？安徽农业大学（以下简称安农大）给出了自己的答案——一边将勤工助学岗位作为缓解困难学生经济负担的一种方式，一边细化管理和服务，帮助学生树立正确的劳动观，鼓励其将磨难转化为契机，筑梦前行。

2007 年至 2021 年，该校累计为校内经济困难学生争取校外勤工助学岗位 4.9 万余个，为学生创收 4 327 万余元；安排校内勤工助学 10 万余人次，发放校内勤工助学工资 2 005 万余元。同时，通过积极整合校内外资源，为学生搭建起广阔舞台，培育出敬业奉献的“中国好人”孔同学等一大批有责任、有担当的优秀毕业生。

1.成立勤管中心，岗位管理规范化

2020 年春节，2017 级应用化学专业的学生陈同学将 1 万元交到妈妈手里，这是他利用课余时间进行勤工助学、扣除生活开支之后的结余。

“学校开展的勤工助学活动既缓解了我的家庭经济负担，也给了我解决问题的勇气、积极向上的人生态度和直面未来的决心。”陈同学说。两年多来，陈同学利用课余时间在一家餐厅勤工助学，合计收入3.6万余元，现在还成了餐厅管理组长。

陈同学是从安农大勤工助学管理中心这一校级学生组织中获益的典型案例。勤工助学管理中心自2001年成立以来，始终秉承“勤工助学、真情奉献”的理念，围绕“服务他人、锻炼自我、立足校园、面向社会”的目标，以科学规范的组织管理及“家”文化理念建设，在校学生处和学生资助管理中心的管理下，采取学生自我管理、自我服务、自我锻炼的管理模式，服务了校内10余万名家庭经济困难学生。

学校制订了《安徽农业大学学生勤工助学管理办法》，配备专门的指导教师，提供单独办公、招聘区域和一定的经费支持，精心严格筛选合作企业，加大对表现优秀的勤工助学学生宣传力度……该校尤其注重保障学生的安全，在勤工助学方面倾注了很大心力，下足、下实了功夫。2017级生命科学专业学生高同学说：“作为勤管中心的一名学生干部，能为全校家庭经济困难学生服务，我感到很快乐，很有价值，也很有意义。”

“安农大组织的勤工助学活动组织规范，兼职学生爱岗敬业、吃苦耐劳，我们很放心。”作为多年的合作伙伴，合肥方田教育学校俞女士说。

如今，该校勤工助学管理中心早已大变样。从最初的主动跑商家，变成现在商家主动联系，甚至和很多企业建立起长期合作关系；从当初学生干部代替学生领取工资发到学生手中，变成现在公司直接转账给学生；从当初只有一个校外市场部，变成现在设有校内外岗位管理部、公益活动部等有针对性的多个功能部门，成了该校家庭经济困难学生最信赖的学生组织。

2.积极整合校内外资源，学生发展更多样

据悉，该校做好勤工助学基础工作的同时，还对参加勤工助学的学生开展了一系列的后续管理和服务，为学生全面发展提供广阔舞台，从而提高其综合素质。该校学生资助管理中心教师陈老师介绍：“参与勤工助学占用了学生们很多的学习时间，我们就开展了‘基石公益’活动，联合理学院帮助他们提高数学、化学、物理等基础科目学习成绩，先后帮扶了634名学生。”

与此同时，该校与知名培训机构合作设立“圆梦学堂”、实施“助梦飞翔”计划，为参与勤工助学的学生提供免费的英语四六级、英语口语、考研和公务员考试等系统化课程培训，累计4 000多名学生参加培训，免费发放教材和培训材料1万多份；与安徽博物院联合开展“文化公益研学行”活动，2019年开展了5期活动，惠及300多名学生；通过“优才计划”学生发展支持项目，助力家庭经济困难学生在学业、科技创新、社会实践、素质拓展和就业等方面提升，4年资助了90多个项目，资助资金总额30余万元。

值得一提的是，该校还经常组织团体辅导、素质拓展训练和心理情景剧等多种心理健康活动，缓解勤工助学学生的心理压力，及时疏导情绪，为其心理健康保驾护航。陈老师说：“后期会重点关注学生们的心理健康教育，探索成立专业的教师队伍等，打造出‘课程超市’，更好地助力学生成长成才。”

3.重点聚焦内涵式发展，实践育人成效足

勤工助学作为高校资助政策体系的重要环节及资助育人的组成部分，是促进学生全面发展、提升学生综合能力的重要平台。紧紧围绕立德树人根本任务，安农大深入挖掘勤工助学工作内涵，大力开展了无偿勤工助学和爱心家教等诸多志愿服务活动，引导学生走出校园、知恩感恩、奉献社会。

来自湖北恩施的2009届毕业生孔同学对此深有体会。大学期间，他既是一名勤工助学学生，又是勤工助学管理中心的一名学生干部，先后参与组织了暑期招聘会、爱心家教、清扫校园等活动。大学毕业后，他放弃企业优厚的待遇，选择到农村当村干部。现在，他已成为全省大学生村干部创业致富的先进典型，先后获得敬业奉献“中国好人”、省创先争优“优秀共产党员”、省“青年五四奖章”、省“优秀大学生村官标兵”等荣誉。“这些经历教会我要将小事做好、做到极致,真诚地为他人服务,提升了我的个人组织能力,增强了我的感恩奉献精神和责任担当意识。”他说。

多年来,从安农大开展的各类志愿服务活动中获益的学生有很多,类似孔同学的优秀毕业生也有很多。在爱心家教活动方面,该校已连续开展14年,累计为1 800多个合肥市民家庭提供爱心家教服务。合肥某小区居民李先生告诉记者:“我儿子在四、五年级连续两年得到来自安农大的爱心教员的义务指导,孩子的阅读能力和数学学习能力显著提升。大学生非常敬业,大热天的很辛苦,全家人想有所表示都被拒绝了,真的很感谢。”

随着勤工助学工作的不断发展和沉淀,安农大勤工助学项目现已成为安徽省高校学生资助项目中的佼佼者,也是培养广大学子社会责任感和感恩奉献意识的重要平台,更是孕育广大学子勤劳善为、自立自强、追求卓越品质的有效载体。

资料来源:饶艳琴,《勤工助学 助人更育人——二十年帮助十余万名家庭经济困难学生追梦的安农故事》,安青网,2021年12月22日(有改动)

第一节　勤工助学概述

一、勤工助学内涵的转化

勤工助学是指学生在学校的组织下利用课余时间,通过劳动取得合法报酬,用于改善学习和生活条件的社会实践活动。在我国,勤工助学是贯彻教育与生产劳动相结合的一种教育经济活动,对于推动高校大学生素质教育,构建新的人才培养模式,促进大学生成长成才有着重要意义。

勤工助学源于“济困”,通过俭学来达到完成学业的目的。随着社会进步和对人才需求标准的提升,我国高校勤工助学工作已由以“济困”为主的阶段过渡到“济困与成才相结合”的社会实践阶段。越来越多的学生把勤工助学作为主动适应社会、参与社会实践、提升自身综合素质和能力的有效手段。高校也根据自身特点不断拓展勤工助学的内涵,将勤工助学作为发挥高校育人功能、培养学生创新创业精神、创新人才培养模式的重要方式。可见,勤工助学的内涵越来越丰富、充实,完成了从纯粹“经济功能”到“人的全面发展教育功能”的转化。

(1)在功能上,由单纯解困向助困育人发展转化。高校勤工助学的最初目的是以“工”助“学”,主要是为家庭经济困难学生缓解经济压力而进行的有偿劳动。如今,随着市场经济的发展和高等教育体制的改革,社会对复合型人才的需求不断扩大,学生价值观念和社会取向也在发生变化,成才意识日渐增强,勤工助学活动作为一项特殊的社会实践活动,其功能、内涵和作用不断得以拓展和延伸,育人功能更加突出,逐渐成为高校思想政治教育的重要载体和学生全面发展的有效途径。

(2)在对象上,由家庭贫困学生向全体学生发展转化。过去,高校勤工助学的参加对象局限于家庭经济困难学生。随着勤工助学活动的深入发展,高校师生对勤工助学活动的多重功能有了更深入的理解,这些功能也逐渐被高校思想政治教育工作者普遍接受和重视,被大学生群体广泛认同,一些非贫困学生从实践锻炼的角度出发,主动加入勤工助学活动。因此,目前参加勤工助学的学生群体由各种家庭情况的学生共同组成。

（3）在类型上，由普通型向专业型发展转化。高校在开展勤工助学活动的过程中，更加注重开发学生智力，发挥专业特色和优势，提高人才培养质量。学生参加勤工助学活动由主要从事劳务型、服务型、事务型工作逐渐向从事专业型、技术型、管理型工作转变，实现了专业学习、能力培养和经济资助三者的有机统一。

（4）在形式上，由个体自发向集体组织发展转化。学生以往参加勤工助学往往呈现自发性、分散性特点，存在一定的安全隐患，其合法权益容易受到侵害。在高校勤工助学管理相对规范后，高校普遍建立了统一的管理和服务机构，制定了详细的管理规定和运行机制，同时注重勤工助学基地建设，积极拓展勤工助学市场，使勤工助学有了更加广阔的发展空间，为学生创造了良好的勤工助学环境。

资料卡片

100 多年前的赴法勤工俭学运动

1.赴法勤工俭学运动在中国的兴起

20 世纪初，面对内忧外患，中国青年为寻求救国真理，开始大批有组织地赴国外进行勤工俭学，并发展成为中国近代史上一场大规模的留学运动。赴法勤工俭学运动缘起于 1912 年 2 月李石曾、蔡元培、张静江、吴稚晖、吴玉章等人在北京发起组织的留法俭学会。

1913 年“二次革命”失败后，国内留法教育因袁世凯的破坏趋于停顿，李石曾、蔡元培等流亡法国，继续推动赴法勤工俭学运动，并在自第一次世界大战爆发后来法的华工中开展勤工俭学运动，发起组织勤工俭学会。为了更加有效地推动中法两国的文化沟通和交流，1916 年 6 月 22 日，中法两国人士又在巴黎共同发起成立华法教育会。

1916 年 6 月袁世凯帝制失败之后，华法教育会中方领导人和会员蔡元培、李石曾等相继归国，把推动留法教育的工作重新搬回到国内。1917 年 5 月，他们首先在北京成立华法教育会。随后又在各地成立分会，以推广留学。同时，他们在刊物上发表各类介绍文章，大力宣传留法勤工俭学的意义。

在华法教育会的大力宣传和推动下，同时受五四新文化“工读主义”“劳工神圣”“平民主义”等新思潮的影响，赴法勤工俭学运动在 1919—1920 年迎来高潮。从 1919 年 3 月 17 日首批 89 名学生赴法勤工俭学，至 1920 年 12 月 15 日最后一批勤工俭学学生前往法国，前后共有 20 批中国留学生集体前往法国，加上一些自行前往法国留学的学生，中国赴法勤工俭学学生的总人数接近 2 000 人。接纳赴法勤工俭学的学校共有 30 所，接纳勤工俭学学生做工的工厂则多达 60 余家，几乎遍布法国全境。

2.法国社会各界的友好支持

赴法勤工俭学作为一场留学运动，虽由中方组织发起，但若没有法国的合作和支持，是难以持续的。事实上，自 1912 年留法俭学会成立之始，该运动就得到了法方友好人士的支持。

北洋政府外交顾问——法国人铎尔孟，曾为留法俭学会创办的北京留法预备学校义务讲授法文。1916 年年初，在巴黎成立的中法文化交流总机关华法教育会，实际上也由法方人士的倡议而设立。在后来的赴法勤工俭学运动中，巴黎华法教育会的法方人士具体负责与法国有关学校和工厂的联系工作。不但如此，在中国国内成立的华法教育会分会也多有法国人士参与。法国友好人士的支持，为赴法勤工俭学运动初期的开展提供了不可或缺的外部条件。

第一次世界大战结束后，伴随中法两国邦交的升温和赴法勤工俭学运动蓬勃开展，该运动开始引起法国政府的重视和支持。1918 年 11 月，法国政府特使格里耶起草了一份有关扩大法国和法国文化在中国的影响的行动计划，这份计划后来大多得到落实。稍后，在法国驻华公使包朴的多次建议下，法国政府还于 1920 年 10 月正式在外交部内专门增设“中国留法学生监督”，加强与勤工俭学学生的联系和管理。

1920年年底，赴法勤工俭学学生因法国出现经济危机而陷入困境。1921年年初，法国政府成立"中国留法青年协济会"，向数百名没有生活来源的中国学生每天发放6法郎救济金，帮助他们渡过难关。自1922年秋季开始，法国政府设立奖学金用以资助已进入高等学校的勤工俭学学生，并改组"中国留法青年协济会"负责此项工作。由法国外交部和协济会设立的奖学金名额最多时一年达26个，金额则依学生所学专业和所在地区的不同有很大区别。

3.赴法勤工俭学运动的重要影响

赴法勤工俭学运动首要的意义，在于为中国培养了一大批杰出的革命家，诸如蔡和森、向警予、赵世炎、周恩来、王若飞、陈延年、邓小平等，在中国革命史、中国共产党建党史上留下重要一页。1921年年初，旅法中国共产党早期组织就已经在巴黎成立。据统计，至1921年7月中国共产党第一次全国代表大会召开时，中国共产党共有党员58人，其中留法党员占5人，占党员总数的8.6%。到1925年1月中国共产党第四次全国代表大会召开时，中国共产党共有党员994人，其中留法党员达到210人左右，占党员总数的20%以上。

赴法勤工俭学运动为中国的教育科学文化事业及经济建设培养了各类有用人才。据中国留法青年协济会统计，截至1923年1月10日，中国学生在法国高等院校就读的有225人，在法国中等学校就读的有255人，专业涉及法律系、医学系、理工系、文学系、药学系等，法国各著名大学几乎都有中国勤工俭学学生。据不完全统计，后来在法国获得博士学位的勤工俭学学生近40人。

赴法勤工俭学运动在中国留学史上开创了一种新的留学模式，促进了教育观念的变革。中国近代留学运动始于19世纪70年代洋务运动时期的官派留学，至20世纪初有些有志青年自费到国外留学，尤其以自费留日为多。在当时中国人的心目中，到国外留学只是有钱人的事，需要家境殷实方能为之。赴法勤工俭学运动则打破了这种传统观念，开创了通过勤工进行留学的新模式，为那些家境条件不好的有志青年前往国外留学提供了新的渠道。

赴法勤工俭学运动在促进中法文化交流与沟通方面亦产生了深远影响，起到了重要桥梁作用。一方面，一大批中国学生来到法国，在学习和工作中，通过与当地人的交往带去中国文化，增进法国人民对中国文化的了解。另一方面，这些学生亦是向中国传播法国文化的使者。无论如何，他们是中法友谊的建筑者，在工厂里与工人共生活，在田庄里与农人相往来，能说能谈，能沟通劳动阶层；在学校里与教员、学生交接，格物致知，能沟通知识阶层。

资料来源：葛夫平，《20世纪初赴法勤工俭学运动》，《学习时报》，2024年5月17日第7版（有改动）

二、勤工助学的意义

高等学校要发挥勤工助学育人的功能，将勤工助学作为育人的重要平台，通过勤工助学培养大学生自强不息和创新创业的精神，以及积极向上、乐观进取的人生态度。大学生更应该通过勤工助学提高自己主动适应社会的能力，磨炼自己坚强的意志，既要学会做事，又要学会做人。勤工助学不仅可以使大学生通过参加劳动取得相应报酬，帮助大学生顺利完成学业，而且有利于大学生德智体美劳全面发展。具体来说，勤工助学具有以下5个方面的意义。

（一）实现"济困"的功能

在大学期间，很大一部分时间由大学生自由支配。勤工助学能够让贫困大学生在业余时间展示其价值，通过自己的劳动来获取报酬，缓解经济压力。

某学院通过问卷对各级大学生进行"大学生勤工助学状况"的调查，并对回收的1923份有效问卷进行分析研究。结果显示,家庭供给、勤工助学和奖助学金成为大学生的三大经济来源;当被问及“你认为哪种帮扶方式对贫困大学生最有效”时,45.6%的大学生认为是政府或学校的经济资助,43.5%的大学生认为是学校提供的勤工助学岗位。不难看出,通过提供勤工助学岗位帮助贫困大学生缓解经济压力,已成为高校实现“济困”的重要手段。

(二)锻炼大学生的思想品格

勤工助学能够让大学生理解生活的艰辛,懂得什么是责任和担当,明白什么是感恩和奉献,有利于他们增强自信心,形成劳动光荣的观念,树立正确的世界观、人生观和价值观。大学生在工作团队中能够学会面对激烈的竞争,提高心理承受能力,培养危机意识。同时,在长期的勤工助学实践中,大学生可以培养自我约束力、劳动意识和职业道德。这些都将成为他们以后人生路上的宝贵财富。

(三)提高大学生的综合能力和素质

通过勤工助学实践活动,大学生的综合能力和素质都会得到进一步提高。从校内岗位到校外岗位,从依赖跟从到独立选择,从忐忑上岗到独当一面,大学生的实践能力,创新意识,独立分析问题、解决问题的能力等得到明显提升。大学生提前接触社会,了解社会规则,调整自己的预期,改进自身不足,契合社会需求,从而显著提升团队意识、自律能力、心理素质和社会适应能力。另外,通过勤工助学,大学生的学习能力和专业素质也得到了增强,能够把学到的专业知识很好地运用到实践中去,边学习边实践,不仅可以让自己的专业知识更扎实,而且可以培养和发展相应的特长。

(四)增强大学生的创新创业能力

勤工助学引导带动大学生从课堂到课外,从学校到企业,从学生到职员,从兼职到就业创业,开阔了视野。大学生在自己熟悉的专业领域已趋于理性,勤工助学帮助他们从创新的角度重新审视身边的各种资源,寻求资源的更佳配置,谋求更大的发展。大学生在勤工助学过程中容易迸发出创新想法和创业激情,结合团队管理、项目运作、人际管理、目标管理等,进入一个融会贯通、将所学所思转化为所想所为的新境界,从而大大增强创新创业能力。

(五)促进大学生就业

勤工助学能够不断提升大学生的组织管理能力和为人处世能力,使大学生的职业素质和职业能力得到全方位提升,帮助他们储备优质就业和自主创业所需要的身心素质和技能。例如,某学院电子商务专业80%的大三学生和50%的大二学生都尝试过网上销售业务,有的学生月收入达万元以上。该学院计算机专业的一位学生,大一即参加勤工助学,不断总结工作经验,大二开始自主创业助学,毕业时已拥有两家公司、雇用30余名员工。另有两名大二学生在校内开办一家咖啡厅,以老板、经理和领班等身份管理、经营这家咖啡厅,并聘请多名同学兼职工作。在此过程中,他们的就业和创业能力得到了提高,同时也为其他同学提供了更多的勤工助学岗位。可见,如果一名大学生在校期间就有一定的勤工助学经历,毕业时就能更好地解决自己的就业问题。该学院经过近20年的努力,使90%以上的学生在校期间都有参加勤工助学的经历,学院已连续13年就业率达95%以上。

资料卡片

2018年,教育部、财政部联合印发了《高等学校学生勤工助学管理办法(2018年修订)》(以下简称《办法》)。修订后的《办法》共分9章33条,围绕以学生为中心的理念,积极搭建勤工助学全程育人、全方位育人的有效平台,凸显了4个方面的内容。

一是突出资助育人要求。贯彻党的十九大报告提出的“健全学生资助制度”的要求，落实习近平总书记在全国高校思想政治工作会议上的重要讲话精神，坚持立德树人，全面推进资助育人，以勤工助学活动为实践载体，加强对学生，特别是家庭经济困难学生的思想教育，培养学生热爱劳动、自强不息、创新创业的奋斗精神，增强学生综合素质，充分发挥勤工助学育人功能。

二是提高勤工助学报酬。结合社会经济发展和在校学生消费水平，适度提高勤工助学酬金标准，对按小时计酬的，由原《办法》中原则上不低于8元调整为12元。

三是合理满足学生需求。校内勤工助学岗位按照以工时定岗与以需求定岗相结合的原则设置，主要为校内教学助理、科研助理、行政管理助理等岗位，既满足学生实践需求，又保证学生不因参加勤工助学而影响学习。寒暑假期间，各高校可根据学校具体情况适当延长勤工助学时间。

四是规范勤工助学管理。优化勤工助学管理方式，充分发挥学校统筹管理作用，设立勤工助学专项资金，结合校内情况制定岗位报酬标准和资金使用与管理办法。对校内开展勤工助学活动的，严格遵守国家及学校勤工助学相关管理规定。对校外开展勤工助学活动的，学校组织与用人单位和学生三方签订具有法律效力的协议书，明确各方的权利和义务及争议解决方式。

资料来源：《高校勤工俭学：时薪原则上不低于12元》，中国政府网，2018年9月13日(有改动)

第二节　高校勤工助学岗位设置

一、勤工助学岗位设置原则

勤工助学岗位设置以树立学生的劳动观念，提高学生的自我服务能力、自我管理能力、自我教育能力，培养学生自立、自强、自律精神，帮助家庭经济困难学生顺利完成学业为目的，以不影响学生学习为原则，鼓励大学生积极参加与专业技能相关的社会实践，实现理论与实践的有机融合(图9-1所示为高校设置的食堂勤工助学岗位)。

图9-1　食堂勤工助学岗位

二、勤工助学中心简介

高校勤工助学介绍

勤工助学中心隶属于学生工作处，主要负责校内校外一切勤工助学活动，是学校学生勤工助学的管理机构。勤工助学中心主要围绕勤工助学基地，以及全校勤工助学岗位体制建设、文化建设、团队建设、品牌建设等方面开展工作。勤工助学中心已成为校内勤工助学活动开展的重要力量，同时还应积极联系校外勤工助学岗位，积极与各企业洽谈建立长期的合作伙伴关系。勤工助学不仅为在校贫困大学生提供了自主完成学业的机会，而且也为广大在校大学生提供了一个接触社会、兼职工作的机会。一方面，勤工助学中心帮助在校贫困大学生解决部分学习和生活困难；另一方面，勤工助学中心通过为大学生提供社会实践活动，使其提高自身的各方面素质，积累一定的工作经验，为就业创业打下坚实的基础。

三、校内主要勤工助学岗位要求与职责

（一）教学楼楼层管理员岗位要求与职责

教学楼楼层管理员的岗位要求与职责如下。

（1）工作认真负责，吃苦耐劳，有进取心，积极主动性强。

（2）有良好的团队合作精神和沟通能力，有较强的执行力。

（3）负责教学楼教室开关门，保障日常教学正常运行。

（4）关门时检查教室的窗、灯、教学设备仪器是否已关好。

（5）将教室的门窗等有损坏的设备及时报给教务处信息中心负责人。

（二）图书馆助理馆员岗位要求与职责

图书馆是高校学生勤工助学的重要场所，引入勤工助学模式，让学生参与图书馆管理与服务，除为学生提供良好的实践机会和实践平台，提高他们的创新实践能力和文献资源利用能力外，也能为学校提供更好的教学和科研服务。

图书馆助理馆员的岗位要求与职责如下。

（1）图书馆提供勤工助学岗位，应聘学生经图书馆面试、考核后聘用。勤工助学岗位隶属于流通服务科，主要协助馆员对图书、期刊等进行管理或从事其他相关工作。

（2）每天到岗后先在考勤本上签到。工作时，必须佩戴“图书馆勤工助学工作证”。

（3）服从馆员安排，尽快熟悉本岗位的业务和服务要求，不断提高服务水平。

（4）准时上下班，不迟到早退。工作期间认真履行职责，做到眼勤、手勤、腿勤，定时巡查本区域，发现读者违规和在馆藏书刊上涂画、批点、污损、剪裁等情况要及时制止并报告当班教师。

（5）日常工作做到“五要”，即馆内桌椅排放要整齐，安全疏散路径要畅通，整理书刊要不错架，交接登记要不漏情况，严格管理要不懒散。

（6）遇有生病或考试等特殊情况需要换班的，向教师报告并提前办理换班手续。

（7）凡发现工作不负责任、迟到早退、徇私情、监守自盗等违反管理规定者，视情节给予处罚或解聘，并报学生工作处进行处理。

（三）话务员岗位要求与职责

例如，中国电信某学院勤工助学基地的勤工助学内容以 10000 号话务服务为主。电信 10000 号话务员

的岗位要求与职责如下。

(1)按呼叫顺序依次应答,受理用户使用电信业务,填写记录单。

(2)接续、处理用户业务需要。

(3)受理信息服务业务。

(4)受理机上咨询业务。

(5)迅速、准确接听每一个电话。

(6)礼貌回答咨询者提出的问题。

(7)了解并牢记咨询者所提出的要求及时间期限,记录咨询者的姓名、单位及地址。

(8)为咨询者提供热情、耐心的咨询服务。

(9)遇到投诉及其他难以解决的问题,应及时向管理人员汇报。

(四)机房管理员岗位要求与职责

机房管理员的岗位要求如下。

(1)计算机专业或对计算机感兴趣的学生,能熟练操作计算机。

(2)工作认真负责,吃苦耐劳,有进取心,积极主动性强。

(3)有良好的团队合作精神和沟通能力,有较强的执行力和应变能力。

(4)负责学校机房计算机设备的维护,以及考试科目的调试。

(5)对于调试的机器情况及时反馈至教务处信息中心负责人。

(五)考场引导员岗位要求与职责

考场引导员的岗位要求如下。

(1)工作认真负责,吃苦耐劳,有进取心,积极主动性强。

(2)有良好的沟通能力,有较强的执行力和应变能力。

(3)负责各种培训类考试的路边引导。

(4)助考人员要做好考务工作。

四、积极拓展校外勤工助学岗位

近年来,校外勤工助学岗位的数量在逐年攀升,高校应在每学年为大学生提供多个校外勤工助学岗位,以满足更多大学生勤工助学的需求。高校可以与校外多家企业建立长期合作关系,且应积极探索、开拓校外勤工助学岗位模式,如与企业共建,在校内设立勤工助学基地,从而让更多的大学生接触社会,提高实践能力和综合素质,为以后更好地就业做充足准备。

以下是企业文员、销售员、宣传员的岗位要求与职责。

1.文员

文员的岗位要求与职责如下。

(1)根据公司的经营方针,建立公司的经营管理体系并组织实施和改进,为经营管理体系运行提供足够的资源。

(2)倡导公司的企业文化和经营理念,塑造企业形象。

(3)代表公司对外处理业务,开展公关活动。

2.销售员

销售员的岗位要求与职责如下。

(1)组织与管理销售团队,完成公司销售目标。

(2)收集各种市场信息,并及时反馈给上级与其他有关部门。

(3)参与制定和改进销售策略、规范、制度,使其不断适应市场的发展。

3.宣传员

宣传员的岗位要求与职责如下。

(1)负责部门宣传管理工作,并承担宣传的主要责任。

(2)带领团队进行策略与创意思考,制定传播策略与主创意,撰写营销传播方案;统筹组织策划工作,协助项目销售目标的达成。

资料卡片

搭建七大实践平台,助力学生成长成才

2024年11月4日,山西省教育厅正式发布《山西省教育厅关于公布2024年大中小学校劳动教育典型案例及优秀课程视频名单的通知》,山西工程技术学院的“劳动与创新创业”课程成功入选省优秀课程视频。

近年来,山西工程技术学院持续将劳动教育融入人才培养体系,搭建了创新教育劳动实践平台、社会实践劳动体验平台、志愿服务劳动实践平台、勤工助学劳动教育平台、耕读文化劳动实践平台、榜样引领劳动筑梦平台、校园劳动文化教育平台7个劳动教育实践平台,助力新时代大学生增长创新创业本领。

1.创新教育劳动实践平台

依托创新学院、众创空间等平台,完善“创新教育+劳动教育”课程设置,深化“创新教育+劳动教育”项目建设,以中国国际大学生创新大赛、大创项目等竞赛活动为抓手,强化“体验、训练、超越”相融合的训练模式,促进学生知识学习和劳动实践深度融合,培养新时代崇尚劳动、尊重劳动和具有劳动精神的应用型人才。

2.社会实践劳动体验平台

利用寒暑假集中开展社会实践活动,结合“三支一扶”、大学生志愿服务西部计划、“青年红色筑梦之旅”“三下乡”等活动,将学院资源与社会资源、校友资源相联结,拓展院系两级实习见习劳动教育实践基地,共享实践育人资源,共建实践育人、劳动育人平台。同时,结合专业所学,鼓励学生参加校外义务劳动、公益劳动、顶岗支教、志愿服务和调研活动,引导学生在劳动中贡献知识力量,激发其劳动的内在需求和动力,厚植爱党爱国爱民情怀。

3.志愿服务劳动实践平台

围绕学生公共服务意识与奉献精神的培养,开展校内外社会公益服务项目。结合学雷锋纪念日等关键时间节点,组织学生开展绿化养护、校园卫生打扫、教室清洁、实验室维护、文明寝室建设等,培养学生公益劳动的服务理念,培育尊重劳动、崇尚劳动的校风学风;依托学生社团、兴趣小组等,支持学生自主开展公益性劳动、服务性劳动实践活动,引导学生关注社会发展、投身公共服务,强化学生社会责任。

4.勤工助学劳动教育平台

通过大学生奖助体系,以校内教学、科研、管理和公共服务等为主要内容,科学设置勤工助学岗位,构筑劳动教育平台。

5.耕读文化劳动实践平台

弘扬农耕文化,通过学院耕读园劳动教育实践基地的持续建设,合理规划基地布局,将其划分为不同的功能区域，如育苗区、种植区、农具展示区、农耕文化体验区、劳动成果展示区等，以满足不同学生的实践需求；邀请农业专家、农民技师等进院授课；同时，结合二十四节气等重要时点，开展劳动竞赛等活动，让学生在亲近自然、了解自然中树立正确的劳动价值观，培养学生的团队合作精神和竞争意识。

6.榜样引领劳动筑梦平台

在劳动教育中大力发挥学生先进骨干的榜样引领、朋辈教育作用，以学生会、学生社团、“青马工程”等凝聚学生骨干的学生团体为依托，把劳动实践、劳动素养作为发展、培育学生骨干的重要内容。创建先进班集体、文明宿舍、榜样力量评选活动，加大各级各类先进典型宣传，引导学生加强价值塑造、劳动筑梦，优化劳动教育新格局。

7.校园劳动文化教育平台

将劳动习惯、劳动品质养成教育纳入校园文化建设中，组织与劳动教育有关的主题班会、兴趣小组、学生社团和技能竞赛活动，鼓励开展美食制作、生活用品修补等以劳动创造幸福为主题的宣传教育活动，有针对性地帮助学生学会专项生活技能。此外，通过创办主题演讲、劳动榜样评选、劳动文化讲堂等多种劳动品牌文化活动，将劳动教育与学生的个人生活、校园生活和社会生活有机结合起来，帮助学生丰富劳动体验，提高劳动能力，深化对劳动价值的理解。

资料来源：孟存田，《搭建七大实践平台，助力学生成长成才》，《山西青年报》，2024 年 11 月 25 日第 7 版（有改动）

思考与实训

一、思考题

（1）勤工助学的含义是什么？

（2）勤工助学的意义有哪些？

（3）高校勤工助学岗位设置的原则是什么？

（4）校内主要勤工助学岗位要求与职责有哪些？

（5）勤工助学中心的作用是什么？

二、实训实践活动——食堂保洁，维护就餐环境

1.实践目标

（1）了解食堂保洁的要求，掌握食堂保洁的基本技能。

（2）通过食堂保洁工作，体会劳动的不易，感受劳动的光荣，自觉维护食堂的环境卫生，参与社会劳动，培养正确的劳动观念，养成良好的卫生习惯。

（3）在劳动过程中，对就餐过程中的浪费现象进行记录和反思，养成勤俭节约的好习惯。

2.所需工具

扫帚、簸箕、垃圾袋、垃圾桶、抹布、清洁剂、拖把、水桶、刷碗布、厨余垃圾收集小推车等。

3.活动设计

（1）活动宣传。

学期初，由学校向各学院下发本学期勤工助学岗位通知及岗位要求，学院向各专业班级学生传达。负责教师向学院负责学生介绍勤工助学岗位职责及人员要求。

（2）活动流程。

①学生本人填写勤工助学申请书，学院根据实际情况审批，报勤工助学中心备案。

②经批准参加勤工助学活动的学生将资料录入勤工助学管理系统,并接受勤工助学中心统一组织的岗前培训，培训合格后发放勤工助学上岗证。

③学生持勤工助学上岗证到指定岗位直接上岗或参加设岗部门组织的评选竞争上岗。

4.安全保护

(1)做好学生岗前培训工作,尤其是加强学生的食堂安全工作意识和防火安全意识。在工作场所内除工作用电外,严禁个人私自用电、明火等,以免出现安全隐患。

(2)负责教师细心组织、领导学生完成各项工作,完善岗位机制,培养学生负责任、勇担当的意识。

5.考核评价

(1)由指导教师对勤工助学学生进行考核评价,评定其工作是否合格,是否符合按期正常发放勤工助学工资的标准。

(2)若出现工作不配合或不认真、私自占有或损坏食堂公共财物、工作情况汇报不属实的情况,可根据学生个人表现情况相应扣除部分工资,进行警告批评。对后续工作仍无改进、不能达到要求者,勤工助学监督小组可予以辞退。

(3)学生在勤工助学岗位期间因学习、生活、身体等原因不能继续参加原项目工作的,经相关单位批准,可请辞工作。

6.温馨提示

尽量选择在校的家境困难的学生作为参加对象,可以解决其一部分经济问题。参加对象应责任心强,工作认真踏实,能协助食堂经理维护进餐秩序,督促保洁员做好大厅卫生,顺利完成卫生打扫工作,有基本的人际沟通能力,能做好学校食堂后勤与学生之间的沟通工作。

第十章 公益劳动

思政目标

大学生参与公益劳动可以拓宽视野，提升社会责任感，积累社会经验，从而提升自身综合素质，也能为将来融入社会打下良好的基础。作为新时代的大学生，应该熟悉公益劳动的意义，了解公益劳动课的内容，掌握公益劳动的途径，积极参与公益劳动实践。

思维导图

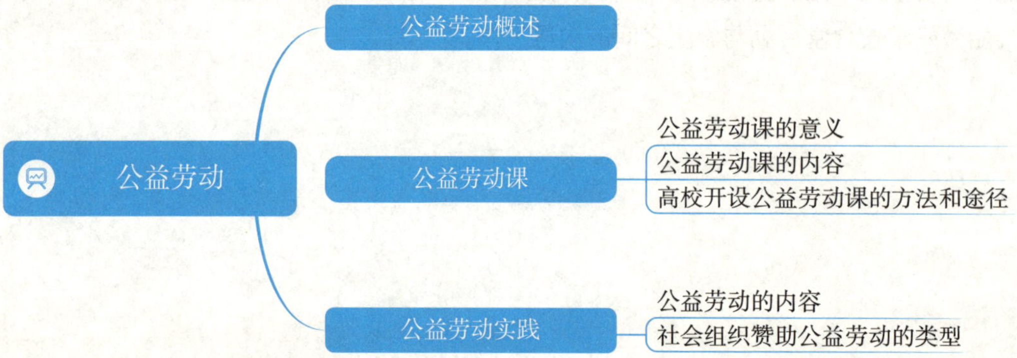

思政园地

我国高校公益慈善专业教育方兴未艾

增设专业方向、纳入本科目录、建院招生，是高校关于公益慈善专业化、职业化的大胆探索。此前，我国已有诸多高校陆续开设慈善学院或设立慈善管理专业，诸如南京工业大学浦江学院、浙江工商大学英贤慈善学院、山东工商学院公共管理学院(公益慈善学院)等。

对于慈善管理专业本科生的培养，可以追溯到 12 年前。

2012 年 5 月，北京师范大学珠海分校、上海宋庆龄基金会和基金会中心网三方合作，正式成立宋庆龄公益慈善教育中心。当年 9 月，该中心面向北京师范大学珠海分校本科生，开设公益慈善管理方向课程，为期两年。

两年后，首批 80%的毕业生进入公益慈善相关领域。如今，这批学生大多已经成为各自所在机构的中坚力量。

继“公益慈善班”的帷幕徐徐拉开后，多家高校开始实施公益慈善本科阶段的教育，还有的开始在研究生阶段或商学院、公共管理学院加入或开设公益课程。特别是 2016 年颁布实施的《中华人民共和国慈善法》,为慈善事业发展和公益人才培养提供了法律支持和保障。

据《中国高校公益慈善教育发展报告(2021)》显示,截至2021年年底,全国有35所高等院校开展相关慈善学历教育。

2022年2月,中国高等教育慈善管理本科专业通过教育部备案审批,山东工商学院和浙江工商大学成为首批设立此专业的高校。这是中国高校公益慈善教育的一大硕果。

“慈善管理在我国作为一门新兴学科,虽尚属于初探期,却充满了旺盛的生命力和蓬勃的朝气。”清华大学公益慈善研究院院长王名告诉记者,众多高等院校作为培养人才的重要载体,正在积极探索科学化、制度化的学科培养体系,为培育一支专业化、职业化、社会化的公益慈善人才队伍群策群力。

据不完全统计,目前已有超过50所高校开展了公益慈善相关专业的人才培养,在“人人慈善”逐步深入人心的当下,越来越多青年学子怀揣爱心,投身公益慈善领域。而众多高校纷纷开设慈善管理相关专业,正是呼应了这一需求。

“希望毕业于慈善管理专业的学生尽可能多的能留在公益慈善领域就业,提升整个行业的专业性。”山东工商学院公共管理学院(公益慈善学院)副院长王鑫说。

慈善专业教育方兴未艾,多位公益慈善学院负责人表示,我国慈善专业教育仍面临学科基础薄弱、本土化知识生产不足、社会认知度较低、就业吸引力偏弱等现实挑战。但各级党和政府部门的重视、社会组织的蓬勃发展和专业人才的缺口,使得他们有动力更加有责任参与和推动公益慈善的专业教育和人才培养。

“无论是慈善理念、慈善目标的更新,还是慈善技术、慈善项目的迭代,都需要专业人才来推动。”第九、十届湖南省政协常委、湖南师范大学慈善公益研究院院长周秋光认为,让内行人做内行事是行业稳健持久发展的重要保证。他认为,构筑慈善专业人才培养模式要关注3个要点:专业知识体系融会贯通;打破学科壁垒,构建起跨学科、跨专业融合发展的培养模式;慈善专业人才遵循“专业化”和“职业化”的培养理念。在他看来,在对慈善专业人才培养路径的选择上,除了打造本硕博联通的高精尖人才培养体制,还应整合学校、企业、社会三者之间的关系,同时借鉴国内外慈善专业人才培养的成功经验。

为了培养一支职业的公益慈善人才队伍,以专业能力推动慈善事业高质量可持续发展,2023年6月18日,首届中国慈善学院院长圆桌会议在浙江杭州召开。会议由浙江工商大学英贤慈善学院主办,50余位来自全国各地的慈善学院、慈善研究院院长和慈善领域的专家学者、业界人士深入交流探讨,集众智、聚共识,共谋中国慈善教育发展之路。

合力推进,共谋发展,成为与会专家共识。大家纷纷表示,现代慈善教育既需要当下开展慈善教育的高校和专家学者共建共创,也需要高校、教育部门、企业、社会组织等广泛参与,还需要与国外高校、慈善组织等加强互动交流。

此外,国内55家高等院校和机构还联合发起中国高校公益慈善教育共同体。该共同体凝聚了高等院校、政府部门和社会力量,共同推动中国公益慈善教育学科建设、人才培养和价值倡导,为促进中国公益慈善教育事业蓬勃发展作出贡献。

经过多轮互动和研讨,与会人员就公益慈善教育共同体的基本功能和运作机制达成共识,设置教学研究、课程与教材、实践创新及资源筹集4个专业委员会,一起来推动未来的重点工作。

与此同时,近年来的全国两会上,多位代表委员都呼吁要加大慈善专业人才培养力度。

2024年两会期间,全国政协委员、中华慈善总会党委书记孙达建议,支持高校设立公益慈善专业学历学位,依托高等院校、科研院所和专业慈善组织,持续稳定加大慈善专业人才培养力度,打造高素质、复合型慈善人才队伍,为慈善事业注入更多源头活水。

资料来源:赵莹莹,《众多高校纷纷设立公益慈善专业,加强慈善专业人才队伍培养——我国高校公益慈善专业教育方兴未艾》,人民政协网,2024年4月16日(有改动)

第一节　公益劳动概述

公益劳动是指服务于公益事业、不取报酬的劳动。大学劳动技术教育和大学生社会实践活动多属于公益劳动，其目的在于培养大学生为人民服务、为公众谋利益的良好思想品德，推动大学生接触社会、深入生活，参加各种社会实践，形成良好社会风尚。其主要内容包括工农业生产劳动和各种服务性劳动，如参加秋收、植树造林、打扫卫生、帮助军烈属和残疾人（图 10-1）等。大学开展公益劳动活动应以不影响教学为前提，从实际情况出发，在力所能及的情况下，以学校、班级、小组或团队为单位进行，也可个人单独进行。

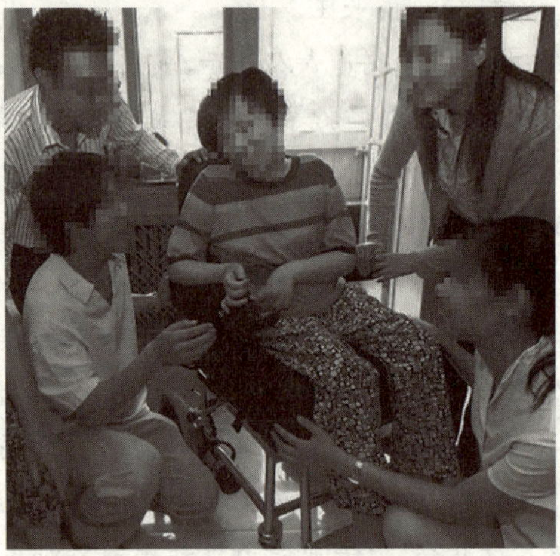

图 10-1　大学生义务帮助残疾人

实践证明，公益劳动在培养大学生诸多优良思想品德方面发挥着至关重要的作用。它有助于大学生树立全心全意为人民服务和为社会主义事业服务的思想观念，使大学生形成自觉自愿地为公共利益付出而不计报酬的劳动态度。同时，公益劳动还能够让大学生关心集体、关心他人，培养他们团结互助的精神、遵守纪律的意识，并促使他们养成爱护公共财物的良好习惯。

组织与安排公益劳动，应有目的、有计划地对学生进行思想教育，讲明公益劳动的意义，引导学生自觉自愿地参加为社会服务的无偿的劳动。此外，也要照顾学生的性别特点和个别差异，妥善安排劳动项目和时间，避免学生负担过重。

要充分发挥大学里共青团和学生会等组织的作用，使公益劳动有广泛的群众基础。大学教师在组织劳动中要以身作则、深入实际，与大学生共同劳动，并适时对他们进行指导和教育。

资料卡片

学生志愿服务管理暂行办法

学生志愿服务是指学生不以获得报酬为目的，自愿奉献时间和智力、体力、技能等，帮助他人、服务社会的公益行为。

学生志愿服务要遵循自愿、公益原则。学生志愿服务内容主要包括：普及文明风尚志愿服务、送温暖献爱心志愿服务、公共秩序和赛会保障志愿服务、应急救援志愿服务以及面向特殊群体的志愿服务等。学生志愿者在志愿服务过程中要弘扬“奉献、友爱、互助、进步”的志愿精神。

学生志愿服务组织方式包括学校组织开展、学生自行开展两类。高校学生可由学校组织开展，鼓励学生自行开展。

学校组织学生参加志愿服务，应充分尊重学生的自主意愿，按照公开招募、自愿报名、择优录取、定岗服务的方式展开，切实做好相关指导、培训和风险防控工作。学校应结合实际，制订学生志愿服务计划，有计划、有步骤地组织学生参加志愿服务。

高校应给予自行开展志愿服务的学生全面支持，扶持志愿服务类学生社团建设，并将志愿服务纳入实践学分管理。

资料来源：《教育部关于印发〈学生志愿服务管理暂行办法〉的通知》，
教育部政府门户网站，2015年3月16日（有改动）

第二节　公益劳动课

公益之旅，不仅是对社会责任的承担，更是个人视野的拓宽与心灵的触动。它鼓励大学生走出象牙塔，以更加开放和包容的心态去观察和体验这个世界，从而激发大学生深层次的思考——关于自我、他人乃至整个社会的深刻反思。

高校通过开设公益劳动课，对大学生进行劳动教育，组织他们参加社会实践，使教育与生产劳动相结合，对于培养全面发展的社会主义事业的合格建设者和接班人具有极其重要的意义。

一、公益劳动课的意义

公益劳动课是通过让大学生参加劳动实践，对大学生进行劳动教育，使大学生能够更好地贯彻理论联系实际的原则，扩大知识面，增强工作责任感，提高自身的实际动手能力，促进大学生全面健康地成长。因此，在高校开设公益劳动课是一个迫切而又具有深远意义的课题。

（一）公益劳动课是实施素质教育的有益探索和实践

1.劳动教育是大学生思想政治教育的必要内容

劳动是一种有目的、有计划、有组织地培养受教育者多种素质的教育活动，是融德育、智育、体育、美育于一体的全面提高大学生素质的综合型教育。劳动教育可以使德育目标落实在大学生的劳动实践中，进而内化为大学生品德。通过公益劳动课，组织大学生参加劳动实践，在劳动实践的过程中，大学生可以通过自己的切身感受加深对所学知识的理解，开阔视野，激发学习热情，增强创造力。同时，在劳动过程中，大学生不仅能够锻炼自身的体力和耐力，增强体质，培养毅力，提高审美能力，还能够激发对生活的热爱之情，形成健康向上的心理素质。因此，在高校中开设公益劳动课，对大学生进行必要的劳动教育，是当代素质教育的必然要求，是促进大学生全面发展的一个重要途径，是大学生思想政治教育的必要内容。

2.劳动教育有助于培养大学生的创新精神

创新能力是大学生综合能力的集中体现和最高境界。公益劳动课不仅要培养大学生的劳动技能技巧，而且要培养大学生的竞争意识，使其创造才能得到有效的发挥。在劳动过程中，大学生能够学到书本上学不到的知识，同时将课堂上学到的显性知识转化为自身的隐性知识，以不断提高自己的知识水平和综合素质。显然，在大学生中开展劳动教育，能有效地调动他们的各种潜能，使其在实践中创造性地分析问题、解决问题，有助于培养大学生的创新意识、创新精神和创新能力，使他们得到全面发展。

(二)公益劳动课是素质教育的迫切要求

在高校中开设公益劳动课，其实质就是对大学生进行劳动素质教育，它是通过参加劳动实践活动进行的一种有目的、有组织、有计划地培养大学生多种素质的教育活动，以提高大学生的劳动技术素质，是素质教育重要的组成部分。一位革命老前辈曾经说过，新时代的青年不读书不行，光读书不参加一定的体力劳动也不行，我们党的教育方针要求青年学生一方面要努力读书，另一方面要参加一定的体力劳动。参加公益劳动课，是培养大学生热爱劳动的习惯，提高实际动手能力的最佳途径。通过劳动教育，学生将成长为有社会主义觉悟的、有文化的劳动者，成长为体力劳动和脑力劳动相结合的创新型人才。

(三)公益劳动课是促进大学生全面发展的必要条件

当代大学生有很大一部分是独生子女，从小在家人的呵护下成长，朝着攻读大学的目标奋发，全神贯注地投入脑力劳动，极少参加体力劳动，真可谓“两耳不闻窗外事，一心只读圣贤书”。这样一来，少数大学生对体力劳动的价值观念发生偏移，甚至影响到正确的道德观念的确立。因此，在进入大学、即将毕业走向社会之前，必须给大学生很好地补上这一重要的课程。在高校中开设公益劳动课，对大学生进行劳动教育，有利于培养大学生全面成才，是促进大学生全面发展的必要条件。

一项针对大学毕业生的跟踪调查结果显示，在劳动和工作中受过锻炼的大学生，大都养成了吃苦耐劳、勤奋敬业、不断追求上进的良好品质，其专业思想相对明确和稳定，事业心普遍较强。特别是在社会主义市场经济的大环境下，这些人已然成为各条战线上的核心力量。

二、公益劳动课的内容

(一)马克思主义劳动观教育

劳动观是无产阶级世界观的奠基石之一。马克思主义劳动观教育对于大学生的成长和发展具有深远意义。大学生应树立正确的劳动观，理解劳动实践的首要地位、劳动的价值和意义。劳动是提高社会生产力的有效方法，是改造现代社会最强有力的手段之一，也是大学生成才的重要途径。

(二)团队意识教育

劳动实践有助于培养大学生的团队意识，让大学生深入了解每个人都不是独立的社会个体，任何工作的完成都需要依靠集体的力量，从而增强大学生的互助、互爱精神和团队精神。

(三)劳动价值观教育

劳动实践有助于让大学生了解劳动的辛苦，懂得现在的美好生活和良好的环境是许多人辛勤努力的结果，教育大学生珍惜自己和别人的劳动成果，从而树立劳动伟大、劳动光荣的价值观。

(四)劳动技能教育

劳动技能教育包括劳动技术的教育和劳动能力的培养。在对大学生进行劳动理论教育的同时，让大学生参加劳动实践,掌握各种劳动的实际操作规程,在保证劳动安全和质量的同时,进一步提高自身的劳动能力。

三、高校开设公益劳动课的方法和途径

(一)建立健全管理机制,制定大纲

公益劳动是一个深入探索、不断创新的过程,因此,在实践过程中要不断完善管理机制,将其纳入教学进程,明确各部门、各院系的工作职责,做到有人策划组织、有人监督评价。

(二)紧密结合思想政治教育工作,完善教育内容

公益劳动课教育主要包括马克思主义劳动观教育、团队意识教育、劳动价值观教育、劳动技能教育等。在教学过程中,任课教师要讲清公益劳动课的必要性和教学意义,让大学生带着问题劳动,在劳动过程中加深体会;逐渐培养大学生团结协作、艰苦创业、不怕吃苦的精神和勇敢顽强的意志力,使大学生树立良好的团队意识;加强劳动纪律和劳动安全教育,使大学生养成良好的劳动习惯。

(三)构架广泛的公益劳动体系和基础

公益劳动课不能仅仅局限于学校,更应结合高校自身的学科特点、学校发展、当地环境等因素,从多角度、多领域开展,使之服务于社会,将其纳入社会服务体系中,从而建立特有的思想政治教育阵地,为大学生思想政治教育提供良好的保障,使大学生素质教育长期有效地开展。

资料卡片

“小青芒”温暖护航第一届全国学生(青年)运动会

2023年11月5日,由教育部、国家体育总局、共青团中央共同主办的中华人民共和国第一届学生(青年)运动会(以下简称学青会)在广西开幕。本届学青会志愿者昵称、标志、形象大使在官方网站正式发布,经过广泛征集和研究讨论,“小青芒”正式成为首届学青会志愿者的专属IP。为了更好地服务比赛,学青会从当年9月底就开始了志愿者骨干营的培训工作。从志愿服务的管理与组织到对志愿者的关怀与激励,志愿者共参加了12个培训讲座。

在本届学青会期间,共青团广西区委从广西32所高校招募了1.65万名志愿者,服务于广西14个市、8个县、8所高校、49个比赛场馆,以及开闭幕式会场、运动员村、主媒体中心、机场车站和城市志愿服务站等场所,为学青会累计提供超过128万小时的服务时长,以优质、高效、专业的志愿服务,赢得了各参赛代表队和社会各界的好评和认可,收到来自运动员、教练员、裁判员和媒体的百余封感谢信和10多面锦旗。

广西大学团委相关负责人介绍,此次广西大学共有600多名“小青芒”志愿者参与学青会各项服务,为运动员温暖护航。学校大力支持志愿者工作,对于需要外出的志愿者,学校安排专车接送,同时延长供应热水时间,发放换洗衣物。南宁志愿者工作从2023年10月15日进行至11月15日。在此期间,“小青芒”们随叫随到,确保了学青会比赛的顺利开展。

2023年12月5日,共青团中央、中国青年志愿者协会作出表彰决定,第一届学青会志愿者群体荣获第十四届中国青年志愿者优秀个人奖。

资料来源:周娜,《这份荣誉属于每一个“小青芒”! 第一届全国学生(青年)运动会志愿者群体获得第十四届中国青年志愿者优秀个人奖》,广西网络广播电视台网站,2023年12月6日(有改动)

第三节　公益劳动实践

一、公益劳动的内容

公益劳动的内容十分丰富，包括社区服务、环境保护、知识传播、社会援助等，如图 10-2~图 10-4 所示。

图 10-2　公益植树

图 10-3　敬老爱老

图 10-4　疏导交通

二、社会组织赞助公益劳动的类型

比较大型的公益劳动需要一定的资金和资源支持，单靠大学生群体往往很难开展，这就需要争取社会组织的赞助。社会组织赞助公益劳动的类型一般有体育赞助、文化赞助、教育赞助和福利慈善等。

（一）体育赞助

体育赞助活动，往往是社会组织进行公益活动的重要选择。常见的有赞助某一项体育运动、赞助某一次体育比赛和赞助体育设施的购置等多种方式。

(二)文化赞助

社会组织进行文化生活方面的大型文艺公益活动,不仅可以促进文化事业的发展,丰富公众的生活内容,而且可以培养与公众的良好感情,大大提高社会组织的知名度。这类赞助方式有对文化活动的赞助和对文化事业的赞助两种。

(1)对文化活动的赞助,如对大型联欢晚会、文艺演出、电视节目制作和电影拍摄等的赞助。公益文化活动主要有以下 10 种表现形式。

①一般型公益文化活动,如广场文化活动、艺术节、文化宣教等。

②捐助型公益文化活动,如慈善拍卖、义演、主题捐赠等。

③高雅型公益文化活动,如诗会(朗诵)、读书会、书画展等。

④竞赛型公益文化活动,如歌咏比赛、征文比赛、书画比赛等。

⑤交流型公益文化活动,如城乡交流、城市交流、国际交流等。

⑥名人主导型公益文化活动,如社会名流、政要、热点人物参加的文化活动等。

⑦学习型公益文化活动,如讲座、夏令营、特殊训练班等。

⑧旅游型公益文化活动,如参观、考察、探险等。

⑨民族文化型公益文化活动,如少数民族风情展、古代文化研讨会、文物展等。

⑩重大事件型公益文化活动,如与奥运、突发事件、重大工程相关的文化活动等。

(2)对文化事业的赞助,如对科学与艺术研究、图书出版和文化艺术团体等的赞助。

(三)教育赞助

教育是立国之本,发展教育事业是国家的基本战略。社会组织赞助教育事业,不仅有利于教育事业的发展,而且有利于融洽社会组织与教育单位的关系,有利于社会组织的人才招聘与培训,有利于树立社会组织关心社会教育的良好形象。常见的教育赞助方式有以下 3 种。

(1)赞助学校的基本建设,如图书馆、实验楼等的建设,或者为贫困地区建校办学、修缮校舍或场地。

(2)赞助学校专项经费,如提供专项科研基金、设立奖学金等。

(3)赞助教学用品,如教学设备、器材和图书资料等。

(四)福利慈善

赞助社会福利和慈善事业,是指社会组织通过出资参加社区市政建设,为各种需要社会照顾的人提供物质帮助和开展义务服务活动等措施的活动。对社会承担义务和责任,既有利于社会组织搞好与社区、政府、公众的关系,又有利于扩大社会组织的影响。常见的赞助社会福利和慈善事业形式有赞助敬老院、福利院、康复中心、公园、少年宫,在一些地区或单位遭受灾难时提供资助,出资修建社区道路、天桥,赞助残疾人事业,等等。

资料卡片

"善行 100"活动

中国乡村发展基金会于 2024 年 11 月 2 日至 12 月 1 日开展"2024 年善行 100 · 温暖行动"活动,活动的目的是吸引全国 48 所高校的大学生志愿者在 18 个省(自治区、直辖市)29 个城市开展劝募活动,为欠发达地区儿童筹集爱心包裹。

"善行 100"活动是由中国乡村发展基金会于 2011 年发起的一项全国性大学生公益志愿服务活动。活动倡导青年大学生投入百分百的热情参与公益慈善事业,推动营造社会全民公益的良好氛围;活动倡导青年大学生投入百分百的努力，以志愿精神开展社会募款动员，帮助更多乡村地区儿童圆梦，助力乡村振兴；活动倡导青年大学生投入百分百的精力，拓展社会视野，增强适应能力，提升综合素质，实现助人自助、自我提升。

"善行100"活动自启动以来，已经开展21期，31个省(自治区、直辖市)、127个城市、328所高校、83.97万名大学生志愿者参与，累计72.16万余名欠发达地区小学生受益。

2022年，"善行100"活动被推选为全国学雷锋志愿服务"四个100"先进典型宣传推选活动最佳志愿服务项目。2023年11月，在由《南方周末》主办的"凝聚向善的力量"2023筑梦者公益大会上，"善行100"活动入选2023中国公益项目品牌榜前十。

资料来源：《点亮志愿之光，续写爱心篇章——2024年善行100·温暖行动正式启动》，中国乡村发展基金会网站，2024年10月31日(有改动)

思考与实训

一、思考题

(1)简述公益劳动的含义。

(2)公益劳动课的意义有哪些?

(3)公益劳动课的内容有哪些?

(4)高校开设公益劳动课的方法和途径有哪些?

(5)公益文化活动的表现形式主要有哪些?

二、实训实践活动——今天来帮厨，体验食堂食品加工

1.实践目标

(1)通过参与食堂食品生产和卫生清理劳动，深入了解食堂运转机制，将理论知识与生产劳动相结合，更好地适应社会生活。

(2)通过参加食堂劳动工作，获得一定的生产知识及相应的技能，体验劳动生活，从而养成不浪费粮食、勤俭节约的良好习惯。

(3)搭建学生与食堂服务工作之间的沟通桥梁，发挥学生自我教育、自我管理、自我服务的优势，进一步保障学生就餐权益，改善学生就餐体验，不断提升食堂服务工作质量。

2.基本要求

了解基本食品安全知识及各项指标要求，面对可能出现的各种问题掌握一定的处理方法。对食堂工作内容要充分了解，做好心理准备和服务技能准备。具备一定的食品加工知识和食堂清洁能力，在必要情况下掌握器具维修技能。掌握基本的沟通能力，做好学校食堂后勤与同学之间的沟通工作。

3.活动设计

(1)活动宣传。

无偿的志愿行为，由学校组织志愿者去食堂帮厨，分批次进行；长期的勤工助学行为，由学校向各学院下发本学期勤工助学岗位通知及岗位要求，学院向各专业班级同学传达。负责教师向学院负责学生介绍勤工助学岗位职责及人员要求。

(2)活动参与。

①学生本人填写"勤工助学申请书"，学院根据实际情况审批，报勤工助学中心备案。

②经批准参加勤工助学活动的学生，将资料录入勤工助学管理系统，并接受勤工助学中心统一组织的

岗前培训,培训合格后发放勤工助学上岗证。

③学生持勤工助学上岗证到指定岗位直接上岗或参加设岗部门组织的竞争上岗。

4.岗位职责要求

(1)要求责任心强,工作踏实仔细,能够很好地完成交付的各项工作任务。

(2)热爱后勤服务工作,树立全心全意为师生员工服务的思想,态度和蔼,服务热情;协助食堂经理维护进餐秩序,督促保洁员做好大厅卫生。

(3)加强与进餐学生的沟通,在食堂经理的指导下回复食堂意见本上进餐师生的意见,并将好的建议收集整理成文字材料后汇报给食堂经理;完成食堂经理临时交办的其他工作。

5.安全保护

负责教师应细心组织、领导学生完成各项工作,完善岗位机制,培养学生负责任、勇担当的意识。学生自己应做好心理和技能准备,对工作内容做到充分了解。做好食堂安全保卫工作,增强防火安全意识,在工作场所内,除工作用电外,严禁其他个人用电行为和明火等,以免出现安全隐患。

6.考核评价

对于短期无偿帮厨的志愿者,由食堂指导教师和带队教师负责对其行为表现进行评价。对于在食堂进行食品加工岗位勤工助学的学生,由食堂指导教师负责对其进行考核评价,评定是否合格,是否按期正常发放勤工助学工资。若出现工作不配合或不认真,私自占有或损坏食堂公共财物,对工作情况汇报不属实,对食堂工作造成严重影响的学生,则食堂指导教师可根据其个人表现情况相应扣除部分工资并写进表现记录里。

7.温馨提示

"一粥一饭,当思来处不易;一丝一缕,恒念物力维艰。"其意思是:吃每一碗粥、每一碗饭时,应该想想这些食物里有多少人的付出,多少能源的消耗,真的是来之不易;我们生活所需的每根丝、每缕线,都要常常想想其中包含几多物质能源和几多人的心血,应该好好珍惜。要怀着敬畏和感激之心,来对待一切劳动成果。

第十一章 垃圾分类

思政目标

高校每日会产生大量的垃圾，这些垃圾若未经分类回收再利用而是任意弃置，那么将会造成环境污染。随着经济的发展和人民生活水平的提高，高校的垃圾问题也日益突出。高校的师生们应在垃圾分类的环保公益活动中起到先锋带头作用，用简单、有效的方法进行垃圾分类，把垃圾变成有效的资源。高校垃圾分类工作既是与师生生活密切相关的小事，也是事关生态环境的大事。大学生应了解垃圾分类的原则、国内外垃圾分类模式、国内外高校垃圾分类模式，理解垃圾分类的意义，认识垃圾分类的主要问题和解决办法，并养成垃圾分类的良好习惯。

思维导图

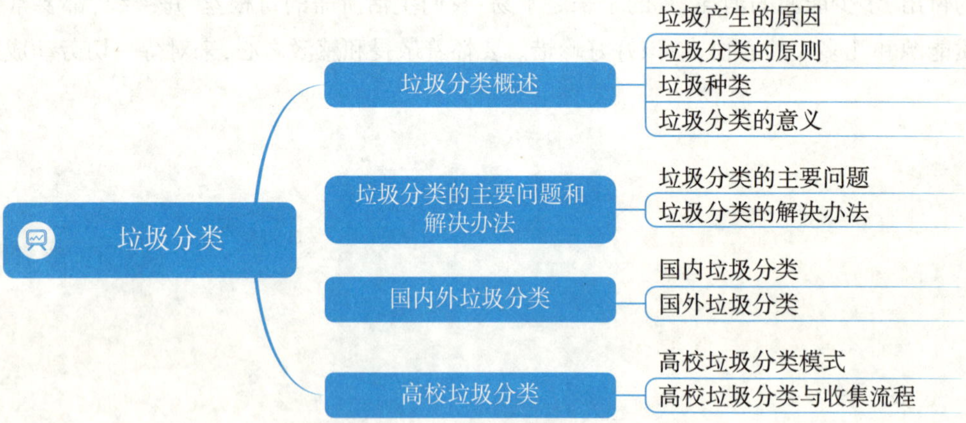

思政园地

推动大规模设备更新和消费品以旧换新行动方案

2024 年 3 月 7 日，国务院印发《推动大规模设备更新和消费品以旧换新行动方案》（以下简称《行动方案》）。《行动方案》坚持市场为主、政府引导，鼓励先进、淘汰落后，标准引领、有序提升，实施设备更新、消费品以旧换新、回收循环利用、标准提升四大行动，大力促进先进设备生产应用，推动先进产能比重持续提升，推动高质量耐用消费品更多进入居民生活，畅通资源循环利用链条，大幅提高国民经济循环质量和水平。

《行动方案》提出，到 2027 年，工业、农业、建筑、交通、教育、文旅、医疗等领域设备投资规模较 2023 年增长 25%以上；重点行业主要用能设备能效基本达到节能水平，环保绩效达到 A 级水平的产能比例大幅提升，规模以上工业企业数字化研发设计工具普及率、关键工序数控化率分别超过90%、75%；报废汽车回收量较2023年增加约一倍，二手车交易量较2023年增长45%，废旧家电回收量较2023年增长30%，再生材料在资源供给中的占比进一步提升。

《行动方案》明确了5个方面20项重点任务。一是实施设备更新行动。推进重点行业设备更新改造，加快建筑和市政基础设施领域设备更新，支持交通运输设备和老旧农业机械更新，提升教育文旅医疗设备水平。二是实施消费品以旧换新行动。开展汽车、家电产品以旧换新，推动家装消费品换新。三是实施回收循环利用行动。完善废旧产品设备回收网络，支持二手商品流通交易，有序推进再制造和梯次利用，推动资源高水平再生利用。四是实施标准提升行动。加快完善能耗、排放、技术标准，强化产品技术标准提升，加强资源循环利用标准供给，强化重点领域国内国际标准衔接。五是强化政策保障。加大财政政策支持力度，完善税收支持政策，优化金融支持，加强要素保障，强化创新支撑。

《行动方案》要求，各地区、各部门要在党中央集中统一领导下，完善工作机制，加强统筹协调，做好政策解读，营造推动大规模设备更新和消费品以旧换新的良好社会氛围。

资料来源：《国务院关于印发〈推动大规模设备更新和消费品以旧换新行动方案〉的通知》，中国政府网，2024年3月13日（有改动）

第一节　垃圾分类概述

党的二十大报告指出，“尊重自然、顺应自然、保护自然，是全面建设社会主义现代化国家的内在要求。”这就要求我们要始终坚定不移地走生态优先、绿色发展之路，构建人与自然和谐共生的新格局。“建设美丽中国”这一历史任务，对生态环境建设进一步发展必将起到极大的促进作用。作为新时代大学生，应加强环保专业技术理论学习，做好技术保障，从而切实解决突出的环境问题。打好污染防治攻坚战，促进生态环境根本好转，努力实现美丽中国目标，应从垃圾分类开始。

垃圾分类科普

垃圾分类，是指按一定规定或标准将垃圾分类储存、分类投放和分类搬运，从而转变成公共资源的一系列活动的总称。垃圾分类的目的是提高垃圾的资源价值和经济价值，力争物尽其用。

一、垃圾产生的原因

每个人每天都会产生许多垃圾。垃圾产生的原因一般包括以下5个方面。

(1)食品加工或消费：在食品加工和消费过程中，会产生大量的易腐垃圾，如食物残渣、果皮等。

(2)商品的使用：商品在使用后，其包装（如袋、箱、瓶、罐、盒等）成为包装垃圾。

(3)文娱、办公：文娱、办公中产生的废旧书报、杂志、纸张、文具残余等都是垃圾。

(4)个人护理：用完的化妆品盒（瓶）、过期药品、废弃的衣物等成为垃圾。

(5)居家服务：尘土、洗涤用品、杀虫剂残余、园艺的残枝落叶、宠物粪便等都是垃圾。

在一些垃圾管理较好的地区，大部分垃圾会得到卫生填埋、焚烧、堆肥等无害化处理，而更多地方的垃圾则常常被堆放（图11-1）或填埋，导致臭气蔓延，并且污染土壤和地下水体。

图 11-1　垃圾堆放

垃圾无害化处理的费用是非常高的。根据处理方式的不同，处理 1 吨垃圾所需的费用在一百元至几百元不等。当下，人们毫无节制地大量消耗资源，进行大规模的生产及消费，进而又源源不断地制造出大量垃圾，长此以往，后果将不堪设想。

二、垃圾分类的原则

（一）分而用之

垃圾分类的目的就是将废弃物分流处理，利用现有生产制造能力，对回收品进行有效的回收利用，包括物质利用和能量利用，对暂时无法利用的无用垃圾予以填埋处置。

（二）因地制宜

由于各地、各区、各社（区）、各小区的地理环境、经济水平，企业回收利用废弃物的能力，居民来源、生活习惯、经济与心理承受能力等各不相同，因此要因地制宜地实行垃圾分类。

（三）自觉自治

社区和居民，包括企事业单位，应逐步养成“减量、循环、自觉、自治”的行为规范，创新垃圾分类处理模式，成为垃圾减量、分类、回收和利用的主力军。

（四）减排补贴，超排惩罚

制定单位和居民垃圾排放量标准，低于这一排放量标准的给予补贴，超过这一排放量标准的则予以惩罚。减排越多补贴越多，超排越多惩罚越重，以此提高单位和居民实行源头减量和排放控制的积极性。

（五）捆绑服务，注重绩效

当居民还没有自愿和自觉行动而居（村）委和政府的资源又不足时，推动分类排放需要物业管理公司和其他企业介入。但是，仅靠承接分类排放业务，企业难以获得利润，故企业一般不愿介入，然而，若推行捆绑服务，便能有效解决这个问题。将分类排放业务与垃圾收运、干湿垃圾处理业务捆绑，可促进垃圾分类资本化，保障企业合理盈利。

三、垃圾种类

垃圾一般可分为可回收垃圾、厨余垃圾、有害垃圾、其他垃圾四类。

（一）可回收垃圾

可回收垃圾主要包括废纸、塑料、玻璃、金属物和纺织物 5 大类（图 11-2 所示为常见可回收垃圾）。

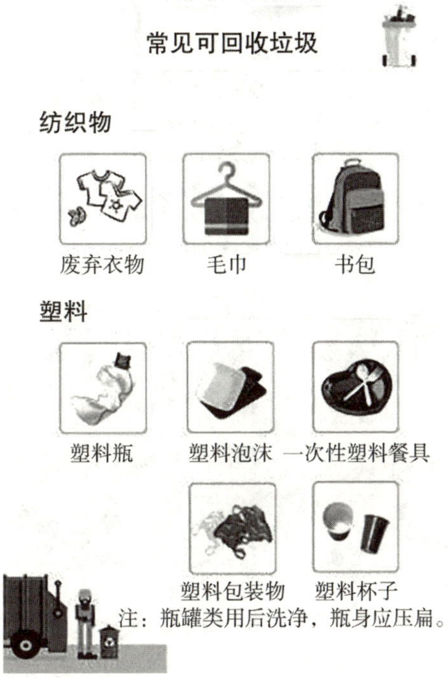

图 11-2 常见可回收垃圾

1.废纸

废纸主要包括报纸、期刊、图书、各种包装纸等。但是，要注意纸巾和卫生纸由于水溶性太强，不可回收。

2.塑料

塑料包括各种塑料袋、塑料泡沫、塑料包装、一次性塑料餐盒餐具、硬塑料、塑料牙刷、塑料杯子、矿泉水瓶等。

3.玻璃

玻璃主要包括各种玻璃瓶、碎玻璃片、镜子等。

4.金属物

金属物主要包括易拉罐、罐头盒等。

5.纺织物

纺织物主要包括废弃衣服、桌布、毛巾、书包、鞋等。

以上 5 大类垃圾通过综合处理回收利用，可以减少污染，节省资源。例如，每回收 1 吨废纸可造好纸 850 千克，节省木材 300 千克，比等量生产减少污染 74%；每回收 1 吨塑料饮料瓶可获得 0.7 吨二级原料；每回收 1 吨废钢铁可炼好钢 0.9 吨，比用矿石冶炼节约成本 47%，减少 75%的空气污染，减少 97%的水污染和固体废物排放。

(二)厨余垃圾

厨余垃圾(图 11-3)包括过期食品、剩菜剩饭、骨头、菜根菜叶、果核果皮、废弃食用油等食品类废物。残枝落叶也归类在厨余垃圾中。厨余垃圾经生物技术就地处理堆肥，每吨可生产 0.6~0.7 吨有机肥料。

图 11-3 厨余垃圾

(三)有害垃圾

有害垃圾(图 11-4)是指含有对人体健康有害的重金属、有毒的物质或对环境造成现实危害或者潜在危害的废弃物,包括废电池、废灯管灯泡、废水银温度计、油漆罐、部分废弃家电、过期药品、过期化妆品、农药罐、杀虫剂的容器、强效清洁剂的容器等。这些垃圾一般是通过单独回收或填埋来处理的。

图 11-4 有害垃圾

(四)其他垃圾

其他垃圾(图 11-5)包括除上述几类垃圾之外的砖瓦陶瓷、渣土、卫生纸、纸巾等难以回收的废弃物及尘土、食品盒(袋)。其他垃圾通过卫生填埋可有效减少对地下水、地表水、土壤及空气的污染。需要注意的是,大骨头、海鲜贝壳因为难分解被列入其他垃圾。

图 11-5　其他垃圾

1.卫生纸

卫生纸、纸巾遇水即溶，不算可回收的纸张，类似的还有烟盒等。

2.食品盒（袋）

制造食品盒（袋）的原材料包括塑料、纸等，其本身是可回收垃圾，但食品盒（袋）在受到食品污染后失去了回收再利用的价值，因此其属于其他垃圾。

3.尘土

在垃圾分类中，尘土属于其他垃圾。

资料卡片

一组关于全球废物的数字

根据联合国环境规划署的统计，人类每年产生21亿~23亿吨城市固体废物。约有27亿人缺乏获得废物收集服务的渠道，其中20亿人生活在农村地区。每年有数十万人死于与废物管理不善有关的疾病。

将城市固体废物装入标准集装箱，每年可环绕地球25圈。

每年供应给消费者的食物中，有19%被浪费。

世界正处于气候变化、生物多样性丧失、污染和废物的三重发展危机之中。倘若不采取紧急行动，到2050年，人类每年产生的城市固体废物将达到38亿吨，每年将造成6 403亿美元的损失。

《全球电子垃圾监测》报告显示，2022年全球电子垃圾的产生量相比2010年增长了82%，达到了创纪录的6 200万吨，相当于全球每人每年产生了7.8千克电子垃圾。仅22.3%的电子垃圾被妥善收集并回收利用。在2022年产生的电子垃圾中，约1 400万吨被非法倾倒至垃圾场，导致一些有害化学物质暴露于环境中。联合国训练研究所估计，不合规的处理方式导致每年有58吨汞和4.5万吨含溴化阻燃剂的塑料被释放到环境中，这一污染造成的经济成本高达780亿美元。预计到2030年，全球电子垃圾产生量将比2022年增长33%，达到8 200万吨，而全球电子垃圾回收率将降至20%。

2022年12月14日，联合国大会第七十七届会议通过一项决议，宣布每年的3月30日为国际零废物日，旨在促进形成可持续消费和生产模式，引导向循环型社会转变，并促进健全废物管理，最大限度地减少垃圾，降低废弃物对地球的影响，以及提高人们对联合国2030年可持续发展目标的认识。

2018年12月，国务院办公厅印发了《“无废城市”建设试点工作方案》，这是我国固体废物领域生态文明体制改革的一个重要组成部分。2021年12月，生态环境部会同17个部门印发《“十四五”时期“无废城市”建设工作方案》，其中明确提出，“十四五”时期，将推动100个左右地级及以上城市开展“无废城市”建设。

资料来源：《【数据】可绕地球25圈！关于废物污染的惊人数字》，
“生态中国网”微信公众号，2024年4月2日(有改动)

四、垃圾分类的意义

垃圾分类是对垃圾收集处置传统方式的改革，是对垃圾进行有效处置的一种科学管理方法。面对日益增长的垃圾产量和不断恶化的环境状况，人们应如何运用垃圾分类管理，最大限度地实现垃圾资源利用，减少垃圾处置量，改善生存环境质量，是当前世界各国共同关注且亟待解决的问题之一。

你辛苦分类的垃圾都去哪了?

垃圾增多的原因在于人们生活水平的提高及各项消费的增加。经过高温焚化后的垃圾虽然不会占用大量的土地，但浪费和污染惊人。难道我们对待垃圾就束手无策了吗？实际上并非如此，办法就是垃圾分类。垃圾分类就是在源头将垃圾分类投放，然后通过分类清运和回收，使之重新变成资源。

(一)减少占地

生活垃圾中有些物质不易降解，会使土地受到严重侵蚀。实行垃圾分类，通过去掉可以回收的、不易降解的物质，能够使垃圾数量减少60%以上，从而可以有效减少占地。

(二)减少污染

目前我国的垃圾处理多采用卫生填埋甚至简易填埋的方式，这一方式致使大量土地被占用，多达上万亩。不仅如此，这种填埋方式还带来诸多环境问题，如虫蝇乱飞、污水四溢、臭气熏天，对环境造成了严重污染。

废弃的电池含有金属汞、镉等有毒物质，会对人类产生严重的危害；土壤中的废塑料会导致农作物减产；抛弃的废塑料被动物误食，导致动物死亡的事故时有发生。因此，垃圾回收利用还可以有效减少污染。

(三)变废为宝

中国每年使用塑料快餐盒达40亿个，方便面碗5亿~7亿个，一次性筷子几十亿双，这些占生活垃圾的8%~15%。1吨废塑料可回炼600千克柴油。回收1 500吨废纸，可免于砍伐用于生产1 200吨纸的林木。1吨易拉罐熔化后能结成1吨优质铝块，可少开采20吨铝矿。生活垃圾中有30%~40%可以回收利用，应珍惜这个小本大利的资源。大家也可以利用易拉罐、纽扣、自行车轮毂等制作小摆设或生活用品，既环保，又节约资源(图11-6~图11-8)。

图 11-6　用易拉罐制作的精致“汽车”

图 11-7　用纽扣制作的挂画

图 11-8　用自行车轮毂制作的台灯

而且，垃圾中的其他物质也能转化为资源，如食品、草木和织物可以堆肥，生产有机肥料；垃圾焚烧可以发电、供热或制冷；砖瓦、灰土可以加工成建材；等等。各种固体废物混合在一起是垃圾，分选开便是资源。如果能充分挖掘、回收存在于生活垃圾中的资源潜力，那么将获得巨大的经济效益。对于消费环节产生的垃圾，如果能及时进行分类，并在此基础上进行回收再利用，那么无疑是解决垃圾问题的最好途径。

垃圾分类的好处是显而易见的。垃圾分类后被送到工厂而不是填埋场，既省下了土地，又避免了填埋或焚烧所产生的污染，还可以变废为宝。在这场人与垃圾的战役中，人们把垃圾从敌人变成了朋友。

因此，进行垃圾分类收集可以减少垃圾处理量，减少处理设备的投入，降低处理成本，减少土地资源的消耗，具有社会、经济、生态三方面的效益。

资料卡片

废旧纺织品循环利用

自 2024 年 11 月 1 日起，北京邮政增开旧衣物回收业务。居民可就近选择全市 700 多个邮政营业网点送去旧衣物，每千克旧衣物可兑换 7 毛钱日用品。

旧衣物算不得"垃圾",一扔了之让人可惜。除了出售、捐赠,它们再生利用的空间很大。据了解,每吨旧衣物直接产生的经济效益在400~800元之间。我国作为全球第一纺织大国,纺织纤维加工总量占全球50%以上,但废旧纺织品的利用率相对不高。2023年我国废旧纺织品的产生量超过2 334万吨,回收利用量仅为550万吨。

废旧纺织品循环利用是有效补充中国纺织工业原材料供应、缓解资源环境压力的重要措施,也是建立健全绿色低碳循环发展经济体系的重要内容,对节约资源、减污降碳具有重要意义。近年来,有关部门通过税收优惠、资金支持等形式,推动废旧纺织品循环利用行业发展,取得了积极进展,但总体上仍存在回收体系不够健全、关键技术较为薄弱、行业标准有待完善、综合利用效率不高等问题。

2022年3月31日,国家发展改革委、商务部、工业和信息化部联合印发《关于加快推进废旧纺织品循环利用的实施意见》(以下简称《实施意见》)。《实施意见》提出,到2025年,废旧纺织品循环利用体系初步建立,循环利用能力大幅提升,废旧纺织品循环利用率达到25%,废旧纺织品再生纤维产量达到200万吨。到2030年,建成较为完善的废旧纺织品循环利用体系,生产者和消费者循环利用意识明显提高,高值化利用途径不断扩展,产业发展水平显著提升,废旧纺织品循环利用率达到30%,废旧纺织品再生纤维产量达到300万吨。

《实施意见》从生产、回收、综合利用3个方面,确定了推行纺织品绿色设计、鼓励使用绿色纤维、强化纺织品生产者社会责任、完善回收网络、拓宽回收渠道、强化回收管理、规范开展再利用、促进再生利用产业发展、实施制式服装重点突破九条具体措施。

在回收网络方面,设置废旧纺织品专用回收箱或相关设施,让回收箱进社区、进机关、进商场、进校园,提高回收箱覆盖率。回收废旧纺织品不仅在城市,还将结合农村实际,探索推进农村废旧纺织品回收。

在回收渠道方面,积极发展"互联网+回收",促进线上线下融合发展。探索一袋式上门回收、毕业季进校园等新型回收模式。培育回收龙头企业,建立重点联系企业制度。鼓励有关行业协会和企业建设废旧纺织品回收及资源化利用信息化平台,提高信息透明度,增强公众参与废旧纺织品循环利用的积极性。

在再生利用方面,扩大废旧纺织品再生利用规模,加强纺织工业循环利用废旧纺织品,推动废旧纺织品再生产品在建筑材料、汽车内外饰、农业、环境治理等领域的应用,鼓励将不能再生利用的废旧纺织品规范开展燃料化利用等。

资料来源:田闻之,《锐评|克制"买买买"改变"扔扔扔",也是一种生活态度》,京报网,2024年11月18日(有改动)

第二节 垃圾分类的主要问题和解决办法

一、垃圾分类的主要问题

(一)回收萎缩

国营垃圾回收日见萎缩。我国是最早提出垃圾分类收集的国家之一。以北京为例,1965年,二环路以内的国营废品收购站有2 000多个;20世纪80年代开始,其规模严重萎缩;1997年,三环路以内的国营废品收购站仅剩 16 个。我国垃圾分类处理的设备较少，通过机械化分类成本较高，规模有限，不能满足垃圾分类处理的需要。

（二）拾荒大军

拾荒大军问题众多。根据北京社会科学院 2006 年的调查结果，北京当时有 30 万拾荒者，他们一年能从北京“捡”走 30 亿元。这些废弃物转化成为新的资源，客观上减轻了政府处理垃圾的负担，减少了巨大的处理费用，延长了垃圾填埋处理场的使用寿命。但是，这些民间自发的拾荒者（图 11-9），均无经营资质，他们在拾荒过程中缺乏相应的规范、检验和约束机制，致使垃圾在捡拾、收集、运输、加工过程中造成严重的二次污染，而且他们自身的传染病发病率也较高。

图 11-9　拾荒者

（三）垃圾道

垃圾道成为百姓的苦恼。在高楼林立的城市，垃圾道成为许多地方的卫生死角。脏乱不堪、散发恶臭的垃圾道口，使得居民每当走过垃圾道口时都避之不及，而底层的住户更是苦不堪言，在炎热的夏季甚至不敢打开门窗。

（四）袋装垃圾

袋装垃圾并非长久之计。一些地方实行封闭垃圾道，用塑料袋装垃圾定时回收的办法，以减少垃圾露天堆放对环境的影响。2000 年 2—5 月，北京组织了一次“发展绿色流通，倡导绿色消费”的大型绿色消费调查。调查结果表明，消费者使用后的商场购物袋重复使用的占 89.91%，其中，充当垃圾袋的占 57.05%。

（五）不懂垃圾分类

一些街边虽然采用了分类垃圾桶，但许多人不知道如何进行垃圾分类投放，不知道什么是可回收垃圾、什么是不可回收垃圾。在一些社区，由于民间环保组织的倡导，也开展了垃圾分类的尝试，但环卫局的垃圾车却把分类好的垃圾混在一起运走了，这一行为严重挫伤了百姓的环保积极性，产生了负面影响。可见，如果没有完整的收购、运输、销售、加工、成品市场等组织构成的再利用产业体系的支持，垃圾分类便无法产生经济效益，最终只能是劳民伤财的空忙。

（六）埋不胜埋、烧不胜烧

随着经济的发展和人民生活水平的提高，垃圾问题日益突出。据统计，我国 600 余座城市，2/3 被垃圾环带包围。这些垃圾埋不胜埋、烧不胜烧，造成了一系列严重危害。

垃圾资源化潜力随着生活水平和经济的发展也在不断提升。在垃圾成分中，金属物、纸类、塑料、玻璃被视为可直接回收利用的资源，占垃圾总量的 42.9%，可直接回收利用率应不低于 33%。

二、垃圾分类的解决办法

面对如此现状，一定要尽快规范拾荒者的经营行为，加强引导和管理，在使其减少对社会不良影响的前提下，实现从无序到有序经营的转变，充分发挥垃圾分类回收利用的作用。更重要的是，必须建立更加超前的垃圾分类回收体系。

（一）树立垃圾分类的观念

广泛开展垃圾分类的宣传、教育和倡导工作，使群众树立垃圾分类的环保意识，阐明垃圾对社会生活造成的严重危害，宣传垃圾分类的重要意义，呼吁群众积极参与垃圾分类。同时，教会群众垃圾分类的知识，使群众逐渐将垃圾分类内化成为自觉和习惯性的行为。

（二）改造或增设垃圾分类回收的设施

垃圾分类应逐步细化。垃圾分类做得越细越精，越有利于回收利用。可以用不同颜色的垃圾桶分别回收包装垃圾、植物垃圾、生活垃圾、电池和灯泡等特殊的垃圾。垃圾桶上必须注明回收的类别和简要使用说明，以指导群众使用。垃圾桶也可以成为企业广告的载体，企业可以承担制作费用。

社区回收站可由社区物业或居委会负责管理，完善现代社区的垃圾经营和回收服务功能，使垃圾回收成为其创收的途径，贴补群众卫生保洁费用。政府可实行减免经营税的倾斜政策，来调动社区的管理积极性。新建小区更是要合理规划垃圾回收站，并使其逐渐成为审批和验收的必备条件，强化新型社区的综合功能。

（三）改善垃圾储运形式

对一些体积大的垃圾，应该压缩后进行储运。尤其应注意的是，要对环卫局的垃圾回收车进行分隔式改造，分类装载垃圾。充分发挥原有垃圾回收渠道的作用，将可回收再利用的垃圾转卖到企业。另外，建立垃圾下游产业的专门回收队伍，由厂家直接回收，实现多渠道回收，引入价格和服务的竞争机制，以此提高他们的服务质量和垃圾的回收率。

（四）实行家庭短期收集，定期分时段分类回收

分类垃圾可以由家庭暂时保管不超过一星期。环卫每天早晨收集容易腐烂的菜叶厨余垃圾，中午收集可回收垃圾，下午收集建筑垃圾，晚上收集其他垃圾。社区或物业管理部门定期对新来住户上门指导或发放宣传册，让社区每一位居民都知道如何进行垃圾分类。有条件的地区，还要定期播放学习先进地区环保收集垃圾的视频，提高本地区居民的素质，养成爱护环境就是爱护自己的习惯。

资料卡片

环保购物袋

当在超市购物买了大量商品时，很多人可能不会拒绝几毛钱的塑料袋，这似乎只是一个小小的塑料袋，但从中国14多亿人口的角度考虑，则可能产生上百吨的塑料袋垃圾，严重影响生态环境。为此，很多专家与环保人士都呼吁使用环保购物袋。

所谓环保购物袋，是可以产生环保价值的购物袋，一般是指可重复多次使用，并且其制作材料能被自然降解的安全并环保的购物袋。为建设资源节约型和环境友好型社会，从源头上采取有力措施，督促企业生产耐用、易于回收的购物袋，引导、鼓励群众合理使用塑料购物袋，能够极大地促进资源综合利用，保护生态环境，进一步推进节能减排工作。

环保购物袋主要包括以下4个标准。

（1）能承受力。作为购物袋，耐力是基本要求。无纺布制作的购物袋，因接缝直接用胶水黏合缺乏承载力，不符合能承受力的标准，不能归类为环保购物袋。试想一下，环保袋突然断裂，袋子里的鸡蛋掉到地上摔碎了，让消费者无法接受。

（2）可以重复利用。塑料袋之所以被称为“白色污染”，是因为其一次性使用后就扔掉。使用环保购物袋时需要具备环保意识，无论是什么样的袋子，都可以多次重复使用。

（3）终端产品的环保。环保购物袋进入垃圾处理过程时，不应产生对环境有害的物质。以可降解环保购物袋为例，采用的基材和母材都具有可降解的特性，可以在一段时间内完全降解，且降解后只产生水、二氧化碳和土壤有机物质，真正实现终端环保、完全降解。

（4）传播环境保护理念。环保购物袋作为人们日常高频使用的物品，是一种良好的环保理念传播介质，在生产的可分解环保购物袋上印有“使白色污染远离地球”“脱离束缚”等文字或环保符号，有助于促进环保理念的传播。

资料来源：夏都西宁，《公共机构节能宣传：你知道什么是真正的环保袋吗?》，澎湃新闻·澎湃号·政务，2023 年 7 月 11 日（有改动）

第三节　国内外垃圾分类

一、国内垃圾分类

垃圾分类对于一向勤俭持家的中国人来说并不陌生。例如，牙膏皮攒起来回收，橘子皮用来制药，生物垃圾用来做堆肥，废布料、玻璃瓶等都能得到再利用。分类后的垃圾，既避免了垃圾公害，又为工农业生产提供了原料。

如今我们的生活好了起来，于是很多人便不再在意卖废品换回的零钱。勤俭节约、废物利用，这是中华民族的传统美德。我们每个人都是垃圾的制造者，又是垃圾的受害者，但我们更应是垃圾公害的治理者，我们每个人都可以通过垃圾分类来战胜垃圾公害。

垃圾分类是文明的体现，是国家生态发展的需要，是造福百姓的新时尚。近年来，我国加速推行垃圾分类制度，全国垃圾分类工作由点到面、逐步启动、成效初显。截至 2024 年 5 月，全国地级及以上城市居民小区垃圾分类覆盖率达到 92.6%。46 个重点城市已率先建立比较完备的垃圾分类投放、分类收集、分类运输、分类处理系统。部分靠近城市周边区域的农村，也已经试行垃圾分类。

二、国外垃圾分类

（一）日本的垃圾分类

日本的垃圾分类（图 11-10）主要有以下 4 个特点。

图 11-10　日本的垃圾分类

国外垃圾
分类案例

1.分类精细,回收及时

日本的垃圾最大分类有可燃类、不可燃类、资源类、粗大类、有害类,这几类再细分为若干子项目,每个子项目又可分为若干孙项目,以此类推。日本横滨市曾把垃圾类别由原来的5类细分为10类,并给每个居民发放了长达27页的《生活垃圾分类弃置手册》,共涉及518种不同的垃圾。手册中规定:唇膏属于可燃类,用光了的唇膏管子则属于小金属或塑料类;高度不超过30厘米的铁罐属于小金属类,超过30厘米的铁罐则属于大型废物;单只袜子归于可燃类,成双的袜子则归于旧布类;领带属于旧布类,但必须是干净和干燥的;等等。

在回收方面,有的社区摆放着一排分类垃圾桶;有的社区则没有垃圾桶,而是规定在每周特定时间把特定垃圾袋放在特定地点,由专人及时拉走。例如,在东京都港区,每周三、周六上午收可燃垃圾,周一上午收不可燃垃圾,周二上午收资源垃圾。很多社区规定早上8点之前扔垃圾,有的则放宽到中午,但都是当天就拉走,不致污染环境。

2.管理到位,措施得当

来到日本的外国人到居住地政府进行登记时,通常会领取到当地有关扔垃圾的规定。入住出租房时,房东在交付钥匙的同时或许也会一并交予有关扔垃圾的规定。有的行政区年底会给居民送上来年的日历,日历上有一些日期标有黄、绿、蓝等颜色,下方说明每一种颜色代表哪天可以扔何种垃圾。在一些公共场所,往往会看到一排垃圾桶,分别用日文、英文、中文和韩文写着纸杯、可燃物、塑料类等。

3.人人自觉,认真细致

养成良好习惯,非一日之功。日本人自小就接受来自家长和学校的正确处理垃圾的教育。如果不按规定扔垃圾,便有可能受到政府人员的劝说及承受来自周围舆论的压力。日本居民扔垃圾可谓一丝不苟、非常严格:废旧报纸和书本要捆得非常整齐,有水分的垃圾要控干水分,锋利的物品要用纸包好,用过的喷雾罐要扎一个孔以防爆炸。

4.废物利用,节能环保

分类垃圾被专人回收后,报纸被送到造纸厂,用以生产再生纸,有的人以名片上印有"使用再生纸"为荣;饮料容器被分别送到相关工厂,成为再生资源;废弃电器被送到专门公司分解处理;可燃垃圾燃烧后可作为肥料;不可燃垃圾经过压缩无毒化处理后可作为填海造田的原料。日本商品的包装盒上就已注明其属于哪类垃圾,牛奶盒上甚至还有"要洗净、拆开、晾干、折叠以后再扔"的提示。

"他山之石,可以攻玉。"日本的垃圾分类做法给了我们很多启示。仅就垃圾分类而言,我国大部分地区的硬件设施不能与日本相比,但更大的差距恐怕还是在"软件"上,即在于民众对垃圾分类的认识,在于关于垃圾分类的制度建设,在于每个市民对垃圾分类的认真细致精神和环保节能意识。由此引申开来,只有大家都摒弃"嫌麻烦"的想法、已固化的行为习惯和安于中流的低标准,才有可能消灭城市管理中的死角,进而使垃圾分类达到世界先进水平。

(二)美国的垃圾分类

在美国,垃圾回收作为一种产业得到了迅速发展,回收产业正在全国产业结构中占据越来越重要的地位。以美国的3个城市巴尔的摩、华盛顿和里奇蒙为例,1995年之前每处理1吨回收垃圾需要花费40美元;实施分类处理以后,这些回收垃圾在1995年就创造了5 100个就业机会。在美国,这3个城市只是很小的区域,其垃圾回收在节约处理垃圾费用的同时还创造了5亿美元的财富。

作为垃圾生产大国的美国,其垃圾分类(图11-11)已逐渐深入公民的生活。走在大街上,各式各样色彩缤纷的分类垃圾桶随处可见。政府为垃圾分类提供了各种便利条件,除在街道两旁设立分类垃圾桶外,每个社区都定期派专人负责清运各户分类出的垃圾。居民对政府的垃圾分类工作也表示出极大的支持。这不仅表现在他们每个人对垃圾分类的知识耳熟能详,而且会为垃圾分类处理付费,就像为饮用洁净自来水付费一样天经地义。

图 11-11　美国的垃圾分类

(三)澳大利亚的垃圾分类

在澳大利亚,一般人家的院子里都会有 3 个桶身为深绿色的大塑料垃圾桶,垃圾桶盖子的颜色分别为红、黄、绿。澳大利亚市政部门每年都会向各家邮寄相关宣传资料,澳大利亚儿童更是早早地就学会了如何给垃圾分类。

(四)英国的垃圾分类

在英国,一般每家都有 3 个垃圾桶:一个黑色垃圾桶,装普通生活垃圾;一个绿色垃圾桶,装花园及厨余垃圾;一个黑色小垃圾桶,装玻璃瓶、易拉罐等可回收物。政府会安排 3 辆不同的垃圾车每周一次将其运走处置。普通生活垃圾主要是填埋,花园及厨余垃圾则用作堆肥。垃圾回收中心主要回收 42 种垃圾,如眼镜、家具等。

垃圾分类不仅是美国等发达国家的时尚,也是不少发展中国家的趋势。在巴西,许多社区都实行垃圾分类;在菲律宾的一些地方,人们自发组织起来为清洁自己的生活环境而努力,垃圾分类是其中的主要内容。总之,不管是发达国家还是发展中国家,垃圾分类都在成为潮流。

资料卡片

垃圾分类的前世今生

最早提出垃圾分类这一概念的国家是德国。1904 年,德国政府设立了一套严格处罚标准,并设有“环境警察”,专门监督、处罚未按要求执行垃圾分类的居民。日本于 20 世纪 80 年代开始实施垃圾分类,2000 年起大规模征收垃圾费。从 1996 年开始,新西兰的主要城市的街头出现了可回收物垃圾桶。

我国早在 1957 年就提出了垃圾分类的概念。当年 7 月 12 日《北京日报》的头版标题是《城区将分类收集垃圾》,曾一度吸引很多外国友人前来学习垃圾分类知识。

2010 年世界部分国家城市垃圾产量,如表 11-1 所示。日本垃圾分类的一个成功之处在于,它的人均城市垃圾产量远低于其他发达国家。

表 11-1　2010 年世界部分国家城市垃圾产量

单位：万吨

国家	城市垃圾产量
美国	22 666.9
中国	15 804.8
德国	4 923.7
日本	4 535.9
英国	3 245.0
丹麦	335.3

面对堆积如山的垃圾，传统的处理方式有堆肥、填埋等。相比之下，焚烧具有处理效率高、占地面积小、对环境影响小等优点，而且焚烧还可以发电、供热。虽然目前传统的垃圾处理方式依旧在采用，不过随着科技的发展，垃圾处理的方式也更加科技化。例如，芬兰的垃圾自动回收系统，以"垃圾桶+真空管道"的形式连接垃圾源和垃圾站，节省运输和人力成本。中国的餐厨垃圾微生物分解技术对垃圾的处理率高达 99%，残渣还可做绿色有机肥。世界部分国家垃圾处理方式比较，如表 11-2 所示。

表 11-2　世界部分国家垃圾处理方式比较

国家	垃圾处理方式		
	填埋	焚烧	其他（回收、堆肥等）
美国	65%	10%	25%
中国	60%	38%	2%
英国	49%	12%	39%
丹麦	3%	54%	43%
日本	2%	78%	20%
德国	1%	37%	62%

随着我国经济的快速发展，"垃圾围城"等环境问题日益凸显，垃圾分类被重新提上日程。我国超大城市开展生活垃圾分类的历程可追溯到 2000 年。北京、上海、广州、深圳、杭州、南京、厦门、桂林 8 个城市被列为全国首批生活垃圾分类试点城市，各个城市纷纷出台相应的政策文件予以配合。两分类垃圾桶逐步取代了过去的单桶式垃圾桶，占领了城市街道及各个角落。2003 年 10 月，国家正式出台了《城市生活垃圾分类标志》。根据国家制定的统一标志，生活垃圾被重新划分为 3 类——可回收物、有害垃圾和其他垃圾。相应的分类垃圾桶进入各个社区。从形式上看，垃圾分类从那时候起已经迈开了脚步，但相应的运输设备与基础设施并不完善。尽管有些许成效，然而进展缓慢。由于居民的垃圾分类意识并没有形成，垃圾分类实施效果并不理想。

为了促进资源节约型、环境友好型社会建设，2016 年 6 月，国家发展改革委和住房城乡建设部联合发布《垃圾强制分类制度方案（征求意见稿）》，提出把生活垃圾强制分类作为绿色发展和创新城市管理的一项重要举措；同年 9 月，又发布《"十三五"全国城镇生活垃圾无害化处理设施建设规划（征求意见稿）》，其中再次提出在全国大力开展垃圾分类工作。2017 年 3 月，国家发展改革委、住房城乡建设部发布《生活垃圾分类制度实施方案》，方案推出 46 个试点城市先行实施生活垃圾强制分类，并提出到 2020 年底，要基本建立垃圾分类相关法律法规和标准体系，形成可复制、可推广的生活垃圾分类模式，在实施生活垃圾强制分类的城市，生活垃圾回收利用率要达到35%以上。

2019年7月1日，号称"史上最严垃圾分类措施"的《上海市生活垃圾管理条例》正式实施。目前，全国各地级市正在热火朝天地开展垃圾分类，这项运动也已经从垃圾桶的革命转变为全社会垃圾分类观念的革命。

资料来源：《垃圾分类知识|各国垃圾分类的前世今生您都了解了吗?》，"天津高新区总工会 团委 妇联"微信公众号，2024年1月4日；《中国垃圾分类的历史发展》，阳江市政府网，2024年9月20日(有改动)

第四节 高校垃圾分类

对于高校来说，垃圾分类既是培养高素质人才的需要，也是创建文明、生态校园的需要，是利在当代、功在千秋的壮举。下面介绍高校垃圾分类的一般模式与流程。

一、高校垃圾分类模式

根据高校实际情况，按照当地规定的可回收垃圾、厨余垃圾、有害垃圾、其他垃圾4种类别进行生活垃圾分类。校园施工产生的建筑垃圾、绿化垃圾，以及实验室危险废弃物垃圾等，应按照相关规定进行处置，严禁混入生活垃圾投放。

(1)可回收垃圾，是指废纸、塑料、玻璃、金属物、纺织物、电器、电子产品等可资源化利用的物质。

(2)厨余垃圾，是指废弃的剩菜剩饭、果皮果核、骨头等在日常生活中产生的易腐性垃圾。

(3)有害垃圾，是指废电池、废灯管灯泡、废水银温度计、过期药品、过期化妆品等生活垃圾中对人体健康或者自然环境造成直接或者潜在危害的物质。

(4)其他垃圾，是指除可回收垃圾、厨余垃圾和有害垃圾之外的生活垃圾。

二、高校垃圾分类与收集流程

高校师生个人应当按照规定的时间、地点，用符合要求的垃圾袋或者容器分类投放生活垃圾，不得随意抛弃、倾倒、堆放生活垃圾。

(一)学生公寓宿舍和教师公寓住宅区分类收集流程

将宿舍或家中的厨余垃圾滤出水分后装袋投放至室外的厨余垃圾桶，不得混入贝壳类、木竹类、废餐具等不利于后期处理的杂质；其他类别垃圾分类装入相应垃圾袋中，并就近投放到室外相对应的分类垃圾桶内。

后勤负责将厨余垃圾桶内的垃圾在规定时间运至固定的垃圾集中装运点，对接市政厨余垃圾收运车清运，其他种类的垃圾由后勤部门安排车辆分类收集清运。

体积大、整体性强或需要拆分再处理的家具、家电等大件垃圾，须统一投放至校园内专门设置的大件生活垃圾投放点，由后勤部门负责安排清运，不得随意将其堆放于普通垃圾投放点。

(二)学校食堂、校内商户、教学楼区域分类收集流程

1.学校食堂

各学校食堂自备符合当地标准的分类垃圾桶,厨余垃圾必须单独放置在厨余垃圾桶中,在固定的时间段内,由后勤部门安排清运车上门收集并运送至市垃圾处理站。

2.校内商户

校内商户根据自身日常产生的垃圾情况,自备符合当地标准的一类或多类分类垃圾桶。厨余垃圾必须单独放置在厨余垃圾桶中。根据后勤部门安排,在固定的时间段内,校内商户将分类好的垃圾投放到相对应的垃圾桶内,并运至固定的垃圾集中装运点,对接分类垃圾清运车外运。

3.教学楼区域

所属各学院自备符合当地标准的分类垃圾桶。所属各学院劳动周安排学生清扫教学楼区域,垃圾按类分别投放到相对应的垃圾桶内。

(三)校园公共区域及学院垃圾分类收集流程

公共区域按片区划分,由负责日常打扫的学生将垃圾收集,保洁员将果皮箱中的其他垃圾、可回收物及有害垃圾通过分类收集车进行分类统一收集,并运送到固定垃圾堆放点进行分类投放,由后勤部门安排车辆分类清运。保洁员分类收集车辆上须张贴相应的分类标识。各单位楼栋内垃圾须由保洁员运送到就近的固定垃圾堆放点进行分类投放,由后勤部门安排车辆分类清运。

资料卡片

杭州市钱塘区开启高校垃圾分类新模式

把“无废亚运”理念引入校园内,推动固体废物能减尽减,精细化开展垃圾分类,营造生态校园文化;大学生们纷纷加入志愿者队伍,校内校外争做生活垃圾分类的倡导者、传播者和践行者,营造文明社会氛围;监管与激励并举,拓宽广度和深度,打造垃圾分类高校教育体系……

杭州市钱塘区作为华东地区最大规模高教园区所在地,集聚了15所高校、20余万名大学生。伴随着杭州亚运会,2023年,绿色低碳风吹进了各大高校,各校通过不同形式的实践掀起了垃圾分类的热潮。

1.青春力量争做垃圾分类传播者——15所高校成立“钱塘高校志愿者”队伍

垃圾分类,是关乎群众身边环境的“关键小事”,是社会文明水平的重要体现。在推动垃圾分类新时尚在全社会蔚然成风的过程中,杭州创新推出垃圾分类星级达人机制,充分发挥志愿者作用,把垃圾分类工作做进小区、做进家庭,推动垃圾分类成为全社会的共同行动,让更多人自觉参与到垃圾分类工作中。在钱塘区,高校学生志愿者就在垃圾分类工作中起到了重要作用。

2.能减尽减,可用尽用——“绿色亚运”理念融入高校

2023年,杭州成功举办亚运盛会。“绿色亚运”的理念第一时间融入了钱塘区的高校之中,推动固体废物能减尽减,精细化开展垃圾分类,共享低碳生态、健康生活。

杭州电子科技大学体育馆,经改造后成为亚运会击剑及亚残运会轮椅击剑两项赛事的比赛场馆。在前期评估中,体育馆内的两套电子显示屏设备和“17岁”的座椅得以保留,约5 000个老旧座椅被洗刷一新“重新上岗”。本着可用尽用的原则,体育馆设备设施如此“以改代采”,最终节省资金约2 000万元。

亚运会期间,钱塘区各个高校的涉亚场馆都高质量推行了垃圾分类,力求减少垃圾桶的数量,场馆内放一定数量的可回收物和其他垃圾分类容器,出入口设置四分类(红、绿、蓝、灰)垃圾桶。比赛期间,大学

生态愿者和其他工作人员一起，积极倡导观众将垃圾带出场馆，保持场馆干净舒适。

3.监管与激励并举——形成高校生活垃圾分类教育和实践良好机制

如今，和杭州很多生活小区一样，杭州电子科技大学正在实施垃圾定时定点投放模式。校园内目前设有1个24小时垃圾投放驿站、12个能定时开启的智能垃圾分类投放箱，还有1个垃圾集中处理站。学校结合日常垃圾分类高峰期以及学生上下课、一日三餐等情况，确定定时投放时间为7:00—10:00、11:30—13:30、17:00—20:00。同时，学校还成立了一支名为“绿色校园监督员”的队伍，各学院学生自主报名参加，他们每日定时在智能垃圾箱边上“站岗”，指导和督促师生正确分类投放垃圾，同时宣传相关的垃圾分类知识。专人专管、多管齐下，杭州电子科技大学垃圾分类成效显著，不仅分类质量大大提高，而且美化了校园环境，增强了师生的环保意识。

浙江工商大学则是另外一种模式。学校推出了“评星评级”，对师生开展生活垃圾分类情况一月一评，对分类较好的进行积分奖励，并将学生垃圾分类行为纳入德育考核。同时，开展日常监督巡查，后勤工作人员每周至少两次深入查看学生的分类现状，发现问题及时协调整改，逐步建立常态化巡查监督机制。监管与激励并举，效果明显。目前，浙江工商大学已实现学校生活垃圾分类全覆盖，知识普及率达100%，垃圾总量零增长。截至2023年11月底，全校生活垃圾每天控制在238桶，数量大大少于前几年。

钱塘区分类办相关负责人介绍，目前，钱塘区的各个高校都已将学校生活垃圾分类工作纳入日常工作督导考评和文明校园创建内容，不仅建立了专门的监管模式，还对成效显著的做法给予相应激励，形成了高校生活垃圾分类教育和实践的良好机制。

4.线上线下全方位宣传——垃圾分类校园实践丰富多样

从2022年9月开始，杭州电子科技大学举办了一场持续半年的“垃圾分类绿色生活”主题活动，其间开展线上线下的参观、培训等多个子活动，活动内容包括垃圾分类主题作品征集、垃圾分类知识竞赛以及垃圾分类志愿活动等，以原创视频、海报、征文、照片、手工DIY等不同形式展开，累计5 000余人次参与。主题活动的火热开展，体现了同学们对垃圾分类的重视，也唤起了大家对绿水青山的向往。

同时，学校利用官方网站、微博、视频号，以及生活区主干道路路牌、横幅、宣传板、无人宣传车、黑板报等全方位宣传垃圾分类工作，全面立体营造垃圾分类的良好宣传氛围；学工部、研工部、公共事务管理处、团委、后勤部门、校学生会联合发布“践行垃圾分类、共创绿色校园”倡议书；7 500份源头分类、定时定点投放书签，全部发放到每个学生寝室。

一时间，垃圾分类成为杭州电子科技大学内低碳生活“新时尚”。

资料来源：任彦、刘阳、郭会勤，《从“新时尚”到“好习惯”——钱塘区开启高校垃圾分类新模式》，《杭州日报》，2023年12月11日第6版（有改动）

思考与实训

一、思考题

（1）垃圾产生的原因有哪些？

（2）垃圾分类的原则有哪些？

（3）垃圾的种类包括哪些？

（4）垃圾分类有什么意义？

（5）垃圾分类面临哪些主要问题？如何解决？

二、实训实践活动——宣传践行垃圾分类

1.实践目标

(1)营造节能减碳的环保氛围,倡导大学生树立保护环境、低碳生活的理念,争做垃圾分类的宣传者。

(2)普及垃圾分类方法,实现垃圾分类全覆盖,让人人参与垃圾分类工作成为新时尚。

(3)使大学生强化劳动意识,提高创造性劳动能力,培养勤俭、奋斗、创新、奉献的劳动精神。

2.所需工具

垃圾分类活动启动仪式策划书、倡议书、宣传材料(宣传海报、宣传单页、宣传横幅)、调查问卷、签字笔等。

3.基本要求

(1)具备书面表达能力,能以发布新闻的方式宣传垃圾分类有关内容。

(2)具备语言表达能力,能准确地将自己所学到的知识宣讲给其他人听,引起他人的共鸣。

(3)需要具有较强的理解能力和人际沟通能力,营造良好的沟通氛围,礼貌待人,以青年学生良好的形象宣讲相关知识。要有良好的组织能力,能够组织他人积极参与此次宣传活动。

4.活动设计

(1)举行垃圾分类活动启动仪式。首先,负责人致辞,强调做好垃圾分类工作的重要性,鼓励全校师生一起参与到垃圾分类活动中;其次,邀请学校保洁员工代表发言,表示落实垃圾分类工作,贯彻绿色环保理念;再次,学生代表宣读倡议书;最后,进行签字仪式。

(2)通过广播站、宿舍板报、学院宣传栏、校内外网站及制作垃圾分类手抄报的方式大力宣传普及垃圾分类知识,营造垃圾分类教育的浓厚氛围,负责人依据宣传情况进行评分。

(3)向学校相关部门申请固定宣传点,在宣传点拉宣传横幅、张贴海报,并展示优秀垃圾分类宣传手抄报,分发宣传资料,进行垃圾分类互动小游戏,并邀请参与人员进行垃圾分类倡议签字。负责人依据现场宣传人员表现情况进行评分。

(4)设计调查问卷,分组进入校园、社区、商场等地调查周围人员对垃圾分类的了解程度及实施程度。

(5)汇总调查情况,每组撰写调查报告,在活动结束后提交给负责人,负责人依据撰写情况进行评分。

5.安全保护

举行仪式时注意疏通人员,避免发生踩踏事件。与广播站及学院沟通好相关活动需要,以便宣传能顺利进行。调查时,应注意文明礼仪,注意交通安全,遵循其职场秩序,不打扰他人正常工作,切实维护当代青年学生的良好形象。

6.考核评价

考核采取负责人评分制,分数划分为 4 个等级:优秀、良好、合格、不合格。

加分项:认真学习、宣传垃圾分类知识,积极配合宣传工作,能主动向负责区域人员宣传垃圾分类知识,负责人依情况加分;积极向校内外新闻网站提供有关垃圾分类新闻稿件;对调查结果进行深刻分析,并提出了有利于制止垃圾乱扔现象的好方法、好点子;等等。

7.温馨提示

2016 年年底,中央财经领导小组第十四次会议发出了“普遍推行垃圾分类制度”的总动员令。2017 年 3 月,国务院办公厅发布《生活垃圾分类制度实施方案》。垃圾分类是处理垃圾公害的最佳解决方法和最佳出路。

第十二章 劳动教育与实践安全

思政目标

不论在何种劳动实践中，安全永远是第一位的。通过本章内容的学习，大学生应该增强劳动安全意识，注意劳动时使用工具的安全，注意工间休息的人身安全，注意劳动保护和劳动配合。同时，应该了解高校的劳动安全预案，掌握紧急情况的应对技巧。

思维导图

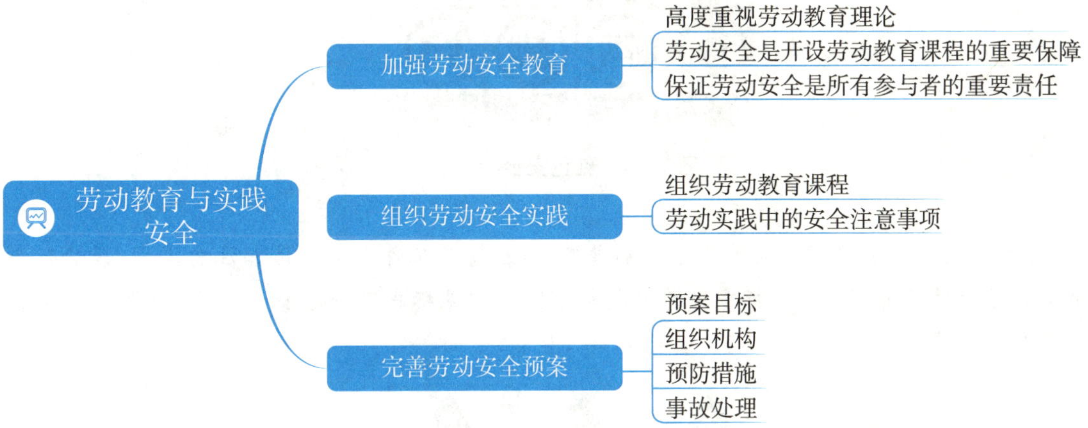

思政园地

安全生产与健康

2001 年，国际劳工组织正式将 4 月 28 日定为“世界安全生产与健康日”，并作为联合国官方纪念日，旨在纪念死亡和受伤的工人。根据国际劳工组织的数据，全球每年发生在工作岗位上的事故高达 3.17 亿起，平均每天发生 86 万起，每分钟发生 603 起。另外，常见的过劳肥、鼠标手、颈椎病、尘肺病等职业病，正困扰着不少劳动者。

1.消除安全隐患

在日常生产工作中，其实存在许多安全隐患，理应采取恰当的措施去保障劳动者生命安全，从而避免潜在事故。

(1)消除消防安全隐患。工作场所禁止吸烟，严禁动用明火；工作场所和公共场所应在合适的位置配备足够数量的消防安全标志和消防设施；定期开展消防安全培训。

(2)消除电气安全隐患。定期检查电气设备，及时更换损坏和老旧设备；禁止在电气设备旁边堆放易燃易爆物品；及时关闭不用的电气设备，禁止长时间闲置。

(3)消除生产安全隐患。工作场所在生产的过程中不可避免地存在各种各样的安全隐患。为避免生产安全隐患的出现，企业应定期对员工进行安全生产教育及培训，全面落实企业安全生产责任制，做到预防为主，防治结合。

在工作时间和工作场所内，因为工作原因造成的身体伤害或职业病为工伤。工伤不仅发生在工业生产、建筑施工、交通运输等高风险行业中，也会发生在普通办公场所。工伤一旦发生，对个人、家庭、企业都将产生巨大的影响，因此，无论在哪个行业，我们都需要时刻保持警惕，预防工伤发生。

2.辨识4种颜色的安全标志

我们经常能在生活中看到红、黄、蓝、绿4种颜色的安全标志，它们分别有何含义呢？

(1)红色是禁止标志(图12-1)，主要用于指示工作人员和访客不允许有某些行为或行动。图形包括一个红色的圆圈和白色背景上的红色斜线，以及一个标准化的黑色象形图。常见标志有禁止吸烟标志、禁止拍照标志和禁止明火标志等。

图12-1 红色安全标志

(2)黄色是警告标志(图12-2)，主要用于识别潜在危险，警告工作人员和访客注意周围，谨慎行事。图形包括一个黄底黑边的三角形和一个标准化的黑色象形图。常见标志有一般警告标志、湿滑表面警告标志和有毒材料警告标志等。

图12-2 黄色安全标志

(3)蓝色是指令标志(图12-3)，主要用于指示工作人员和访客必须采取某种特定行动。图形包括一个蓝底的圆圈和一个标准化的白色象形图。常见标志有必须戴安全帽标志、必须戴防护口罩标志、必须戴防护手套标志等。

图 12-3　蓝色安全标志

(4)绿色是提示标志(图 12-4),主要用于向工作人员和访客提供某种信息,如表明安全设施或场所等。图形包括一个绿色背景的方块和一个标准化的白色象形图。常见标志有紧急出口标志、疏散集合标志、心脏除颤器标志等。

图 12-4　绿色安全标志

3.规避职业病

职业病是指企业、事业单位和个体经济组织等用人单位的劳动者在职业活动中,因接触粉尘、放射性物质和其他有毒、有害因素而引起的疾病。有数据显示,我国约有 1 200 万家企业存在各类职业病危害,超过 2 亿劳动者遭受各类职业病的危害。某些职业病(如尘肺、职业性噪声聋等)具有不可逆性,无特效治疗方法,无法治愈,但职业病是可以预防和控制的。

每一位劳动者都是我们社会建设的一分子,每一位劳动者也都需要被保护。安全面前无小事,大家在认真工作的同时,也要关心自己的身体健康。

资料来源:富阳科协,《世界安全生产与健康日|全球平均每天发生 86 万场事故!如何规避身边的安全隐患?》,澎湃新闻 · 澎湃号 · 政务,2024 年 4 月 28 日(有改动)

第一节　加强劳动安全教育

21世纪需要培养自立、创新型人才。对于培养未来人才的全面素质来说，劳动技能素质是必不可少的。劳动教育是我国基础教育的优秀传统，是素质教育中一个极其重要的方面，对培养大学生的劳动观念，磨炼大学生的意志品质，树立大学生的艰苦创业精神，以及促进大学生的多方面发展具有重要作用。如何在新形势下对大学生进行切合实际的劳动安全教育，培养他们良好的劳动习惯，增强他们在劳动教育与实践中的安全意识，更是值得好好探讨的问题。

一、高度重视劳动教育理论

在当前社会不断发展过程中，劳动安全教育是高校教育教学的重点内容，同时也是大学生知识体系不可缺少的组成之一。积极对大学生进行劳动安全教育，能够促进其健康心理的形成，对大学生发展也有着十分重要的意义。

高校教育担负着培养人才的重任，也肩负着培养学生安全自卫、自救能力的特殊使命。大学生安全问题关系到千家万户，同时也关系着社会的和谐发展，与国家未来发展有着十分密切的联系。近年来，我国各大高校发生的劳动安全事故不在少数，大学生普遍存在劳动安全意识较弱的问题，所以，高校需要积极开展劳动安全教育工作。

大学生群体普遍思想积极向上，充满热情和朝气，乐于助人，是兼具危机感与使命感的特殊群体。但是由于基础教育、地域、家庭、社会等环境差异，其中高职高专院校学生可能会表现出以下3个特征。

1.文化课程基础薄弱，学习兴趣较低

高职高专学生的文化课程基础普遍较为薄弱，很多学生不愿参加文化课程学习，进而影响学习效果。基于高职高专院校专业特征，报考此类院校的学生通常都对技能型专业课程学习感兴趣，对技能型课程的自我学习和探索能力及课堂表现都优于文化课程。

2.集体观念薄弱，组织纪律性较差

“00后”学生个性普遍较强，且喜欢自由，对新鲜事物的接受能力、好奇心都十分强。但是个别学生思想独立，很多时候都以自我为中心，不重视他人感受。他们对自己喜欢的事物会积极探索和研究，对不感兴趣的事情缺乏主动性。另外，他们对集体活动和公益活动缺少参与热情，旷课、违反纪律的问题经常发生，高职高专院校虽然也作出了相应处理，但是他们通常不以为意。

3.应变能力较差，情绪控制力较弱

当前，大部分“00后”学生都是家里的独生子或独生女，个别学生长期娇生惯养，在遇到问题和困难时，都是父母出面解决。因此，这样的学生在遇到问题时，应变能力、自我判断能力和分析、处理问题的能力都较弱。此外，在校学生的社会经验相对较少，遇事易激动，自我情绪管控能力较弱，容易轻信别人，这是导致其自身安全隐患的重要因素。

二、劳动安全是开设劳动教育课程的重要保障

(一)设立全员参与的联动机制

高校劳动安全教育是一项系统性工程,需要高校、家庭及社会合作完成,各自担负相应职责。高校在其中发挥着重要作用,需要明确院领导、保卫人员、心理咨询教师、辅导员及班主任等的工作职责和任务,还需要建立高校、家庭与社会联动的工作机制。相关负责人要通过细心观察和深入交流等方式了解学生的想法和动态,经常向家长反馈学生在校的表现,如果出现劳动安全风险或已经发生劳动安全事故,则需要积极做好心理辅导和相关善后工作,及时与学生家长和相关部门进行联系,共同面对危机。

(二)构建安全信息快速反馈体系

将劳动安全隐患消灭在萌芽状态,或者为已经发生的劳动安全事故赢得黄金处理时间,在这一过程中,构建畅通的信息快速反馈体系十分重要。首先,重视校园劳动安全这一问题,不断加大安全投入,建设多重联防机制,从人防、物防和技防等多方面着手,将传统防卫体系与现代化防卫体系相互融合,借助信息技术与大数据技术构建校园劳动安全管理机制,进而保障大学生的人身安全。其次,构建校际突发事件应急协作体系,及时开展突发事件的应急处理,从而在劳动安全事故发生时,学校可以快速获取信息、了解情况,以便及时采取有针对性的补救措施。

(三)增强大学生的劳动安全意识

大学生劳动安全事故的发生,与大学生劳动安全意识薄弱有着极大的关系。这主要表现在大学生自控能力弱、缺乏责任意识等多个方面。想要有效减少大学生劳动安全事故的发生,就需要大学生通过感知、思考和想象等对劳动安全建立准确的认识,对安全事故状态进行科学判断,同时对自己的行为进行控制,避免自己受到伤害。

另外,高校辅导员与班主任还可以从大学生做人、做事等细节方面开展劳动安全教育,从不同角度增强大学生的自我防范意识和自我保护能力。劳动安全是所有参与者的重要责任。在做人方面,要教育大学生理性分析自己的为人处世,不贪图便宜,踏踏实实做人。在做事方面,要教育大学生认真分析哪些事情可以做,哪些事情不可以做,增强法律意识,让其学会用法律武器保护自己,以免受到伤害。如果发生劳动安全事故,则要学会冷静,及时寻找有效的解决对策或寻求帮助,尽量将损失降到最低。

三、保证劳动安全是所有参与者的重要责任

对于大学生来讲,劳动实践课程期间的劳动安全教育也很重要。

(一)学校是学生劳动安全的责任人

《学生伤害事故处理办法》第十一条规定,“学校安排学生参加活动,因提供场地、设备、交通工具、食品及其他消费与服务的经营者,或者学校以外的活动组织者的过错造成的学生伤害事故,有过错的当事人应当依法承担相应的责任。”劳动实践是学校安排学生参加的教学活动,学校是提供场地及设备者,学校应对参与劳动实践的学生承担一定的管理和保护的义务。如果学校没有尽到相应的义务而导致学生出现安全事故,造成学生的人身损害,那么学校应依法承担相应的责任。

(二)学生也是其劳动安全的责任人

学生在劳动期间也应对自己的劳动安全负有一定的责任。学生在劳动实践中不仅要掌握一定的技术、技巧,而且要严格遵守学校的劳动纪律及操作规范,尽量规避各种风险。

资料卡片

职业病防护用品

在工作中，劳动者们有时候不得不接触一些职业病危害因素（如噪声、粉尘、紫外线等），这些因素可能造成劳动者们身体损伤甚至危及性命。这时候，学会识别职业病危害因素，科学选择佩戴正确的职业病防护用品就很重要。

1.各种职业病危害因素对应防护用品选择

（1）化学性物质。

①刺激性气体：应穿戴耐腐蚀的工作服、手套、眼镜、胶鞋和防毒口罩、半面罩、全面罩。

②窒息性气体：应佩戴送风式防毒面具和呼吸器。

③酸、碱或强氧化剂：应佩戴橡胶手套、袖套、围裙、胶靴和防护眼镜。

④金属（如铅、汞等）的烟、雾、尘等物质：应佩戴符合要求的防尘口罩。

（2）粉尘类物质。

①敞开或有局部除尘装置的作业场所：应佩戴防尘口罩，尽量选用与使用者脸型贴合的产品。

②狭小或密闭空间：应使用送风头盔等供气型产品。

（3）物理因素。

①高温作业：辐射热环境中应穿白帆布工作服；露天作业者应戴遮阳帽。

②存在噪声的作业场所：应佩戴耳塞、耳罩、头盔等防噪声用品。

③紫外线或电焊弧光：应佩戴防护眼镜或面罩。

（4）放射性物质。

在使用γ放射性物质的工作场所或靠近X射线操作的工作人员，应配置个人剂量报警仪，佩戴个人剂量仪；需配备的个人防护用品有铅防护手套、铅防护衣、铅眼镜、铅围脖、铅帽等。

2.个人使用的职业病防护用品的分类

（1）呼吸器官防护用品，包括过滤式呼吸防护用品（防尘口罩、防毒口罩和过滤式防毒面具）、隔绝式防护用品以及空气呼吸器等。

（2）眼面部防护用品，包括防护面屏、防护眼罩、防日光紫外线护目镜、焊接防护屏、焊接护目镜和面罩等。

（3）听觉器官防护用品，包括耳罩、耳塞和防噪声头盔等。

（4）身体躯干防护用品，包括体验防寒服、防高温服、防毒服、焊接工作服、防电磁辐射服和耐酸碱服等。

（5）手部防护用品，包括防X射线手套、防酸碱手套、防高温手套、电焊手套、氩弧焊手套和绝缘手套。

资料来源：袁遇平、李腾芳，《上装备！职业病防护用品知多少》，大江网，2023年2月6日（有改动）

第二节　组织劳动安全实践

一、组织劳动教育课程

大学生劳动教育课程是大学一年级公共必修课，由劳动教育理论教学和劳动实践（周）两部分组成，采用理论教学和劳动实践结合的方法，组织教学与实践活动。每位大学生必须修完全部课程，并经理论考试及格及以上和劳动实践考核评定合格及以上，获得课程成绩 60 分及以上计 2 个学分方能毕业。

在进行劳动安全教育理论授课时，应从一些典型案例，以及与大学生身心安全密切相关的案例入手，利用多媒体投影设备进行生动直观的教学，使课堂教学效果得到加深。

劳动实践是大学生劳动教育课程的侧重点，约占劳动教育课程总学时的 90%。

二、劳动实践中的安全注意事项

大学生进入劳动实践时应注意以下安全事项。

（一）确保实践过程安全

（1）实践出行前，应向学院进行报备，同时全队务必重视安全问题，每一位学生都要了解实践过程中可能遇到的安全事件及相应的处理方法。参加实践的每个人都应存好其他队员的手机号码，并保持通信畅通，经常与家人、朋友、教师等分享出行信息，告知出行平安等。

（2）实践团队负责人每天活动结束后，必须清点队员人数，确定队员的身体健康和财物安全情况，并进行安全评估；了解实践地点的天气等情况，合理安排第二天的出行计划，备好雨伞、防晒（冻）霜等日常用具及一些常用药物。

（3）实践过程中，原则上不允许队员脱离实践队伍单独行动；必要情况下，有队员单独行动时，必须向队长说明事由、前往地点、返回时间，并确保联络畅通；实践队伍尽量减少夜间外出，尤其禁止队员夜间单独外出。

（二）关注天气变化

（1）关注实践地气象信息公众号，及时掌握当地气象部门发布的各类预警信息。

（2）关注高温（低温）天气，外出做好防晒（冻）措施，避免长时间在烈日（低温）下活动，一旦出现头晕等不适，尽快选择阴凉、通风处休息，及时补充水分。

（3）关注暴雨预警，尽量不要在暴雨期间出行。遇到突发性暴雨时，应停止户外活动，立即寻找安全建筑躲避，等待降雨停止；雷雨天气，切忌在树下避雨，不要拿着金属物品及接打手机，以防雷击。

（4）关注地质灾害预警，注意防范强降雨诱发的地质灾害、中小河流洪水、山洪和城乡积涝，出行应远离山区、河道等地质灾害隐患区域。遇到汛情时，及时寻找高地，避免进入河堤、地下建筑、山坡及下坡道等危险区域。远离广告牌、电线杆、路灯等设施。

根据天气和地质灾害情况，必要时应及时中止社会实践或调整实践的时间和地点。

（三）注意饮食安全，劳逸结合

（1）注意饮水卫生，生水不能直接饮用。旅途饮水以开水和消毒净化过的自来水为最理想，江、河、塘、湖水不能生饮。出发之前准备饮用水，如果有条件，喝适量淡盐水，喝水要次多量少。

(2)瓜果要洗净或去皮吃，注意饮食卫生，就餐选择具有一定卫生条件的场所。

(3)根据当地情况，准备合适的个人衣物及个人卫生用具，并妥善保管。

(4)适当备一些常用药，如腹泻药物、防中暑药物、治疗感冒药物等，用药时要有充足的把握，不能滥用药物。

(5)合理安排作息，避免过度劳累，保证睡眠时间，保持充足的精力。

(四)注意交通安全

(1)树立“安全第一”的意识，不驾驶、不乘坐“三无”、超员、超载等违规运行车辆，应乘坐车辆状况良好、具有合法营运资格的汽车；使用各类网约车出行时，应结伴而行。

(2)若行程颠簸，应当对晕车、晕船等症状有所准备，颠簸中切忌饮食过量。

(3)行动时，横穿道路或通过车流量较大的路段、路口及上下坡时，应注意交通安全；暴雨天气、夜间等照明不良的情况下，应特别注意。

(4)上下交通工具时，注意清点物品，避免遗失，并记录车牌号，便于出现问题时查找和联系。尽量避免夜间乘坐交通工具。

(五)注意财产安全

(1)与陌生人接触要提高警惕，不参与陌生人的争吵纠纷、娱乐游戏。

(2)注意防范诈骗案件，识别犯罪团伙的设陷行骗或抢劫盗窃行为。不随意透露自己及家人的个人信息、存款、银行卡情况，如有疑问应该立即与身边亲友核实情况或求助警方。

(3)注意贵重物品的保管和存放，贵重物品应随身携带，不要放在易破易碎的包袋中。背包内有贵重物品时要做到包不离身。

(六)注意住宿安全

(1)应在安全卫生且具有营业许可证的正规宾馆、旅店住宿。住宿需将房门反锁，不轻易给陌生人开门。

(2)贵重物品随身携带、妥善保管。退房前，检查好是否带齐物品，特别注意证件和贵重财物。

(3)注意防火及电器安全，出门须切断充电器等电器电源。出入房间随手关门，勿将衣物披在灯上，不在床上吸烟。

(4)熟悉消防设施的位置并牢记逃生路线图；如遇火情提醒，由紧急出口迅速离开，切勿搭乘电梯。

资料卡片

大学生暑期社会实践团：筑牢防溺水“安全墙”

随着夏季的酷暑逐渐加深，溺水事故频发，成为社会各界高度关注的儿童安全问题。为积极响应国家关于加强青少年防溺水教育的号召，湖南师范大学体育学院“领梦者·希望”三下乡暑期实践团于2024年7月13日上午10时，在湖南省洞口县高沙镇中心小学正式启动了一系列生动且富有成效的防溺水宣传教育活动，旨在增强儿童安全意识，提升自救互救能力。

活动伊始，实践团队精心策划，在教室内为同学们播放了一部防溺水宣传片。该片以鲜明生动的画面和贴近生活的真实案例，迅速吸引了孩子们的注意力，寓教于乐地传授了防溺水知识，有效激发了同学们对安全教育的兴趣与重视。

上午11时，阳光正好，高沙镇中心小学的学生在“领梦者·希望”暑期实践团的带领下，满怀期待地前往洞口县防溺水教育基地(高沙站)进行实地学习。在这里，一场别开生面的防溺水安全教育实践活动正式拉开帷幕。

基地内,专业教练凭借丰富的经验与精湛的技能,为同学们深入浅出地讲解了溺水致死的原因、症状识别技巧、有效的预防措施以及在紧急情况下如何进行自救与互救。教练们运用通俗易懂的语言,将复杂的防溺水知识化繁为简,使同学们在轻松愉快的氛围中掌握了关键的安全知识。

为增强实践效果,教练们还精心设计了模拟溺水场景,现场演示了溺水人员上岸后的急救处理流程,包括检查生命体征、实施心脏按压、清除呼吸道异物、开放气道及进行人工呼吸等关键步骤。每一步操作都严格遵循专业标准,确保了教学的准确性和有效性。在教练的悉心指导下,同学们积极参与模拟演练,亲身体验了紧张的急救过程,有效提升了他们的自救互救技能。

实践团成员在观摩这一过程中,深感震撼与收获。他们不仅亲眼见证了急救技能的重要性,更通过教练的细致讲解和示范,对急救知识的理解上升到了一个新的高度。成员们纷纷表示,这种身临其境的学习方式让他们对急救技能有了更直观、更深刻的认识,同时也意识到了掌握这些技能对于保护自己和他人生命安全的重要性。

此次防溺水安全教育活动不仅增强了高沙镇中心小学同学们的安全防范意识和自救能力,更为他们筑起了一道坚实的生命安全防线。“领梦者·希望”暑期实践团以实际行动践行了社会责任,为青少年的安全成长贡献了积极力量。展望未来,团队将继续携手社会各界力量,共同推进防溺水宣传教育工作深入开展,为构建平安和谐的社会环境贡献力量。

资料来源:许梓钰、李佳璐,《大学生暑期社会实践团:筑牢防溺水“安全墙”》,央广网,2024 年 7 月 14 日(有改动)

第三节　完善劳动安全预案

安全工作是重中之重,应放在首位,千万马虎不得。学校的每一位教职工、每一位学生都应熟悉劳动安全预案。学校在加强日常安全教育的基础上,应做好事故应急的准备,一旦发生事故,应果断采取有效措施,尽量把事故产生的危害降低到最低限度。

高校劳动安全预案一般包括以下内容。

一、预案目标

大学生实践突发事件应急预案的处置

(1)提高师生安全意识,普及劳动安全知识。

(2)规范劳动操作流程,降低劳动安全事故发生的风险。

(3)建立健全劳动安全管理制度,确保校园劳动安全。

(4)及时应对突发事件,保障师生生命财产安全。

二、组织机构

(1)成立高校劳动安全工作领导小组,负责统筹规划劳动安全教育和管理工作。

(2)设立校园劳动安全办公室,负责具体实施校园劳动安全管理工作。

(3)各部门、各班级设立劳动安全联络员,负责本部门、班级的劳动安全管理工作。

根据学校实际情况，组织机构可酌情增减。

三、预防措施

(一)安全教育

(1)新生入学教育：对新生进行劳动安全教育，使其了解劳动安全知识，掌握基本的安全操作技能。

(2)定期开展安全培训：针对不同岗位和工种，定期组织安全培训，提高师生的安全操作技能。

(3)应急演练：定期开展应急演练，提高师生应对突发事件的能力。

(二)安全检查

(1)定期对校园内的劳动场所、设施进行安全检查，确保安全设施完好。

(2)对师生使用的劳动工具进行检查，确保其符合安全要求。

(3)对校园内的安全隐患进行排查，及时整改。

(三)安全管理

(1)完善劳动安全管理制度：建立健全劳动安全管理制度，明确各部门、各岗位的安全责任。

(2)加强现场安全管理：对施工现场、实验室、教学设施等进行定期检查，及时消除安全隐患。

(3)加强对师生劳动行为的监督，防止违规操作。

(4)加强对师生出行过程安全的管理，防止交通意外。

(四)应急处理

(1)制定校园劳动安全事故应急预案，明确事故处理流程。

(2)建立应急队伍，提高应急处理能力。

(3)加强与相关部门的沟通协调，确保事故处理及时、有效。

四、事故处理

(一)事故报告

(1)发生劳动安全事故后，立即向校园劳动安全办公室报告。

(2)详细记录事故发生的时间、地点、原因、伤亡情况等。

(3)及时向相关部门报告，争取支持。

(二)事故调查

(1)成立事故调查组，对事故原因进行深入调查。

(2)查明事故原因，追究相关责任。

(3)对事故责任人进行严肃处理。

(三)事故处理

(1)根据事故原因，制定整改措施，防止类似事故再次发生。

(2)对事故受害者进行慰问和赔偿。

(3)总结事故教训，完善劳动安全管理体系。

资料卡片

某院校学生岗位实习突发事件应急预案

为确保学生岗位实习安全，维护正常的实习教学与管理秩序，保障岗位实习安全有序进行，最大限度降低突发性事件的损失和负面影响，根据《国家突发公共卫生事件应急预案》《职业学校学生实习管理规定》

等相关文件精神，结合我院学生岗位实习具体情况，制定本应急预案。

1.成立应急处置工作领导小组

组长一人、副组长一人、成员五人。

职责：及时准确地掌握实习学生的安全情况，提出处理各项安全突发事件的处理意见和具体措施；指挥、处理实习期间各类安全突发事件；向学校相关领导和有关职能处室报告情况；积极配合有关部门组织开展应急救助工作。

2.突发事件应急预案响应程序

当下列情况发生时，判定为突发事件，应立即启动应急预案，包括火灾、爆炸、食物中毒、溺水事故、交通事故、突发疾病、打架斗殴、走失(失踪)和生产工作中的人身伤害事故等。根据事件性质和影响程度，分为一、二、三、四级。

1)一级应急预案

(1)应急识别。

学生在实习期间发生严重事故、重大突发事件，人身严重受伤或死亡，启动一级应急预案。

(2)处置程序。

①实习单位实习指导教师及时报警，组织紧急抢救，及时通知辅导员、班主任和学校实习指导教师，辅导员、班主任第一时间报告给学院应急处置工作领导小组，领导小组按程序向上级部门报告。

②学院应急处置工作领导小组、辅导员、班主任、学校实习指导教师要在第一时间赶赴现场，了解详细情况，做好相关人员思想工作，协调实习单位及有关部门(公安、消防等)，做好善后工作。

2)二级应急预案

(1)应急识别。

学生实习期间在岗位、交通、用电、生活及场所等方面发生突发事件，造成设备严重损害或人身受到伤害，启动二级应急预案。

(2)处置程序。

①实习单位实习指导教师第一时间组织紧急抢救，尽力保证学生人身安全，将伤害降到最低，及时通知辅导员、班主任和学校实习指导教师。辅导员、班主任及时向学院应急处置工作领导小组报告。

②学院应急处置工作领导小组、辅导员、班主任、学校实习指导教师及时赶到现场，了解详情，协助实习单位实施救援，做好善后工作。

3)三级应急预案

(1)应急识别。

在实习过程中，发生学生破坏设备、打架斗殴、与实习单位的工作人员争吵等纠纷，造成对立事态，启动三级应急预案。

(2)处置程序。

①实习单位实习指导教师及时制止纠纷，如发生人身伤害，及时组织救治，及时通知辅导员、班主任和学校实习指导教师。

②辅导员、班主任、学校实习指导教师及时到现场处置。如有人员受伤，积极协调解决治疗事宜，并做好善后工作。

③如学生系造成纠纷的主要责任人，则责令其作出检讨，并对其进行严肃批评教育。处理结束后，做好相关记录，并将处理结果及时报给学校实习管理部门。

4)四级应急预案

(1)应急识别。

在实习过程中，学生违反实习要求或实习单位规章制度，造成设备损坏但未造成严重后果者，启动四级应急预案。

(2)处置程序。

①实习单位实习指导教师、实习单位及时通知辅导员、班主任和学校实习指导教师。

②辅导员、学校实习指导教师尽快查清缘由,必要时赶赴现场,协调妥善处理。

③辅导员、班主任、学校实习指导教师做好事后的协调和教育工作,做好相关记录,将处理结果报给实习管理部门。

3.突发事件的预防措施

(1)实习前,由学校实习指导教师、辅导员和班主任组织召开实习安全教育班会,对学生进行生活、生产、交通、饮食、住宿等安全教育,让学生牢固树立安全意识。

(2)辅导员、班主任负责学生实习全过程的监督与管理,全面掌握实习动态,适时做安全教育提醒,把预防工作做在事前,发现安全问题,及时制止、处置、上报。

(3)学校实习指导教师在开展实习业务指导和日常巡查工作时,强调安全注意事项,发现安全隐患立即报告,不得迟报、瞒报、漏报。

资料来源:《学生岗位实习突发事件应急预案》,东营职业学院石油与化学工程学院网站,2024年3月10日(有改动)

思考与实训

一、思考题

(1)高职高专学生有哪些特征?

(2)高校为什么应重视劳动教育课程?

(3)劳动实践中的安全注意事项有哪些?

(4)高校劳动安全预案包括哪些内容?

(5)结合本校实际,拟订一份劳动安全预案。

二、实训实践活动——走进火车站(或长途汽车站)

1.实践目标

(1)通过培训,知道火车站(或长途汽车站)进/出站口及候车大厅的工作流程和相关要求。

(2)共创和谐车站,促进社会进步,为当前社会的平安与稳定贡献一分力量,展现当代学生的青春风采,通过劳动为社会服务。

(3)利用闲余时间扩大自己的生活圈子,亲身体验社会的人和事,加深对社会的认识,培养自己的组织及领导能力,同时学习新知识、增强自信心及学会与人相处等。体会服务一线工作者的劳动精神,给周围同学树立良好的劳动榜样。

2.所需工具

扫帚、拖把、抹布、统一的工作服等。

3. 活动设计

(1)准备阶段。

活动组织负责人应与火车站(或长途汽车站)方面的负责人(主管领导)取得联系,说明来意并征得同意后确定活动时间、具体地点和活动形式。在确定活动形式后,通过宣传单、动员会、主题班会等形式鼓励同学们积极参与,展现劳动精神。

(2)启动阶段。

根据意向同学的相关情况选拔及分组,确定小组长及小组成员,明确小组工作范围和职责。单独成立流动组,为各小组提供后勤服务,并负责拍照等记录活动过程。

邀请火车站(或长途汽车站)工作人员提前进行相关培训,宣读安全事项。流动组准备好所需工具并提前准备饮用水,以备活动时使用。

(3)实施阶段。

按规定时间和地点统一集合,由小组长带领,提前到达指定地点,领取相关物品,并与火车站(或长途汽车站)工作人员进行联系。秉持"文明礼貌优质服务"的原则进行微笑服务。在乘客的请求或允许下负责带路或者帮忙提行李。对自助购/取票机使用困难的乘客进行帮助,负责协助乘客进行购票、取票。对进/出站口有疑问的乘客,志愿者负责引领和解惑答疑,协助工作人员维持现场秩序。候车大厅同学应保持现场卫生,可在客流量较小时打扫卫生。流动组同学应随时走动,提供饮用水,满足各小组需求,解决突发情况,并记录各成员活动情况,以便考核。志愿者在工作过程中遇到突发事件或不懂的问题时,可向火车站(或长途汽车站)的现场工作人员求助。

活动结束后与工作人员进行交接并合影留念。各小组进行活动后交流,谈谈个人收获,并以小组为单位收齐个人活动总结;同时,各小组还应汇总一份火车站(或长途汽车站)须知,以供其他同学学习。

4.安全保护

在往返途中,各小组长应注意交通安全,确保每位同学的安全。由于火车站(或长途汽车站)的人较多且环境复杂,各个志愿者都要注意人身和财产安全,听指挥行动。

5.考核评价

流动组进行各成员合格评审,不合格的同学视为未完成活动,取消奖励。各小组通过组内讨论推选优秀个人一名。汇总优秀个人名单后与个人活动总结一起上交,由学校进行复核和优秀活动总结评选。将评优结果进行公示,无误后可以微信公众号等形式进行表彰,表扬学生的践行劳动精神,鼓励大家以他们为榜样进行劳动。

6.温馨提示

火车站(或长途汽车站)是运输部门办理客货运输业务和列车(客车)技术作业的场所,是城市人流量最大的场所之一,承载着巨大的客货交通运输工作运营压力。

通过志愿者的志愿活动,帮助火车站(或长途汽车站)解决卫生清扫不及时,因乘客过多的行李包裹导致行动不便,人流量较大造成秩序混乱,部分人不会使用自动购/取票机或过闸机造成的人流拥堵等问题,帮助乘客咨询乘车信息,维持秩序,协助安检,引导乘客乘车等。

附 录

中华人民共和国劳动法
（2018 年第二次修正）

第一章 总则

第一条 为了保护劳动者的合法权益，调整劳动关系，建立和维护适应社会主义市场经济的劳动制度，促进经济发展和社会进步，根据宪法，制定本法。

第二条 在中华人民共和国境内的企业、个体经济组织（以下统称用人单位）和与之形成劳动关系的劳动者，适用本法。

国家机关、事业组织、社会团体和与之建立劳动合同关系的劳动者，依照本法执行。

第三条 劳动者享有平等就业和选择职业的权利、取得劳动报酬的权利、休息休假的权利、获得劳动安全卫生保护的权利、接受职业技能培训的权利、享受社会保险和福利的权利、提请劳动争议处理的权利以及法律规定的其他劳动权利。

劳动者应当完成劳动任务，提高职业技能，执行劳动安全卫生规程，遵守劳动纪律和职业道德。

第四条 用人单位应当依法建立和完善规章制度，保障劳动者享有劳动权利和履行劳动义务。

第五条 国家采取各种措施，促进劳动就业，发展职业教育，制定劳动标准，调节社会收入，完善社会保险，协调劳动关系，逐步提高劳动者的生活水平。

第六条 国家提倡劳动者参加社会义务劳动，开展劳动竞赛和合理化建议活动，鼓励和保护劳动者进行科学研究、技术革新和发明创造，表彰和奖励劳动模范和先进工作者。

第七条 劳动者有权依法参加和组织工会。

工会代表和维护劳动者的合法权益，依法独立自主地开展活动。

第八条 劳动者依照法律规定，通过职工大会、职工代表大会或者其他形式，参与民主管理或者就保护劳动者合法权益与用人单位进行平等协商。

第九条 国务院劳动行政部门主管全国劳动工作。

县级以上地方人民政府劳动行政部门主管本行政区域内的劳动工作。

第二章 促进就业

第十条 国家通过促进经济和社会发展，创造就业条件，扩大就业机会。

国家鼓励企业、事业组织、社会团体在法律、行政法规规定的范围内兴办产业或者拓展经营，增加就业。

国家支持劳动者自愿组织起来就业和从事个体经营实现就业。

第十一条 地方各级人民政府应当采取措施，发展多种类型的职业介绍机构，提供就业服务。

第十二条 劳动者就业，不因民族、种族、性别、宗教信仰不同而受歧视。

第十三条 妇女享有与男子平等的就业权利。在录用职工时，除国家规定的不适合妇女的工种或者岗位外，不得以性别为由拒绝录用妇女或者提高对妇女的录用标准。

第十四条 残疾人、少数民族人员、退出现役的军人的就业，法律、法规有特别规定的，从其规定。

第十五条 禁止用人单位招用未满十六周岁的未成年人。

文艺、体育和特种工艺单位招用未满十六周岁的未成年人，必须遵守国家有关规定，并保障其接受义务教育的权利。

第三章　劳动合同和集体合同

第十六条 劳动合同是劳动者与用人单位确立劳动关系、明确双方权利和义务的协议。

建立劳动关系应当订立劳动合同。

第十七条 订立和变更劳动合同，应当遵循平等自愿、协商一致的原则，不得违反法律、行政法规的规定。

劳动合同依法订立即具有法律约束力，当事人必须履行劳动合同规定的义务。

第十八条 下列劳动合同无效：

（一）违反法律、行政法规的劳动合同；

（二）采取欺诈、威胁等手段订立的劳动合同。

无效的劳动合同，从订立的时候起，就没有法律约束力。确认劳动合同部分无效的，如果不影响其余部分的效力，其余部分仍然有效。

劳动合同的无效，由劳动争议仲裁委员会或者人民法院确认。

第十九条 劳动合同应当以书面形式订立，并具备以下条款：

（一）劳动合同期限；

（二）工作内容；

（三）劳动保护和劳动条件；

（四）劳动报酬；

（五）劳动纪律；

（六）劳动合同终止的条件；

（七）违反劳动合同的责任。

劳动合同除前款规定的必备条款外，当事人可以协商约定其他内容。

第二十条 劳动合同的期限分为有固定期限、无固定期限和以完成一定的工作为期限。

劳动者在同一用人单位连续工作满十年以上，当事人双方同意续延劳动合同的，如果劳动者提出订立无固定期限的劳动合同，应当订立无固定期限的劳动合同。

第二十一条 劳动合同可以约定试用期。试用期最长不得超过六个月。

第二十二条 劳动合同当事人可以在劳动合同中约定保守用人单位商业秘密的有关事项。

第二十三条 劳动合同期满或者当事人约定的劳动合同终止条件出现，劳动合同即行终止。

第二十四条 经劳动合同当事人协商一致，劳动合同可以解除。

第二十五条 劳动者有下列情形之一的，用人单位可以解除劳动合同：

（一）在试用期间被证明不符合录用条件的；

（二）严重违反劳动纪律或者用人单位规章制度的；

（三）严重失职，营私舞弊，对用人单位利益造成重大损害的；

（四）被依法追究刑事责任的。

第二十六条 有下列情形之一的，用人单位可以解除劳动合同，但是应当提前三十日以书面形式通知劳动者本人：

（一）劳动者患病或者非因工负伤，医疗期满后，不能从事原工作也不能从事由用人单位另行安排的工作的；

（二）劳动者不能胜任工作，经过培训或者调整工作岗位，仍不能胜任工作的；

（三）劳动合同订立时所依据的客观情况发生重大变化，致使原劳动合同无法履行，经当事人协商不能就变更劳动合同达成协议的。

第二十七条 用人单位濒临破产进行法定整顿期间或者生产经营状况发生严重困难，确需裁减人员的，应当提前三十日向工会或者全体职工说明情况，听取工会或者职工的意见，经向劳动行政部门报告后，可以裁减人员。

用人单位依据本条规定裁减人员，在六个月内录用人员的，应当优先录用被裁减的人员。

第二十八条 用人单位依据本法第二十四条、第二十六条、第二十七条的规定解除劳动合同的，应当依照国家有关规定给予经济补偿。

第二十九条 劳动者有下列情形之一的，用人单位不得依据本法第二十六条、第二十七条的规定解除劳动合同：

（一）患职业病或者因工负伤并被确认丧失或者部分丧失劳动能力的；

（二）患病或者负伤，在规定的医疗期内的；

（三）女职工在孕期、产期、哺乳期内的；

（四）法律、行政法规规定的其他情形。

第三十条 用人单位解除劳动合同，工会认为不适当的，有权提出意见。如果用人单位违反法律、法规或者劳动合同，工会有权要求重新处理；劳动者申请仲裁或者提起诉讼的，工会应当依法给予支持和帮助。

第三十一条 劳动者解除劳动合同，应当提前三十日以书面形式通知用人单位。

第三十二条 有下列情形之一的，劳动者可以随时通知用人单位解除劳动合同：

（一）在试用期内的；

（二）用人单位以暴力、威胁或者非法限制人身自由的手段强迫劳动的；

（三）用人单位未按照劳动合同约定支付劳动报酬或者提供劳动条件的。

第三十三条 企业职工一方与企业可以就劳动报酬、工作时间、休息休假、劳动安全卫生、保险福利等事项，签订集体合同。集体合同草案应当提交职工代表大会或者全体职工讨论通过。

集体合同由工会代表职工与企业签订；没有建立工会的企业，由职工推举的代表与企业签订。

第三十四条 集体合同签订后应当报送劳动行政部门；劳动行政部门自收到集体合同文本之日起十五日内未提出异议的，集体合同即行生效。

第三十五条 依法签订的集体合同对企业和企业全体职工具有约束力。职工个人与企业订立的劳动合同中劳动条件和劳动报酬等标准不得低于集体合同的规定。

第四章　工作时间和休息休假

第三十六条 国家实行劳动者每日工作时间不超过八小时、平均每周工作时间不超过四十四小时的工时制度。

第三十七条 对实行计件工作的劳动者，用人单位应当根据本法第三十六条规定的工时制度合理确定其劳动定额和计件报酬标准。

第三十八条 用人单位应当保证劳动者每周至少休息一日。

第三十九条 企业因生产特点不能实行本法第三十六条、第三十八条规定的，经劳动行政部门批准，可以实行其他工作和休息办法。

第四十条 用人单位在下列节日期间应当依法安排劳动者休假：

（一）元旦；

（二）春节；

（三）国际劳动节；

（四）国庆节；

（五）法律、法规规定的其他休假节日。

第四十一条 用人单位由于生产经营需要，经与工会和劳动者协商后可以延长工作时间，一般每日不得超过一小时；因特殊原因需要延长工作时间的，在保障劳动者身体健康的条件下延长工作时间每日不得超过三小时，但是每月不得超过三十六小时。

第四十二条 有下列情形之一的，延长工作时间不受本法第四十一条规定的限制：

（一）发生自然灾害、事故或者因其他原因，威胁劳动者生命健康和财产安全，需要紧急处理的；

（二）生产设备、交通运输线路、公共设施发生故障，影响生产和公众利益，必须及时抢修的；

（三）法律、行政法规规定的其他情形。

第四十三条 用人单位不得违反本法规定延长劳动者的工作时间。

第四十四条 有下列情形之一的，用人单位应当按照下列标准支付高于劳动者正常工作时间工资的工资报酬：

（一）安排劳动者延长工作时间的，支付不低于工资的百分之一百五十的工资报酬；

（二）休息日安排劳动者工作又不能安排补休的，支付不低于工资的百分之二百的工资报酬；

（三）法定休假日安排劳动者工作的，支付不低于工资的百分之三百的工资报酬。

第四十五条 国家实行带薪年休假制度。

劳动者连续工作一年以上的，享受带薪年休假。具体办法由国务院规定。

第五章　工资

第四十六条 工资分配应当遵循按劳分配原则，实行同工同酬。

工资水平在经济发展的基础上逐步提高。国家对工资总量实行宏观调控。

第四十七条 用人单位根据本单位的生产经营特点和经济效益，依法自主确定本单位的工资分配方式和工资水平。

第四十八条 国家实行最低工资保障制度。最低工资的具体标准由省、自治区、直辖市人民政府规定，报国务院备案。

用人单位支付劳动者的工资不得低于当地最低工资标准。

第四十九条 确定和调整最低工资标准应当综合参考下列因素：

（一）劳动者本人及平均赡养人口的最低生活费用；

（二）社会平均工资水平；

（三）劳动生产率；

（四）就业状况；

（五）地区之间经济发展水平的差异。

第五十条 工资应当以货币形式按月支付给劳动者本人。不得克扣或者无故拖欠劳动者的工资。

第五十一条 劳动者在法定休假日和婚丧假期间以及依法参加社会活动期间，用人单位应当依法支付工资。

第六章　劳动安全卫生

第五十二条 用人单位必须建立、健全劳动安全卫生制度，严格执行国家劳动安全卫生规程和标准，对劳动者进行劳动安全卫生教育，防止劳动过程中的事故，减少职业危害。

第五十三条 劳动安全卫生设施必须符合国家规定的标准。

新建、改建、扩建工程的劳动安全卫生设施必须与主体工程同时设计、同时施工、同时投入生产和使用。

第五十四条 用人单位必须为劳动者提供符合国家规定的劳动安全卫生条件和必要的劳动防护用品,对从事有职业危害作业的劳动者应当定期进行健康检查。

第五十五条 从事特种作业的劳动者必须经过专门培训并取得特种作业资格。

第五十六条 劳动者在劳动过程中必须严格遵守安全操作规程。

劳动者对用人单位管理人员违章指挥、强令冒险作业,有权拒绝执行;对危害生命安全和身体健康的行为,有权提出批评、检举和控告。

第五十七条 国家建立伤亡事故和职业病统计报告和处理制度。县级以上各级人民政府劳动行政部门、有关部门和用人单位应当依法对劳动者在劳动过程中发生的伤亡事故和劳动者的职业病状况,进行统计、报告和处理。

第七章　女职工和未成年工特殊保护

第五十八条 国家对女职工和未成年工实行特殊劳动保护。

未成年工是指年满十六周岁未满十八周岁的劳动者。

第五十九条 禁止安排女职工从事矿山井下、国家规定的第四级体力劳动强度的劳动和其他禁忌从事的劳动。

第六十条 不得安排女职工在经期从事高处、低温、冷水作业和国家规定的第三级体力劳动强度的劳动。

第六十一条 不得安排女职工在怀孕期间从事国家规定的第三级体力劳动强度的劳动和孕期禁忌从事的劳动。对怀孕七个月以上的女职工,不得安排其延长工作时间和夜班劳动。

第六十二条 女职工生育享受不少于九十天的产假。

第六十三条 不得安排女职工在哺乳未满一周岁的婴儿期间从事国家规定的第三级体力劳动强度的劳动和哺乳期禁忌从事的其他劳动,不得安排其延长工作时间和夜班劳动。

第六十四条 不得安排未成年工从事矿山井下、有毒有害、国家规定的第四级体力劳动强度的劳动和其他禁忌从事的劳动。

第六十五条 用人单位应当对未成年工定期进行健康检查。

第八章　职业培训

第六十六条 国家通过各种途径,采取各种措施,发展职业培训事业,开发劳动者的职业技能,提高劳动者素质,增强劳动者的就业能力和工作能力。

第六十七条 各级人民政府应当把发展职业培训纳入社会经济发展的规划,鼓励和支持有条件的企业、事业组织、社会团体和个人进行各种形式的职业培训。

第六十八条 用人单位应当建立职业培训制度,按照国家规定提取和使用职业培训经费,根据本单位实际,有计划地对劳动者进行职业培训。

从事技术工种的劳动者,上岗前必须经过培训。

第六十九条 国家确定职业分类,对规定的职业制定职业技能标准,实行职业资格证书制度,由经备案的考核鉴定机构负责对劳动者实施职业技能考核鉴定。

第九章　社会保险和福利

第七十条 国家发展社会保险事业,建立社会保险制度,设立社会保险基金,使劳动者在年老、患病、工伤、失业、生育等情况下获得帮助和补偿。

第七十一条 社会保险水平应当与社会经济发展水平和社会承受能力相适应。

第七十二条 社会保险基金按照保险类型确定资金来源,逐步实行社会统筹。用人单位和劳动者必须依法参加社会保险,缴纳社会保险费。

第七十三条 劳动者在下列情形下,依法享受社会保险待遇:

(一)退休;

(二)患病、负伤;

(三)因工伤残或者患职业病;

(四)失业;

(五)生育。

劳动者死亡后,其遗属依法享受遗属津贴。

劳动者享受社会保险待遇的条件和标准由法律、法规规定。

劳动者享受的社会保险金必须按时足额支付。

第七十四条 社会保险基金经办机构依照法律规定收支、管理和运营社会保险基金,并负有使社会保险基金保值增值的责任。

社会保险基金监督机构依照法律规定,对社会保险基金的收支、管理和运营实施监督。

社会保险基金经办机构和社会保险基金监督机构的设立和职能由法律规定。

任何组织和个人不得挪用社会保险基金。

第七十五条 国家鼓励用人单位根据本单位实际情况为劳动者建立补充保险。

国家提倡劳动者个人进行储蓄性保险。

第七十六条 国家发展社会福利事业,兴建公共福利设施,为劳动者休息、休养和疗养提供条件。

用人单位应当创造条件,改善集体福利,提高劳动者的福利待遇。

第十章　劳动争议

第七十七条 用人单位与劳动者发生劳动争议,当事人可以依法申请调解、仲裁、提起诉讼,也可以协商解决。

调解原则适用于仲裁和诉讼程序。

第七十八条 解决劳动争议,应当根据合法、公正、及时处理的原则,依法维护劳动争议当事人的合法权益。

第七十九条 劳动争议发生后,当事人可以向本单位劳动争议调解委员会申请调解;调解不成,当事人一方要求仲裁的,可以向劳动争议仲裁委员会申请仲裁。当事人一方也可以直接向劳动争议仲裁委员会申请仲裁。对仲裁裁决不服的,可以向人民法院提起诉讼。

第八十条 在用人单位内,可以设立劳动争议调解委员会。劳动争议调解委员会由职工代表、用人单位代表和工会代表组成。劳动争议调解委员会主任由工会代表担任。

劳动争议经调解达成协议的,当事人应当履行。

第八十一条 劳动争议仲裁委员会由劳动行政部门代表、同级工会代表、用人单位方面的代表组成。劳动争议仲裁委员会主任由劳动行政部门代表担任。

第八十二条 提出仲裁要求的一方应当自劳动争议发生之日起六十日内向劳动争议仲裁委员会提出书面申请。仲裁裁决一般应在收到仲裁申请的六十日内作出。对仲裁裁决无异议的,当事人必须履行。

第八十三条 劳动争议当事人对仲裁裁决不服的,可以自收到仲裁裁决书之日起十五日内向人民法院提起诉讼。一方当事人在法定期限内不起诉又不履行仲裁裁决的,另一方当事人可以申请人民法院强制执行。

第八十四条 因签订集体合同发生争议,当事人协商解决不成的,当地人民政府劳动行政部门可以组织有关各方协调处理。

因履行集体合同发生争议，当事人协商解决不成的，可以向劳动争议仲裁委员会申请仲裁；对仲裁裁决不服的，可以自收到仲裁裁决书之日起十五日内向人民法院提起诉讼。

第十一章　监督检查

第八十五条 县级以上各级人民政府劳动行政部门依法对用人单位遵守劳动法律、法规的情况进行监督检查，对违反劳动法律、法规的行为有权制止，并责令改正。

第八十六条 县级以上各级人民政府劳动行政部门监督检查人员执行公务，有权进入用人单位了解执行劳动法律、法规的情况，查阅必要的资料，并对劳动场所进行检查。

县级以上各级人民政府劳动行政部门监督检查人员执行公务，必须出示证件，秉公执法并遵守有关规定。

第八十七条 县级以上各级人民政府有关部门在各自职责范围内，对用人单位遵守劳动法律、法规的情况进行监督。

第八十八条 各级工会依法维护劳动者的合法权益，对用人单位遵守劳动法律、法规的情况进行监督。

任何组织和个人对于违反劳动法律、法规的行为有权检举和控告。

第十二章　法律责任

第八十九条 用人单位制定的劳动规章制度违反法律、法规规定的，由劳动行政部门给予警告，责令改正；对劳动者造成损害的，应当承担赔偿责任。

第九十条 用人单位违反本法规定，延长劳动者工作时间的，由劳动行政部门给予警告，责令改正，并可以处以罚款。

第九十一条 用人单位有下列侵害劳动者合法权益情形之一的，由劳动行政部门责令支付劳动者的工资报酬、经济补偿，并可以责令支付赔偿金：

（一）克扣或者无故拖欠劳动者工资的；

（二）拒不支付劳动者延长工作时间工资报酬的；

（三）低于当地最低工资标准支付劳动者工资的；

（四）解除劳动合同后，未依照本法规定给予劳动者经济补偿的。

第九十二条 用人单位的劳动安全设施和劳动卫生条件不符合国家规定或者未向劳动者提供必要的劳动防护用品和劳动保护设施的，由劳动行政部门或者有关部门责令改正，可以处以罚款；情节严重的，提请县级以上人民政府决定责令停产整顿；对事故隐患不采取措施，致使发生重大事故，造成劳动者生命和财产损失的，对责任人员依照刑法有关规定追究刑事责任。

第九十三条 用人单位强令劳动者违章冒险作业，发生重大伤亡事故，造成严重后果的，对责任人员依法追究刑事责任。

第九十四条 用人单位非法招用未满十六周岁的未成年人的，由劳动行政部门责令改正，处以罚款；情节严重的，由市场监督管理部门吊销营业执照。

第九十五条 用人单位违反本法对女职工和未成年工的保护规定，侵害其合法权益的，由劳动行政部门责令改正，处以罚款；对女职工或者未成年工造成损害的，应当承担赔偿责任。

第九十六条 用人单位有下列行为之一，由公安机关对责任人员处以十五日以下拘留、罚款或者警告；构成犯罪的，对责任人员依法追究刑事责任：

（一）以暴力、威胁或者非法限制人身自由的手段强迫劳动的；

（二）侮辱、体罚、殴打、非法搜查和拘禁劳动者的。

第九十七条 由于用人单位的原因订立的无效合同，对劳动者造成损害的，应当承担赔偿责任。

第九十八条 用人单位违反本法规定的条件解除劳动合同或者故意拖延不订立劳动合同的，由劳动行政部门责令改正；对劳动者造成损害的，应当承担赔偿责任。

第九十九条 用人单位招用尚未解除劳动合同的劳动者，对原用人单位造成经济损失的，该用人单位应当依法承担连带赔偿责任。

第一百条 用人单位无故不缴纳社会保险费的，由劳动行政部门责令其限期缴纳；逾期不缴的，可以加收滞纳金。

第一百零一条 用人单位无理阻挠劳动行政部门、有关部门及其工作人员行使监督检查权，打击报复举报人员的，由劳动行政部门或者有关部门处以罚款；构成犯罪的，对责任人员依法追究刑事责任。

第一百零二条 劳动者违反本法规定的条件解除劳动合同或者违反劳动合同中约定的保密事项，对用人单位造成经济损失的，应当依法承担赔偿责任。

第一百零三条 劳动行政部门或者有关部门的工作人员滥用职权、玩忽职守、徇私舞弊，构成犯罪的，依法追究刑事责任；不构成犯罪的，给予行政处分。

第一百零四条 国家工作人员和社会保险基金经办机构的工作人员挪用社会保险基金，构成犯罪的，依法追究刑事责任。

第一百零五条 违反本法规定侵害劳动者合法权益，其他法律、行政法规已规定处罚的，依照该法律、行政法规的规定处罚。

第十三章　附则

第一百零六条 省、自治区、直辖市人民政府根据本法和本地区的实际情况，规定劳动合同制度的实施步骤，报国务院备案。

第一百零七条 本法自 1995 年 1 月 1 日起施行。

参考文献

陈锋,褚玉峰,2020.新时代劳动教育理论与实践教程[M].上海:同济大学出版社.

陈秋明,2018.大学生志愿服务理论与实践[M].北京:商务印书馆.

董晓峰,2021.匠心传承[M].上海:上海教育出版社.

何卫华,林峰,2019.大学生劳动教育理论与实践教程[M].厦门:厦门大学出版社.

胡树祥,吴满意,等,2010.大学生社会实践教育理论与方法[M].北京:人民出版社.

李春晖,2023.劳动教育[M].西安:陕西师范大学出版总社.

李珂,2019.嬗变与审视:劳动教育的历史逻辑与现实重构[M].北京:社会科学文献出版社.

刘靖君,2016.当代中国大学生榜样教育研究[M].北京:中国社会科学出版社.

刘向兵,等,2019.新时代高校劳动教育论纲[M].北京:社会科学文献出版社.

任艳妮,2019.大学生思想政治教育传播有效性研究[M].北京:中国社会科学出版社.

孙石群,2019.双创时代大学生创新创业教育的融合发展研究[M].北京:中国水利水电出版社.

檀传宝,2019.劳动创造美好生活[M].北京:中国劳动社会保障出版社.

吴素香,2019.大学生思想政治理论课社会实践方法指导[M].武汉:华中科技大学出版社.

张海峰,2020.劳动开创未来[M].西安:陕西师范大学出版总社.

赵章彬,2019.高等职业院校劳动文化建设与创新研究[M].北京:中国农业大学出版社.

钟一彪,2014.大学生公益服务长效机制建设[M].广州:中山大学出版社.